רעיונות משני־חיים

קריאות חדשות בפרשת השבוע

מגיד

הרב יונתן זקס

רעיונות משני־חיים

קריאות חדשות בפרשת השבוע

מאנגלית: צור ארליך

מגיד

Jonathan Sacks
Judaism's Life–Changing Ideas
A Weekly Reading of the Jewish Bible

עורך אחראי: ראובן ציגלר
עריכה לשונית: הניה קולומבוס
הגהה: דוד ברוקנר
עימוד: רינה בן גל
עיצוב כריכה: אליהו משגב
תמונת העטיפה: Courtesy of Kreina Haviv / Ahavart.com, Judaica Concept Store ©

The publication of this book was made possible through the generous support of The Jewish Book Trust.

ספרי מגיד, הוצאת קורן
ת"ד 4044 ירושלים 9104001
טל': 02-6330530 פקס: 02-6330534
www.maggidbooks.com

מסת"ב ISBN 978-965-526-319-0

נדפס בישראל Printed in Israel 2021

שַׂמֵּחַ תְּשַׂמַּח רֵעִים הָאֲהוּבִים

מוקדש לכבוד נישואי

מיטל גיטלר עם דוד שוורץ

תוכן עניינים

ויקרא

במדבר

דברים

מבוא

כוחם המהפֵּך של רעיונות*

מהי יהדות? דת? אמונה? אורח חיים? מערכת אמונות? אוסף מצוות? תרבות? ציוויליזציה? היהדות היא כל אלה, אבל היא גם מעבר להם. הרחק מעבר.

היא דרך חשיבה, משזר של רעיונות: דרך להבנת העולם ומקומנו בו. היהדות מכילה רעיונות מְשַׁנֵּי־חיים.

מעטים האנשים החושבים על האמונה הדתית במונחים הללו. אנו יודעים שבתורה תרי"ג מצוות, 613. אנו יודעים שביהדות יש אמונות. הרמב"ם ניסח את שלושה־עשר עיקרי האמונה היהודית. אבל הללו אינם כל מהותה של היהדות, וגם אינם עיקר ייחודה.

היהדות הייתה ועודנה דרך מקורית להפליא לחשוב על החיים. הנה דוגמה, מן החביבות עליי: הכרזת העצמאות של ארצות הברית, משנת 1776, והמשפט החשוב ביותר בה, "מקובלות עלינו אמיתות אלה כמוכחות מאליהן, שכל בני האדם נבראו שווים, שהבורא העניק להם זכויות מסוימות שאי אפשר לשלול מהם, וביניהן הזכות לחיים, לחירות ולרדיפת האושר". יש הטוענים שזהו המשפט החשוב ביותר בתולדות הפוליטיקה המודרנית. אליו כיוון אברהם לינקולן כשאמר, בפתח נאום גטיסברג שלו, "לפני שמונים ושבע שנה הולידו אבותינו על יבשת זו אומה חדשה, אשר הורָתה בחירות וייעודה באמונה כי כל בני האדם נבראו שווים".

על האירוניה במשפט זה הערתי פעמים רבות: "אמיתות אלה" רחוקות מאוד מלהיות "מוכחות מאליהן". הן היו נשמעות אבסורד גמור לאפלטון ולאריסטו, שהאמינו כי לא כל בני האדם נבראו שווים, וכיוון שכך אין להם זכויות שוות. הן היו מוכחות מאליהן רק למי שגדל בתרבות שהִפנימה עד לשד עצמותיה את התנ"ך

* הערת העורך: פרקי הספר נכתבו בשנת תשע"ח.

ואת הרעיון המהפכני המוצג בפרק הראשון שלו – שכולנו, בלי הבדלי צבע, תרבות, מעמד או אמונה, נבראנו בצלם אלוהים וכדמותו. זהו אחד הרעיונות מְשַׁנֵּי־העולם של היהדות.

הדוגמה הזאת מראה לנו גם שאפשר להעלות רעיון, לנסחו במילים ולהכריז עליו באוזני כל באי עולם, ועדיין להזדקק למאמץ רב כדי להפנים אותו, ולמאבק כדי להגשימו. תומס ג׳פרסון, שכתב את טיוטת הכרזת העצמאות, היה הוא עצמו בעל עבדים. ככל הנראה לא חשב שאנשים שחורי עור, או עבדים, כלולים בביטוי שלו ״כל בני האדם״. שמונים ושבע שנה לאחר מכן, כאשר לינקולן ציטט את הדברים בנאום גטיסברג, הייתה ארצות הברית נתונה במלחמת אזרחים סביב הסוגיה הזאת ממש.

אך גם אם נדרשות להם שנים רבות, רעיונות משנים את העולם. חלקם עושים זאת על ידי שהם מובילים להמצאות. חשבו על כמה מהרעיונות הגדולים של העת האחרונה: המחשב, האינטרנט, מנועי החיפוש, תוכנות הרשתות החברתיות והטלפונים החכמים. כולם היו בגדר מחשבה ורעיון לפני שהגיעו לכלל ייצור. ״סוף מעשה במחשבה תחילה״, אנו אומרים על השבת שבאה אחר ששת ימי הבריאה: תחילה באה המחשבה, ורק אז יכול המעשה להפוך את הרעיון למציאות. השבת עצמה, אגב, גם היא מן הרעיונות משני־העולם של היהדות.

אבל לפעמים רעיונות משנים את העולם מפני שהם משנים אותנו. אלה הם הרעיונות שאני מבקש ללבּן בעיוניי בפרשות השבוע.

רעיונות ששינו את חיי

חיי שלי השתנו בידי רעיונות. לא כולם רעיונות יהודיים דווקא – אבל רעיונות. הנה שלוש דוגמאות.

לפני שנות דור הקמתי ארגון ושמו ״המשכיות יהודית״, שנועד לשנות את הקהילה היהודית בבריטניה באמצעות תגבור החינוך בכל הרמות והגילים. התוכנית הצליחה, אבל עוררה מחלוקת עזה. ד״ר מייקל סינקלר, שעמד בהתנדבות בראש הארגון, היה אדם מיוחד במינו שהרעיף על המיזם מכספו, ממרצו ומזמנו, ותמיד חשב מחוץ לקופסה. בימי השיא של המחלוקת הזמנתי אותו לפגוש רבנים מן הקהילה ולשמוע מהם מה מטריד אותם. הפגישה לא עלתה יפה. הרבנים לא חסכו מד״ר סינקלר את מררתם, אך הוא נשאר רגוע להפליא. בתום הפגישה הלכתי איתו למכוניתו והתנצלתי על היחס שקיבל. הוא חייך אליי, אמר לי לא לדאוג, והוסיף, ״זו חוויה מעצבת־אישיות״.

תגובתו זו כמו חשמלה אותי – ושינתה את חיי. הנה איש המתמסר כל כך למען הכלל, בהתנדבות ובנדיבות, ובתמורה הוא מקבל רק ביקורת. הדבר הזכיר לי את המימרה האירונית הידועה, "כל מעשה טוב יבוא בסוף על עונשו". ובכל זאת, בלב מטר החיצים המתמיד הוא שמר תמיד על שלוותו, מפני שהוא היה מסוגל לפסוע צעד או שניים לאחור, להתרחק מרתיחתו של הרגע, ולהתבונן בתמונה הרחבה – שבה ניסיונות ההווה מתגלים כמכשולים מחַשְלים בדרך אל היעד. מאז, בכל פעם שאני נקלע למחלוקת או למשבר, אני אומר לעצמי "זו הייתה חוויה מעצבת־אישיות". וכיוון שכך אני חושב עליה, כך היא.

הדוגמה השנייה: כרבים בימינו, רבים מדי, אני סובל מאינסומניה, נדודי שינה. הזכרתי זאת פעם באוזניו של רבי ומורי, הרב נחום רבינוביץ' ז"ל. תגובתו המיידית הייתה: אתה יכול ללמד אותי איך מקבלים אינסומניה? הוא ישמח להיות מסוגל שלא לישון, אמר לי, וציטט מימרה מהתלמוד, "לא איברי סיהרא אלא לגירסא": לא נברא אור הירח אלא ללימוד.[1] מה שראיתי כמִפגע, הוא ראה כהזדמנות. אם ישנים פחות אפשר ללמוד יותר. תגובתו זו של רבי לא ריפאה את נדודי השינה שלי (אם כי גיליתי שהם עוזרים לי להתקרב אל מאמר משורר תהלים, "הִנֵּה לֹא יָנוּם וְלֹא יִישָׁן שׁוֹמֵר יִשְׂרָאֵל"), אבל היא גרמה לי לראות אותם בהקשר חדש. מאז אני מנצל טוב יותר את השעות שאני מתקשה להירדם בהן.

האמונה היהודית המשפיעה ביותר על חיי באופן אישי היא רעיון ההשגחה הפרטית. בכל פעם שקרה לי מאורע בלתי צפוי שאלתי את עצמי "מה מנסה ה' לומר לי? איך הוא רוצה שאגיב? וכיוון שהדבר כבר קרה, איך אוכל להפוך אותו לברכה?" למדתי זאת מפגישותיי המוקדמות עם חב"ד ועם הרבי מלובביץ'. למדתי זאת בשנית מנקודת מבט אחרת לגמרי – מלימוד כתביו של ויקטור פראנקל, האיש ששרד מאושוויץ והצמיח ממה שעבר שם סוג חדש של פסיכותרפיה המתבסס על מסקנתו כי "האדם מחפש משמעות". הוא גרס שעלינו לשאול את עצמנו לא "מה אני רוצה מהחיים?", אלא תמיד "מה החיים רוצים ממני?". הופתעתי ושמחתי לגלות שהרבי עצמו היה ממוקירי שיטתו של פראנקל. תוצאת אמונתי העזה בהשגחה הפרטית – או, כפי שאני מנסח זאת לפעמים, "החיים כהקשבה" – היא הצפת חיי במשמעות. לדידי, שום דבר איננו קורה סתם כך. אני מאמין שהדברים שקורים לי קוראים לי. הם קוראים לי להגיב עליהם בדרך מסוימת.

רעיונות משנים חיים.

1. סנהדרין סה ע"א.

רעיונות יהודיים

היהודים הם שתרמו לעולם כמה מן הגדולים ברעיונות ששינו את פניו. ראוי להקשיב לעדותם של כותבים לא־יהודים בנושא זה. ההיסטוריון הקתולי פול ג'ונסון כתב: "אנו חבים ליהודים את רעיון השוויון בפני החוק, האלוהי והאנושי כאחד; את רעיון קדושת החיים וכבודו של האדם כאדם; את מושגי המצפון האישי וגאולת הפרט, המצפון הקולקטיבי והאחריות החברתית; את השלום כאידיאל מופשט ואת האהבה כיסוד הצדק; ועוד פריטים רבים שהם מיסודות המוסר של התודעה האנושית".[2]

היסטוריון קתולי אחר, תומס קהיל, כתב: "היהודים נתנו לנו את החוץ ואת הפנים, את תפיסת עולמנו ואת חיינו. אין אנו יכולים לקום בבוקר או לחצות את הכביש מבלי להיות יהודים. אנחנו חולמים חלומות יהודיים ומטפחים תקוות יהודיות. למעשה, רוב המושגים החיוביים שלנו – **חדש, הרפתקה, הפתעה; מיוחד, אישי, אדם, ייעוד; זמן, היסטוריה, עתיד; חופש, קדמה, רוח; אמונה תקווה, צדק** – הם מתת היהודים".[3]

ויליאם ריס־מוג המנוח, עורכו של **הטיימס** הלונדוני, קתולי גם הוא, כתב פעם: "אחת המתנות שנתנה התרבות היהודית לנצרות הייתה שהיא לימדה את הנוצרים לחשוב כמו יהודים"; והוא הוסיף, "אדם מודרני שלא למד לחשוב כמו יהודי, קשה לומר שהוא למד לחשוב בכלל".[4]

אך מופלא מכולם שיפוט של אחד ממבקריה החריפים של היהדות, פרידריך ניטשה:

> על פי זה נתבונן בהם, במלומדים היהודים – הם חסידיה הגדולים של הלוגיקה, כלומר של כפיית ההסכמה בכוח הטעמים; הם יודעים שבעזרת הלוגיקה הם חייבים לנצח, גם כל היכן שניצבת נגדם רתיעה גזענית ומעמדית, כל היכן שאין ששים להאמין להם. כי הנה אין לך דבר דמוקרטי יותר מהלוגיקה: היא לא תהדר פני איש, ואף חוטמים עקומים יישרו בעיניה (ודרך אגב: אירופה אסירת־תודה היא במידה לא מעטה ליהודים על הלוגיזציה שלה, על יתר ניקיון בהרגלי המוח... כל היכן שהיהודים הגיעו לכלל השפעה, הם לימדו להבחין ביתר דקות,

2. Paul Johnson, *A History of the Jews,* New York: Harper Perennial, 1987, p. 585.
3. תומס קהיל, **מתת היהודים**, מאנגלית: אריה אוריאל, אור יהודה: כנרת, 1999, עמ' 198.
4. William Rees-Mogg, *The Reigning Error: The Crisis of World Inflation,* London: Hamilton, 1974, p. 11.

להסיק ביתר חריפות, לכתוב ביתר בהירות וטוהר: מאז ומתמיד היה תפקידם להביא עם 'לכלל היגיון'.[5]

זו מחווה מרשימה מצד מי שבעגה הפוליטית אפשר היה לכנותו "ראש האופוזיציה".

לכאורה, הרעיונות שהיהדות הביאה לעולם נעשו חלק מהמורשת הרוחנית המשותפת לאנושות, או לפחות למערב, והם כיום, כלשונו של ג'פרסון, "אמיתות מוכחות מאליהן". אך אין הדבר כן. כמה מהם אבדו לאורך הדורות; אחרים, המערב מעולם לא הבין לאשורם. את זאת אני מקווה לברר בעיונינו, ויש לכך שני טעמים.

את הראשון השמיע ניטשה עצמו. הוא רצה שהמערב יעזוב את המוסר היהודי־נוצרי ויאמץ במקומו את מה שהוא כינה "הרצון לעוצמה". זו הייתה שגיאה הרת אסון. הרצון לעוצמה אינו מקורי בשום אופן. הוא קיים עוד מימי קין, ומחירו הוא מרחץ דמים בלתי פוסק. אבל ניטשה צדק במובן אחד: החלופה הגדולה היא היהדות. הברירה העומדת בפני האנושות בכל עידן ועידן היא זו שבין רעיון הכוח לבין כוחם של הרעיונות. היהדות האמינה תמיד בכוחם של רעיונות, שהוא הדרך הלא אלימה היחידה לשנות את העולם.

הטעם השני אינו פוליטי וגם אינו פילוסופי, כי אם אישי. יש רעיונות שבאמת משנים את החיים. בכל פרק, על כל פרשה בתורה, אנסה להציג בפניכם רעיון אחד כזה. אם נצליח לשנות את דרך החשיבה שלנו, נוכל להניע שרשרת של שינוי: בעקבותיו ישתנה האופן שבו אנו מרגישים, ובעקבות זאת האופן שבו אנו מתנהגים, ועל ידי כן נהיה בני אדם שונים. רעיונות משנים חיים, ורעיונות גדולים מובילים אותנו לאומץ, לאושר ולחיים ברוכים.

* * *

לא קל לכתוב ספרים מתוך הלחץ המתמיד של החיים הציבוריים – ועל כן אני תלוי תמיד בצוות הלשכה שלי. התברכתי בצוות מעולה: ג'ואנה בנארוש, דן סאקר ודבי אייפילה. אני מודה על כך לה' יום יום. שמחה היא לי לעבוד עם שלושתם, ובלי יעילותם הרוגעת ומסירותם שמעבר לדרישות התפקיד ספק אם הייתי יכול לכתוב את השיחות שבספר הזה, ואת שאר ספריי מן השנים האחרונות.

5. פרידריך ניטשה, **המדע העליז**, ספר חמישי, סעיף 348, בתוך ניטשה, **הולדתה של הטרגדיה; המדע העליז**, מגרמנית: ישראל אלדד, ירושלים ותל אביב: שוקן, 1985, עמ' 367.

"שְׁגִיאוֹת מִי יָבִין? מִנִּסְתָּרוֹת נַקֵּנִי", הפליא לפייט משורר תהלים. השגיאה רובצת לפתחנו תמיד, ועליי להודות במיוחד לשני אנשים שהצביעו על שגיאות בספר זה ובאחרים משלי: דייוויד פרַיי, רשם בית הדין הרבני של לונדון, ופרופ׳ לסלי וגנר. אני חב להם חוב עצום. טווח הידע של דייוויד עוצר נשימה ממש, ולזלי מזהה כשלים לוגיים ממרחק קילומטר. חברים טובים מהם ועדינים מהם לא יכולתי לבקש לעצמי.

תודתי נתונה כתמיד למו"ל שלי, מתיו מילר, ולצוות הוצאת מגיד על ההתלהבות והמקצועננות הנפלאות שלהם. זכות היא לי לעבוד איתם.

העמוקה שבתודותיי נתונה לאשתי איליין ולילדינו יהושע, דינה וגילה, ולכל בני משפחותיהם. הם לימדו אותי על החיים יותר ממה שלימדתי אותם. כפי שכתבתי אך זה לעיל, בכל דור ודור נדרשת האנושות לבחור בין רעיון הכוח לבין כוחם של הרעיונות. זה אלפי שנים שהיהדות היא התגלמות חיה של הכוח שיש לרעיונות לקיים עַם וגם, ככל שרעיונותיה הצליחו לחלחל החוצה, לשנות עולם. נחת רבה הסבו לי ילדיי כשיישמו את רעיונות היהדות, איש איש בדרכו, בחייהם האישיים והמקצועיים והמשפחתיים, באומץ וביצירתיות מעוררי השראה. ייתן ה׳ להם ולנו את העוז לנווט את חיינו לאור רעיונות, ועל ידי כך להיות ברכה לעם ישראל ולעולם.

בראשית

בראשית
אמונתו של אלוהים

בסגנון סיפוּרֵי הדור מתארת התורה בפרק הפתיחה שלה איך נגול העולם אל ההוויה, איך נברא העולם באפס־מאמץ בידי כוח יוצר נשגב אחד. שוב ושוב אנו קוראים – "ויאמר אלוהים יהי... ויהי... וירא אלוהים כי טוב" – עד שאנו מגיעים אל בריאת האדם. כאן, לפתע פתאום, משתנה נימת הסיפור:

וַיֹּאמֶר אֱ־לֹהִים, "נַעֲשֶׂה אָדָם בְּצַלְמֵנוּ כִּדְמוּתֵנוּ וְיִרְדּוּ בִדְגַת הַיָּם וּבְעוֹף הַשָּׁמַיִם וּבַבְּהֵמָה וּבְכָל הָאָרֶץ וּבְכָל הָרֶמֶשׂ הָרֹמֵשׂ עַל הָאָרֶץ".
וַיִּבְרָא אֱ־לֹהִים אֶת הָאָדָם בְּצַלְמוֹ,
בְּצֶלֶם אֱ־לֹהִים בָּרָא אֹתוֹ,
זָכָר וּנְקֵבָה בָּרָא אֹתָם. (בראשית א, כו-כז)

הבעיות מזדקרות לעין. ראשית, מה פשר הפתיחה "נַעֲשֶׂה"? בשום מקום אחר בסיפור הבריאה לא חושב אלוהים במילים על מה שהוא עומד לברוא. ושנית, מה פשר לשון הרבים? מיהם ה"אנחנו" שאלוהים מדבר בשמם? האם היה שם מישהו בזמן ההוא, לבד ממנו?

יש תשובות רבות, אך כאן אני רוצה להתמקד באחת מהן בלבד, הניתנת במדרש המובא במסכת סנהדרין בתלמוד. היא חריגה למדי. הרבים הם המלאכים שאלוהים התייעץ איתם. הוא עשה זאת מפני שהייתה לו התלבטות גורלית. הוא ידע כי בבוראו את האדם, את ההומו ספיינס, יברא את הישות היחידה לבד ממנו עצמו המסוגלת להשמיד את החיים על פני האדמה. אם תקראו בספריו של ג'ארד דיימונד **רובים, חיידקים ופלדה** ו**התמוטטות** (שהופיעו גם בתרגום עברי) תגלו כמה הרסניים היו בני האדם בכל מקום שדרכה בו כף רגלם, איזה נזק סביבתי חוללו ואיזו כליה המונית

המיטו על בני מינם ועל מינים אחרים. הנה כך מתאר המדרש במסכת סנהדרין את אשר אירע לפני בריאת האדם:

> אמר רב יהודה, אמר רב:
> בשעה שביקש הקב"ה לברוא את האדם ברא כת אחת של מלאכי השרת. אמר להם, "רצונכם נעשה אדם בצלמנו?" אמרו לפניו, "ריבונו של עולם, מה מעשיו?" אמר להן, "כך וכך מעשיו". אמרו לפניו, "ריבונו של עולם, מָה אֱנוֹשׁ כִּי תִזְכְּרֶנּוּ וּבֶן אָדָם כִּי תִפְקְדֶנּוּ?" (תהלים ח, ה) [כלומר, אל תברא את האדם].
> הושיט אצבעו קטנה ביניהן ושרפם. וכן כת שנייה [של מלאכים].
> כת שלישית אמרו לפניו, "ריבונו של עולם, ראשונים שאמרו לפניך מה הועילו? כל העולם כולו שלך הוא. כל מה שאתה רוצה לעשות בעולמך – עשֵׂה".
> [ברא אלוהים את האדם, ועברו הדורות.]
> כיוון שהגיע לאנשי דור המבול ואנשי דור הפלגה, שמעשיהן מקולקלין, אמרו לפניו [המלאכים], "ריבונו של עולם, לא יפה אמרו ראשונים לפניך?" אמר להן, "וְעַד זִקְנָה אֲנִי הוּא וְעַד שֵׂיבָה אֲנִי אֶסְבֹּל" וגו' (ישעיהו מו, ד).[1]

הנה לנו לב הדילמה שאפילו אלוהים אינו יכול לברוח ממנה. אם לא יברא את האדם, לא יהיה בעולם שום יצור המסוגל להבין שהוא נברא ושאלוהים קיים. רק בהולֶדת האנושות נעשה העולם מודע לעצמו. בלעדינו, בני האדם, כל הברואים היו כרובוטים, מיליארדים על מיליארדים של רובוטים העושים בלי דעת את מה שתוכנתו לעשות לנצח. וכך, אף על פי שבריאת האדם הֶעמידה את עתידה של הבריאה כולה בסכנה, השלים אלוהים את תוכניתו וברא את האדם.

זוהי תיאולוגיה רדיקלית. התלמוד אומר לנו כאן שאפשר להסביר את קיומה של האנושות רק באמצעות העובדה שאלוהים האמין באדם. הנה כך מסביר מדרש ההלכה התַּנָּאִי ספרֵי את הביטוי "אֵל אֱמוּנָה" בשירת האזינו: "שהאמין בעולם וּבְרָאוֹ".[2] **המסתורין הדתי האמיתי, אומרת היהדות, איננו אמונתנו באלוהים – אלא אמונתו של אלוהים בנו.**

רעיון יוצא דופן זה מזדהר מן התנ"ך כולו. אלוהים תולה את תקוותיו ואת ציפיותיו מן העולם ביצור המוזר, קשה העורף, חם המזג, כפוי הטובה והמנוון

1. סנהדרין לח ע"ב.
2. ספרי דברים לב, ד.

לעיתים הקרוי הומו ספיינס, שחלקו עפר הארץ וחלקו רוח אפו של אלוהים, שמעשיו מאכזבים תדיר את בוראו ולפעמים אף מעוררים את חמתו. ובכל זאת, לְעולם אין אלוהים מוותר. הוא מנסה שוב ושוב – עם אדם, עם נח, עם אברהם, יצחק, יעקב, משה, יהושע, ושלשלת של שופטים ומלכים. הוא מנסה לזמן אל המשימה הגדולה גם נשים, וכאן מצליח הרבה יותר. הן נאמנות יותר, אלימות פחות, נוהות פחות אחר הכוח. אבל אלוהים מסרב לוותר על הגברים. קרובים במיוחד הם יחסיו עם הנביאים. הם מבינים אותו, ונעשים נושאי דברו לעולם. אך רובם, סופם שהם מתאכזבים מקהל בני האדם, כשם שאלוהים מתאכזב מהם.

הנושא האמיתי של התורה איננו אמונתנו באלוהים, שלעיתים קרובות היא מגומגמת, אלא אמונתו המתמדת של אלוהים בנו. **התורה איננה ספרו של האדם על אלוהים. היא ספרו של אלוהים על האדם.** רק 34 פסוקים מתארים בה איך אלוהים ברא את העולם, אך יותר מ־500 פסוקים מתארים איך בנו בני ישראל מבנה קטן, ארעי ונייד שנקרא המשכן. אלוהים אינו חדל לעולם להאמין בנו, לאהוב אותנו, ולצפות מאיתנו לטוב ביותר. לרגעים הוא כמעט מתייאש. כבר בפרשתנו מסופר על רגע כזה: "וַיַּרְא ה׳ כִּי רַבָּה רָעַת הָאָדָם בָּאָרֶץ וְכָל יֵצֶר מַחְשְׁבֹת לִבּוֹ רַק רַע כָּל הַיּוֹם, וַיִּנָּחֶם ה׳ כִּי עָשָׂה אֶת הָאָדָם בָּאָרֶץ וַיִּתְעַצֵּב אֶל לִבּוֹ" (בראשית ו, ה-ו). אבל נח, איש טוב, תם וישר, מנחם אותו. ולמען אדם טוב אחד אלוהים מוכן להתחיל מחדש.

כמובן, כל זה הוא עניין של אמונה – **כמו כל מתן אמון במחשבות וברגשות של אנשים זולתנו.** האם אני באמת יודע אם נכון הוא שהאנשים הקרובים אליי ביותר – רעייתי, ילדיי, חבריי הטובים – אוהבים אותי או מאמינים בי, או שמא זאת רק חשיבה משאלתית מצידי? אתיאיסטים חושבים לפעמים שהאמונה באלוהים היא אי־רציונלית ואילו האמונה באנשים אחרים היא רציונלית. אבל זה פשוט לא נכון. ההוכחה לכך היא כישלונו של האיש שבשחר ימי הנאורות ביקש לכונן פילוסופיה על בסיס רציונלי: רנֶה דֶקארט. דקארט ידוע במימרתו "אני חושב, משמע אני קיים". הוא היה בטוח רק בדבר אחד: עצם קיומו שלו. לגבי קיומו של כל דבר אחר – קיומם של עצמים חומריים, כל שכן קיומן של תודעות אחרות – אפילו הוא נאלץ לפנות קודם לכן לאלוהים ולהניח את קיומו.

אשר לי, אין לי מספיק אמונה כדי להיות אתיאיסט.[3] כדי להיות אתיאיסט נדרשת אמונה – להאמין בָּאדם, כלומר באנושות כמכלול, או לפחות בעצמך. והאמת היא שלהאמין באנושות אחרי השואה הוא מעשה הנוגד כל היגיון. הפשע המחושב

3. אתיאיסט יכול לומר, כמובן, את מה שזיגמונד פרויד היה קרוב לומר: שהאמונה היא רק אשליה

והמאורגן הגדול ביותר של בני אדם נגד בני אדם אירע לא באיזו מדינת עולם שלישי נחשלת וחשוכה אלא בלב אירופה, בארץ שנתנה לעולם את קאנט ואת הגל, את באך ואת בטהובן, את גתה ואת שילר. התרבות לא הצליחה לתרבת. ההומניזם לא הפך את בני האדם להומניים.

כשעמדתי לראשונה על אדמת אושוויץ־בירקנאו, עשרות שנים לאחר השואה, השאלה שהציקה לי לא הייתה "היכן היה אלוהים?". אלוהים היה בַּדיבֵּר "לֹא תִרְצָח". אלוהים היה במילים "וְגֵר לֹא תוֹנֶה". אלוהים אמר לאנושות "קוֹל דְּמֵי אָחִיךָ צֹעֲקִים אֵלַי מִן הָאֲדָמָה". אלוהים מורה לנו את הדרך הנכונה – אך הוא אינו מציל אותנו מפני עצמנו. אלוהים לא בלם את אדם וחוה כשאכלו מהפרי האסור. הוא לא תפס את ידי קין כשהִכה את אחיו נפש. הוא לא מנע מהמצרים לשעבד את בני ישראל. משום כך, על פי האגדה התלמודית שקראנו, בריאת האדם נראתה בעיני המלאכים סיכון שאין ליטול. השאלה המציקה לי אחרי השואה, וגם כיום בעידן חדש זה של כאוס, היא "היכן האדם?"

ואשר לאמונה רק בעצמך – זהו היבריס. כל הוגה דעות רציני, עוד משחר ההיסטוריה, הבין שהיבריס נגמר בנמסיס: שעל רהב אנושי חסר גבול יבואו נקם ושילם.

בפני כל אדם רציני עומדות רק שתי אפשרויות רציניות. האחת היא זו המוצגת בתורה: שאנחנו כאן מפני שכוח נשגב, גדול מן העולם, רצה שנהיה כאן. השנייה: שהעולם קיים בגלל תנודות אקראיות בשדה הקוונטי, ואנחנו נמצאים בו בגלל רצף נטול יד מכוונת של מוטציות גנטיות המסוננות בברירה טבעית עיוורת. לקיום האנושי יש משמעות – או אין. האפשרות הראשונה הולידה את הנביא ישעיהו. השנייה את סופוקלס, אייסכילוס והטרגדיה היוונית. יוון העתיקה עברה מן העולם. ישראל של אברהם ומשה עודה חיה.

מנחמת. אך זו שגיאה. להאמין שאלוהים קורא לנו ליטול יוזמה, שהוא מבקש מאיתנו להילחם למען הצדק והשוויון וכבוד האדם, ושהוא רואה בנו אחראים למעשינו – הוא דבר תובעני הרבה יותר מלהאמין שאין לקיום האנושי משמעות מעבר לזו שאנו ממציאים לעצמנו, שאין אמת מוחלטת ואמות מידה מוסריות מוחלטות, ושאין מי שאנו עתידים ליתן לפניו דין וחשבון. חמישים שנות מחשבה בעניין זה הובילו אותי אל המסקנה שהאתיאיזם הוא הדרך הקלה, מבחינה מוסרית ומבחינה קיומית – ואני אומר זאת לאחר שהתוודעתי לכמה מגדולי האתיאיסטים בזמננו ולמדתי יחד איתם. אין פירוש הדבר שאני ביקורתי כלפי אתיאיסטים. בעידן החילוני שלנו זו ברירת המחדל. אך דווקא משום כך, בימינו, יותר מבכל עת באלפיים השנים האחרונות, צריך אומץ כדי לחיות על פי אמונה דתית.

אני מכבד את אלה הבוחרים בטרגדיה היוונית על פני התקווה היהודית. אבל אלה הבוחרים ביהדות פינו חֶדֶר בליבם לרעיון מִשַׁנֵּה־חיים מאין כמוהו: שבין שמאמינים אנו באלוהים בין לאו, אלוהים מאמין בנו.

יש בחיי רבים מאיתנו, בטוחני לפחות שבחיי שלי, זמנים שהשמש מתכסה בהם מאחורי ענן שחור של ייאוש. דוד המלך הכיר תחושות אלו מקרוב. הן נושאם של כמה ממזמורי תהלים. אנשים יכולים להיות אכזרים זה כלפי זה. יש אנשים המנסים להקל על כאבם שלהם בגרימת כאב לאחרים. אדם עשוי לאבד אמונה באנושות, או בעצמו, או גם וגם. בזמנים כאלה, הידיעה שאלוהים מאמין בנו היא ידיעה גואלת, הופכת־לב. כדברי דוד במזמור כז: "כִּי [אפילו] אָבִי וְאִמִּי עֲזָבוּנִי – וַה' [תמיד] יַאַסְפֵנִי".

ידינו רפות לפעמים; לעולם לא יד אלוהים. אנו עלולים לומר נואש; לא כן ה', הנותן לנו תקווה. אלוהים מאמין בנו גם כשאנו איננו מאמינים בעצמנו. אנו עלולים לחטוא ולאכזב פעם אחר פעם, אך אלוהים אינו חדל לסלוח לנו כשאנו כושלים ולרוממנו בנופלנו. האמינו אפוא באמונתו של אלוהים בנו – ותמצאו את הדרך מאפלה לאורה.

רעיון משנה־חיים 1:

אלוהים מאמין בנו גם כשאנו איננו מאמינים בעצמנו. זכרו זאת, ותמצאו את הדרך מאפלה לאורה.

נח

חותמו של אלוהים

שמונת הפרקים הראשונים בספר בראשית מגוללים סיפור טרגי אך פשוט: בריאה, ואחריה הרס הבריאה, ואז בריאה חדשה. תחילה, אלוהים בורא סדר. האדם פורע את הסדר הזה, כדי כך ש"מָלְאָה הָאָרֶץ חָמָס" ו"הִשְׁחִית כָּל בָּשָׂר אֶת דַּרְכּוֹ עַל הָאָרֶץ" (בראשית ו, יב-יג). אלוהים מביא מבול המוחה את החיים מעל פני האדמה, לבד מנח ובני משפחתו ובעלי החיים שאסף לתיבה. הכיליון חרוץ: הארץ חוזרת כמעט למצב שהייתה בו בתחילת התורה, כאשר היא הייתה "תֹהוּ וָבֹהוּ וְחֹשֶׁךְ עַל פְּנֵי תְהוֹם וְרוּחַ אֱ־לֹהִים מְרַחֶפֶת עַל פְּנֵי הַמָּיִם" (א, ב). אחרי המבול אלוהים נשבע שלא להכרית עוד לעולם את כל החיים, אף כי אין לו ערובה שבני האדם לא יעשו זאת בעצמם – והוא מתחיל מחדש. את מקומו של אדם ממלא בסבב הזה נח. הוא אביה של התחלה חדשה לסיפור האנושות.

פרק ט, הבא לאחר שבועה זו, מקביל אפוא לפרק א: שני פרקים של התחלה חדשה לעולם. אבל יש ביניהם שני הבדלים חשובים. ראשית, בשני הפרקים יש מילת מפתח החוזרת שבע פעמים – אך לא אותה מילה. בפרק א המילה היא "טוב", ואילו בפרק ט המילה היא "ברית". ההבדל השני הוא הדרכים השונות בתכלית שכל אחד מהפרקים מציין בהן שאלוהים ברא את האדם בצלמו. הנה, כך זה בפרק א:

וַיֹּאמֶר אֱ־לֹהִים, "נַעֲשֶׂה אָדָם בְּצַלְמֵנוּ כִּדְמוּתֵנוּ, וְיִרְדּוּ בִדְגַת הַיָּם וּבְעוֹף הַשָּׁמַיִם וּבַבְּהֵמָה וּבְכָל הָאָרֶץ וּבְכָל הָרֶמֶשׂ הָרֹמֵשׂ עַל הָאָרֶץ".\
וַיִּבְרָא אֱ־לֹהִים אֶת הָאָדָם בְּצַלְמוֹ,\
בְּצֶלֶם אֱ־לֹהִים בָּרָא אֹתוֹ,\
זָכָר וּנְקֵבָה בָּרָא אֹתָם. (א, כו-כז)

וכן, לעומת זאת, בפרק ט:

שֹׁפֵךְ דַּם הָאָדָם –
בָּאָדָם דָּמוֹ יִשָּׁפֵךְ;
כִּי בְּצֶלֶם אֱ-לֹהִים עָשָׂה אֶת הָאָדָם. (ט, ו)

ההבדל כאן יסודי. פרק א אומר לי כי **אני** עשוי בצלם אלוהים. ואילו פרק ט אומר לי כי **הזולת** עשוי בצלם אלוהים. פרק א מדבר על שליטתו של האדם על שאר הברואים; פרק ט מדבר על קדושת החיים ועל איסור הרצח. הפרק הראשון מספר לנו על עוצמתם הפוטנציאלית של בני האדם, ואילו הפרק התשיעי מעמידנו על הגבולות המוסריים של עוצמה זו. אל לנו להשתמש בה לנטילת חייו של אדם אחר.

מכאן מובן גם מדוע התחלפה מילת המפתח החוזרת שבע פעמים מ"טוב" ל"ברית". כשאנו אומרים על דבר־מה שהוא טוב, אנו מדברים על מהותו כשהוא לעצמו. אולם כשאנו מדברים על ברית, אנו מתכוונים למערכות יחסים. ברית היא זיקה מוסרית בין אנשים.

השוני בין העולם שאחרי המבול לעולם שלפניו טמון בכך שמצבו של האדם השתנה. אלוהים איננו מצפה עוד מאנשים להיות טובים כי הם טובים מטבעם. להפך: אלוהים יודע עכשיו כי "יֵצֶר לֵב הָאָדָם רַע מִנְּעֻרָיו" (ח, כא) – וזאת אף על פי שהוא נברא בצלם אלוהים.

אלוהים הוא אחד – אך לא כן האדם. וזהו עצם העניין. לו היה בעולם רק אדם, הוא אולי היה חי עם העולם בשלום. אך אנו יודעים כי הדבר אינו אפשרי, כי "לֹא טוֹב הֱיוֹת הָאָדָם לְבַדּוֹ" (ב, יח). אנו בעלי חיים חברתיים. וכשאדם אחד חושב שהוא יכול להשתרר כאלוהים על אדם אחר, התוצאה היא אלימות. לפיכך, אדם החושב עצמו לאלוהים הוא בחזקת סכנה חמורה.

משום כך, בצעד פשוט אחד, שינה אלוהים את המשוואה. אחרי המבול הוא לימד את נח, ודרכו את כל האנושות, לתפוס כצלם אלוהים **לא את עצמנו אלא את האנשים זולתנו**. רק כך נציל את עצמנו מאלימות ומהרס עצמי.

זהו רעיון משנה־חיים. על פיו, האתגר הדתי הגדול ביותר הוא שהאדם ישאל את עצמו: האם אני יכול לראות את צלם אלוהים אצל מי שאיננו עשוי בצלמי שלי? אצל אדם שהצבע, המעמד, התרבות או האמונה שלו שונים מאלו שלי?

אנשים חוששים מאנשים שאינם כמותם. פחד זה היה מקור לאלימות משחר היות האדם על האדמה, ועודנו כזה. הזר, הנוכרי, הבא מן החוץ, נתפס כמעט תמיד כאיום. אבל מה אם ההפך הוא הנכון? מה אם אנשים השונים מאיתנו אינם מחריבים את עולמנו, אלא מרחיבים אותו?

ישנה ברכה משונה הנאמרת אחר אכילה ושתייה של דברים שברכתם הראשונה היא "שהכול". ברכה אחרונה זו פותחת במילים "ברוך אתה ה'... בורא נפשות רבות וחסרונם". ה' בורא את הנפשות – וגם את מה שחסר להן. למראית עין הדבר תמוה, כמעט בלתי מובן. למה להלל את האל על שברא חסרונות?

תשובה יפה אחת[1] אומרת שאלמלא היו לנו חסרונות וחוסָרים לא היינו זקוקים לאנשים אחרים. היינו חיה מתבודדת, לא חיה חברתית. היות שכולנו שונים זה מזה, ולכולנו יש חסרונות, אנו זקוקים איש לרעהו. מה שחסר לך יש אולי לי, ומה שחסר לי יש אולי לך. במפגש בינינו אנו יכולים להשלים איש את מחסורו של רעהו. בזכות החסרונות וההבדלים אנו מגיעים לידי יחסים שכל הצדדים מרוויחים מהם.[2] הרבגוניות שלנו עושה אותנו לחַיות חברתיות.

על תובנה זו עמדו כבר חכמי המשנָה במימרתם המפורסמת, "אדם טובע כמה מטבעות בחותם אחד וכולן דומין זה לזה, ומלך מלכי המלכים הקדוש ברוך הוא טבע כל אדם בחותמו של אדם הראשון ואין אחד מהן דומה לחברו".[3] זה הבסיס למה שאני מכנה – וקראתי כך גם לאחד מספריי – "כבוד השוני".[4]

בפעם הבאה שנפגוש אדם השונה מאיתנו תכלית שוני, הבה ננסה לראות בשוני הזה לא איום אלא מתנה המגדילה אותנו ויוצרת לנו אפשרויות חדשות. אחרי המבול רצה הקב"ה למנוע התמלאות חוזרת של העולם בחמס – כלומר נפילה אל המצב שבעטיו בא המבול – וביקש מאיתנו לזהות את צלמו אצל מי שאינו עשוי

1. אני מודה למר ג'ושע רואו איש מנצ'סטר שמפיו שמעתיה לראשונה.
2. עניין זה גרם להוגים בני המאה השמונה־עשרה, כגון מונטסקיה, לראות את הסחר כחלופה למלחמה. כאשר שני שבטים שונים נפגשים, הם יכולים לסחור זה עם זה – או לחלופין להילחם זה בזה. אם הם נלחמים, צד אחד לפחות יפסיד, וגם הצד השני יספוג אבדות. אם הם סוחרים, שניהם ירוויחו. זו אחת מתרומותיה החשובות ביותר של כלכלת השוק לשלום, לסובלנות וליכולת לראות בהבדלים ברכה ולא קללה. ראו Albert O. Hirschman, *The Passions and the Interests: Political Arguments for Capitalism before Its Triumph*, Princeton: Princeton University Press, 2013.
3. משנה, סנהדרין ד, ה.
4. יונתן זקס, **לכבוד השוני**, מאנגלית: צור ארליך, ירושלים: טובי, תשס"ח.

בצלמנו. אדם הראשון ידע שהוא נברא בצלם אלוהים; נח וצאצאיו נתבעים לזכור כי בצלם אלוהים נבראו גם בני האדם זולתם. גם הזרים והמוזרים. אין לך אתגר דתי גדול מזה.

רעיון משנה־חיים 2:

בפעם הבאה שתפגשו אדם השונה מאיתכם תכלית שוני, נסו לראות בשוני הזה לא איום אלא מתנה שמגדילה אתכם ויוצרת לכם אפשרויות חדשות.

לך לך

הולדתה של מכוונות־הפְּנים

האם האופי הוא עניין אישי לגמרי, או שהתרבות הסובבת מעצבת אותו? האם המקום והתקופה שאתם חיים בהם משפיעים על תכונותיכם, על סוג האדם שאתם – רגועים או חמי מזג, אמיצים או פחדנים, כריזמטיים או אפורים?

את השאלה הזו העלו שלושה סוציולוגים יהודים־אמריקנים דגולים, דייוויד ריזמן, נייתן גלייזר ורעואל דני, ואת ממצאיהם העלו בספרם הקלאסי משנת 1950 **הקהל הבודד**.[1] הם טענו כי סוגים שונים של נסיבות היסטוריות יוצרים סוגים שונים של אנשים. בחברות שיש בהן שיעור ילודה גבוה ותוחלת חיים נמוכה נוטים אנשים לפתח תכונות אופי שונות מאלו המתפתחות בחברות העומדות על סף צמיחה מהירה – ושונות מאלו המתפתחות בחברות דועכות. כמובן, לא כל האנשים בחברה מסוג מסוים דומים זה לזה באופיים, ובכל זאת אפשר לדבר על קווי אופי אופייניים לאוכלוסייה שלמה, לתרבות שלמה.

חברות בעלות שיעורי ילודה גבוהים ותוחלת חיים נמוכה, כגון החברות הפיאודליות באירופה בימי הביניים, נוטות להצמיח אנשים **מכווני־מסורת**: אנשים שעושים מה שהם עושים כי "כך היה תמיד". בחברות אלו, שרבות מהן היררכיות עד מאוד, המאבק העיקרי הוא להישאר בחיים. הסדר נשמר באמצעות ההקפדה שאנשים ייצמדו לכללים ולתפקידים. מי שנכשל בכך נידון **לבושה**.

חברות שעל סף צמיחה – חברות בשינוי, כגון אירופה בתקופות הרנסנס והרפורמציה – מייצרות טיפוסים **מכווני־פנים**. התרבות נמצאת במצב של תמורה. הניעוּת (מוביליות) בחברה גבוהה. האוויר רוחש המצאות וגילויים. מתוך כך, הבריות

1. David Riesman, Nathan Glazer and Reuel Denney, *The Lonely Crowd: A Study of the Changing American Character*, New Haven: Yale University Press, 1950, Studies in National Policy #3.

נדרשות בלי הרף להסתגל לאתגרים חדשים בלי לשכוח לאן הן הולכות ולמה, כלומר לצפות פני עתיד אך לשמור אמונים לעבר. חברות כאלו מקדישות תשומת לב רבה לחינוך. הצעירים מפנימים את ערכי הקבוצה, ובבגרותם הם משתמשים בערכים אלה כבכלי ניווט. הם נושאים איתם את עולמם הפנימי הזה בכל אשר יעשו ובכל אשר ילכו. לכישלון בחברות אלו נלווית לא בושה אלא **אשמה**.

ולבסוף, החברות הנמצאות כבר מעבר לשיא הישגיהן ולפסגת צמיחתן, ועומדות על סף שקיעה. תוחלת החיים גבוהה. שיעור הילודה בצניחה. השפע חוגג. המחסור הוא רק זיכרון ישן. נטל הטיפול בילדים, בקשישים ובנצרכים עבר ברובו הגדול לרשויות. פחת הצורך בטיפוסים מכווני־הפנים של העבר, הנחושים, הממוקדים, מלאי המוטיבציה. האתגר העיקרי אינו להתנהל בסביבה החומרית, אלא להסתדר עם אחרים ולזכות באישורם. במצב זה צומח טיפוס־האופי השלישי: האדם **מכוון־האחֵר**. אנשים מסוג זה מושפעים מבני גילם ומאמצעי התקשורת יותר מכפי שהם מושפעים מהוריהם. המצפן בדרכי החיים אינו המסורת, וגם לא המצפון החברתי המופנם בפרט, אלא התרבות בת הזמן. כמיהתם הגדולה של אנשים מכווני־אחר איננה להיות מוערכים, אלא להיות נאהבים. ואם אין הם מצליחים בכך, הם מרגישים לא בושה ולא אשמה אלא **חרדה**.

נשמע עכשווי – אבל כבר אז, ב־1950, סברו ריזמן ועמיתיו שטיפוס שלישי זה מסתמן כטיפוס האמריקני החדש. בזמננו, הודות להתפשטות המדיה החברתית ולהתמוטטות מבני הסמכות, העמיקה השתררותו של הטיפוס הזה על המערב כולו. עידננו הוא עידן פרופיל הפייסבוק – סמלה המובהק של מכוונות־האחר.

האם חברה כזו היא בת־קיימא? שאלה טובה. על כל פנים, מחקרם המעמיק של השלושה מאיר לנו ממד מאלף בפסוק שבפתח פרשתנו, הפסוק שחולל את עם ישראל – "וַיֹּאמֶר ה' אֶל אַבְרָם: לֶךְ לְךָ מֵאַרְצְךָ וּמִמּוֹלַדְתְּךָ וּמִבֵּית אָבִיךָ אֶל הָאָרֶץ אֲשֶׁר אַרְאֶךָּ" (בראשית יב, א). אברהם נצטווה לעזוב מאחור את מקורות מכוונות־המסורת ("בית אביך") ומכוונות־האחר ("ארצך", "מולדתך"). אברהם נועד להיות **אביו של עם מכוון־פנים**.

כל חייו של אברהם הם הישמעות לקול פנימי, קולו של אלוהים. אברהם לא פעל כפי שפעל מפני שכך נהגו אבותיו תמיד, וגם לא מפני שכך היה מקובל על בני זמנו. היה לו האומץ לעזוב את דרך אבותיו וגם לפנות עורף לטרנד העכשווי. "כל העולם כולו מעֵבר אחד, והוא מעֵבר אחד".[2] ה' בחר בו, כפי שנקרא בפרשת השבוע הבא, "לְמַעַן אֲשֶׁר יְצַוֶּה אֶת בָּנָיו וְאֶת בֵּיתוֹ אַחֲרָיו וְשָׁמְרוּ דֶּרֶךְ ה' לַעֲשׂוֹת צְדָקָה וּמִשְׁפָּט"

2. בראשית רבה מב, ח.

(בראשית יח, יט) – וכך יישאו איתם את הקול הפנימי הזה בכל אשר ילכו. המוסר של אברהם ובניו ובֵיתו אחריו היה מוסר של צדק־ואשמה, לא של כבוד־ובושה ולא של קונפורמיות־וחרדה. מכאן מרכזיותו של החינוך ביהדות, שכן עם ישראל נקרא לדבוק בערכיו גם כאשר הוא מיעוט בתוך תרבות בעלת ערכים הפוכים.

זה היסוד לנחישותם המופלאה של היהודים לאורך הדורות, וזה סוד הישרדותם בעידנים של תמורה, של חוסר ביטחון וגם של אסונות לאומיים. מי שברוחו ובלבבו חקוקים ערכים לבלי הימחות יכול לעמוד איתן אל מול הרוב ולשמור על זהותו גם בשעה שכל היתר מאבדים את ערכיהם שלהם. קול פנימי זה הוא אשר הנחה את האבות והאימהות לאורך ספר בראשית – זמן רב לפני שהיו לעַם, זמן רב לפני ניסי ספר שמות שהתחוללו לעיני המונים.

הזהות היהודית היא הקול הפנימי הזה, הנלמד בשנות הילדות ומתחזק בלימוד הנמשך כל החיים ומתהדהד יום יום בתפילות ובעבודת ה׳. קול זה הוא הנוטע בחיינו את חוש הכיוון. הוא מקנה לנו את הבִּטְחה שבידיעה כי היהדות שרדה יחידה מכל התרבויות והציוויליזציות שהקיפוה בימי קדם, שרק היא לא נשחקה בגלגלי ההיסטוריה. הוא הנוסך בנו כיום את העוז להתעלם מתפניות השווא ופיתוייו של העכשיו בלי למנוע מעצמנו את הטוב, היפה והמועיל המתחדשים בעולם.

אנשים מוכווני־פנים נוטים להיות חלוצים, לחקור את החדש ואת הלא נודע גם מתוך שמירת אמונים לישן. תנו דעתכם, למשל, לעובדה שבשנת 2015 מנה המגזין **טיים** את ירושלים, אחד המרכזים הדתיים העתיקים בעולם, עם חמשת מרכזי יזמות ההיי־טק העולמיים שצמיחתם היא המהירה ביותר. אנשים מוכווני־מסורת חיים בעבר. אנשים מוכווני־אחר מתבוססים בהווה. ואילו אנשים מוכווני־פנים נושאים את העבר אל ההווה, וכך יש להם די ביטחון עצמי לבנות את העתיד.

הרעיון משַׁנה־החיים של מוכוונות־הפנים – האומץ להיות שונה – נולד במילים ״לֶךְ לְךָ״, שאפשר להבינן גם כ״לֵךְ אֱלֶיךָ״: לך אחר הקול הפנימי שלך, כפי שעשו אלה שבאו לפניך, והמשך את הליכתם על ידי כך שתטעין בערכי נצח את העולם המשתנה בלי הרף.

רעיון משנה־חיים 3:

לכו אחר הקול הפנימי שלכם, כפי שעשו אלה שבאו לפניכם, והמשיכו את הליכתם על ידי כך שתטעינו בערכי נצח את העולם המשתנה בלי הרף.

וירא

הרווח שבינינו

הסיפורים בפרקים כא-כב של ספר בראשית – שילוח ישמעאל ועקדת יצחק – הם מן הקשים להבנה במקרא כולו. שניהם כרוכים בהתנהגויות הנראות לנו קשוחות במידה בלתי נסבלת כמעט. אך הקשיים שהם מעמידים בפנינו עמוקים אפילו יותר מכך.

אברהם נבחר "לְמַעַן אֲשֶׁר יְצַוֶּה אֶת בָּנָיו וְאֶת בֵּיתוֹ אַחֲרָיו וְשָׁמְרוּ דֶּרֶךְ ה' לַעֲשׂוֹת צְדָקָה וּמִשְׁפָּט" (בראשית יח, יט). **הוא נבחר כדי להיות אב.** עצם שמו הפרטי מלמד על כך; שמו הראשון, אברם, אב שהוא רם – וכמובן שמו המחודש, אברהם, שה' מפרש באוזניו כ"אַב הֲמוֹן גּוֹיִם" (יז, ה). אברהם נבחר כדי להיות דמות מופת אבהית. אבל אדם המסלק את בנו ומשלח אותו עם אימו למדבר, מקום שם כמעט גווע בצמא – איך יכול אדם כזה להיחשב אב למופת? אדם המביע נכונות להקריב את בנו, ועוקד אותו למזבח – אדם כזה יכול לשמש דגם לחיקוי לדורות הבאים?

אין אלו קושיות על אברהם. אלו הן קושיות על רצון ה'. כי לא אברהם הוא אשר רצה לגרש את ישמעאל. נהפוך הוא: כאשר שרה דרשה ממנו לעשות זאת, הדבר היה רע בעיניו מאוד (כא, יא). אלוהים הוא שציווה אותו לשמוע בקול אשתו. אברהם גם לא רצה להקריב את יצחק. האלוהים הוא אשר ניסה אותו ואמר לו "קַח נָא אֶת בִּנְךָ אֶת יְחִידְךָ אֲשֶׁר אָהַבְתָּ" (כב, ב). בשני המקרים אברהם פעל בניגוד לרגשותיו, בניגוד לדחף האבהי שלו. מה אומרת לנו כאן התורה על מהותה של האבהות? קשה מאוד, כך נראה, לחלץ מסר חיובי מהאירועים הללו. (ויש שאלה נוספת: למה הורה אלוהים לאברהם לנהוג בישמעאל וביצחק בדרכים שונות? אדון בשאלה זו בעוד שבועיים, בשיחתנו לפרשת תולדות.)

ישנה בעיה עמוקה אף יותר, והיא נרמזת במילים שאמר אלוהים לאברהם כשציווהו לעקוד את בנו: "קַח נָא אֶת בִּנְךָ אֶת יְחִידְךָ אֲשֶׁר אָהַבְתָּ אֶת יִצְחָק **וְלֶךְ לְךָ** אֶל אֶרֶץ הַמֹּרִיָּה וְהַעֲלֵהוּ שָׁם לְעֹלָה עַל אַחַד הֶהָרִים אֲשֶׁר אֹמַר אֵלֶיךָ" (כב, ב). **לֶךְ לְךָ!** בעל

כורחנו אנו נזכרים בקריאתו הראשונה של ה׳ לאברהם: "לֶךְ לְךָ מֵאַרְצְךָ וּמִמּוֹלַדְתְּךָ וּמִבֵּית אָבִיךָ אֶל הָאָרֶץ אֲשֶׁר אַרְאֶךָּ" (יב, א). אלה הם שני המקומות היחידים בתורה שביטוי זה מופיע בהם. הניסיון האחרון של אברהם מהדהד אפוא את ניסיונו הראשון.

בין שני הניסיונות מחבר קו דמיון נוסף: הציווי להתכחש, לכאורה, ליחס הראוי בין בן לאב. **בניסיון הראשון אברהם נדרש לעזוב את אביו, וכך להיראות כמי שזונח את חובותיו כבן.**[1] הפעם, כאמור, הוא נדרש להיראות כמי שזונח את חובותיו כְּאָב. הנה כי כן, כבן לאביו ולימים כְּאָב לבנו, אברהם מצטווה פעמיים לפעול באופן הנראה כהיפוכו הגמור של המצופה והראוי.

כל זה חזק מכדי שיהיה מקרי. ישנה כאן תעלומה, ועלינו לפענחה.

המחסום המקשה עלינו להבין את האירועים ההם מצוי בעצם פער הזמן העצום בין אז לעכשיו. אברהם, חֲלוּצָם של אמונה ואורח חיים מסוג חדש, ייסד צורה חדשה של יחסים בין הדורות. כאשר אנו מתבוננים במעשי אברהם, אנו חוזים בעצם **בהולדתו של היחיד.**

בימי קדם, יחידת היסוד של החברה לא הייתה היחיד, אלא המשפחה. הטקסים הדתיים נעשו סביב האש באח המשפחתית; האב שימש ככוהן הביתי, והקדיש לרוחות האבות המתים של המשפחה מנחות, נסכים ולחשים. כוחו של האב היה מוחלט. לרעיה ולילדים לא היו כל זכויות, והם לא נחשבו ישויות משפטיות עצמאיות. הם היו רכושו הפרטי של ראש המשפחה, וזכותו הייתה גם להורגם אם רק רצה. לכל משפחה היו אלים משלה, והאב היה המתווך היחיד בין בני הבית לבין רוחות הקדמונים – אלה שגם הוא עתיד להצטרף אליהם בהגיע יומו. לא היו יחידים – אינדיבידואלים – במובן המודרני. היו רק משפחות, בשליטתו המוחלטת של הגבר שבראשן.

התורה שברה את הכלים האלו. האנתרופולוגית מארי דאגלס כתבה שהתורה הייתה יוצאת דופן בעולם העתיק בכך שלא הרשתה להקריב מנחות לאבות המתים ואסרה לנסות לתקשר עם רוחות.[2] המונותיאיזם האברהמי עניינו לא רק עצם האמונה באל אחד. הוא קובע כי כל אדם עשוי בצלם אלוהים, וכל אדם יכול לקיים קשר ישיר עם האל, בלא מתווכים – ומתוך כך, המונותיאיזם קובע לראשונה כי לכל יחיד יש משמעות. לא רק לאבות אלא גם לאימהות. לא רק להורים אלא גם לילדים. לא

1. ראו רש"י לבראשית יא, לב.
2. Mary Douglas, *Leviticus as Literature*, Oxford: Oxford University Press, 1999.

עוד התמזגות של המשפחה כולה ליחידה אטומית אחת, ששולט בה רצון יחיד. כל אחד מבני המשפחה הוא עתה אדם בזכות עצמו, עם זהות משלו ושלמות משלו.[3]

תמורות קיצוניות כאלו אינן מתחוללות בן לילה, ואינן באות לעולם בלי קרעים ועקירות. כאלו אירעו בשני קצות סיפורו של אברהם. בתחילת שליחותו נצטווה להיקרע מאביו, ולקראת הסוף נדרש לקרוע ממנו, בשתי דרכים שונות, את שני בניו. שני אירועים כאובים אלה מגלמים את צירי הולדתה המייסרים של דרך חדשה בחייה של האנושות.

תחילה להיפרד, ואז להתחבר. זו כנראה הדרך היהודית. כך ברא אלוהים את העולם: תחילה הפריד בין התחומים – בין יום ללילה, בין מים שמעל לרקיע למים שמתחתיו, בין ים ליבשה – ואז, בימי הבריאה הנותרים, גרם להם להתמלא. וכך בוראים גם אנו מערכות יחסים בין־אישיים של ממש. אנחנו נפרדים, ומשאירים מקום לזולת. הורים צריכים לשאוף שלא לשלוט בילדיהם, ולהיות מסוגלים בבוא העת לשחררם לחייהם. בני זוג צריכים לשאוף שלא למשול זה בזה. המרחק בינינו, מרחק שיש לכיילו בדיוק נמרץ, הוא המאפשר לצדדים במערכת יחסים לצמוח.

בספרו האחרון על גיבורי ספורט, **הגדולים מכולם**, מסביר הסופר ועיתונאי הספורט הבריטי מתיו סייד כמה חשוב העידוד ההורי בגידול ילדים שיהיו אלופים, אבל מוסיף:

> השחרור – זהו הפרדוקס המהותי של ההורות. אתם מטפלים, אתם מטפחים, אתם מקריבים, ואז אתם צופים בגוזלים שלכם עפים מן הקן אל הלא־נודע הגדול, לא פעם תוך שהם מטיחים בכם האשמות. אתם תחוו את הכאב מכווץ־המעיים של ההיפרדות, ובכל זאת תשחררו את הילדים בחיוך ובחיבוק, בידיעה שהתשוקה להגן ולאהוב אסור לה להתגלגל לכדי עריצותו של הפינוק.[4]

את הדרמה הזו, הדרמה של הפרֵדה, אברהם כמו מחוקק לדורות במעשיו עם אביו ועם שני בניו. ברגע היסטורי זה, הרגע משנה־העולמות של הולדת האינדיבידואל, מלמד אותו אלוהים את האומנות העדינה של **השארת מקום**, זו שבלעדיה שום יחידיות

3. ראו בספרו של פיטר ברגר **החופה המקודשת** – Peter Berger, *The Sacred Canopy*, New York: Doubleday, 1967, p. 117. הוא מדבר שם על "האדם בעל הצביון האישי מאוד" אשר "מאכלס את דפי הברית הישנה במידה שאין דומה לה בכל הספרות הדתית העתיקה".

4. Matthew Syed, *The Greatest: The Quest for Sporting Perfection*, London: John Murray, 2017, p. 9.

אמיתית של הפרט לא תוכל לצמוח. במילותיו המלבבות של המשורר האירי ג'ון או'דונוהיו, האתגר שלנו הוא "לברך את הרווח שבינינו".[5]

רעיון משנה־חיים 4:
תחילה היפרדו, ואז התחברו; המרחק בינינו, מרחק שיש לכיילו בדיוק נמרץ, הוא המאפשר לצדדים במערכת יחסים לצמוח.

---

5. John O'Donohue, *To Bless the Space Between Us*, New York: Doubleday, 2008.

חיי שרה

האיש הזקן בעולם

לפני שלושה חודשים הלך לעולמו האיש הזקן בעולם, רק חודש לפני יום הולדתו המאה וארבעה־עשר. גילו זה הכניס אותו לרשימת עשרת האנשים מאריכי הימים ביותר מאז החל רישום האוכלוסין המודרני. אם לא שמעתם עליו דבר לבד מעובדה זו, אתם ודאי חושבים שהוא הגיע לגילו המופלג משום שניהל חיים שלווים, חפים מפחד, מאבל ומסכנה.

אך המציאות הפוכה. האיש הוא ישראל קרישטל, ניצול השואה. הוא נולד בפולין ב־1903, שרד ארבע שנים בגטו לודז׳, ואז הועבר לאושוויץ. בגטו מתו שניים מילדיו. באושוויץ נרצחה אשתו. בעת שחרור אושוויץ הוא היה שלד מהלך שמשקלו 37 קילוגרם בלבד. הוא היה היחיד ממשפחתו ששרד.

הוא גדל כיהודי דתי ונשאר כזה כל ימיו. אחרי המלחמה הוא קם מעולמו החרב והתחתן שנית. גם אשתו השנייה הייתה ניצולת השואה. הם הולידו ילדים. הם עלו ארצה וגרו בחיפה. כאן חזר לעיסוקו שלפני המלחמה: הוא הקים מפעל לממתקים. הוא היה לממציא. אם טעמתם קליפות תפוזים מצופות בשוקולד, או שוקולד שבליבו ליקר העשוי בצורת בקבוק קטן, הנה נהניתם מפרי מוחו היצירתי. מכריו אמרו עליו שאין שמץ מרירות בליבו. הוא רצה להטעים את הבריות מן המתק.

לפני כשנה, כשהיה בן 113, חגג סוף סוף את בר המצווה שלו. במועד, לפני מאה שנה, הדבר נבצר ממנו. הוא היה אז יתום מאם, ואביו היה מגויס למלחמת העולם הראשונה. בתזמון כמעט פיוטי, ישראל נפטר בערב שבת עקב, הפרשה הכוללת את פרשיית "והיה אם שמוע" ובה מצוות התפילין ומצוות לימוד התורה לדורות הבאים, "לְמַעַן יִרְבּוּ יְמֵיכֶם וִימֵי בְנֵיכֶם עַל הָאֲדָמָה אֲשֶׁר נִשְׁבַּע ה׳ לַאֲבֹתֵיכֶם לָתֵת לָהֶם כִּימֵי הַשָּׁמַיִם עַל הָאָרֶץ" (דברים יא, כא).

ישראל קרישטל היטיב לקיים את שתי המצוות הללו, וביום בר המצווה המאוחר שלו עשה חיל בשתיהן. ביום ההוא התבדח ישראל כי הוא מניח־התפילין הזקן בעולם. הוא אסף את ילדיו, את נכדיו ואת ניניו תחת טליתו הפרוסה ואמר, "אני איש אחד; תראו כמה אנשים רבים הבאתי לעולם. עכשיו, כשאתם ואני עומדים כאן מתחת לטלית שלי, אני חושב: שישה מיליון איש כמוני נספו. תארו לעצמכם איזה עולם הם היו יכולים לבנות". ישראל היה איש מיוחד במינו.

חייו של ישראל זורים אור על אחד הפסוקים המסקרנים ביותר בתורה. בתארה את מותו של אברהם מספרת פרשתנו, "וַיִּגְוַע וַיָּמָת אַבְרָהָם בְּשֵׂיבָה טוֹבָה זָקֵן וְשָׂבֵעַ" (בראשית כה, ח). אין בתורה מוות שָׁלֵו מן המוות הזה. והרי אנו יודעים מה היו חייו של אברהם – כמה מתוחים, כמה מתסכלים, כמה עתירי ניסיונות קשים. בצו ה׳ היה עליו להיפרד מארצו, ממולדתו ומבית אביו וללכת ליעד לא ידוע. פעמיים אילץ אותו הרעב לצאת לגלות ולסכן את חייו. צאצאים לאין ספור הובטחו לו, ככוכבי השמיים לרוב וכחול אשר על שפת הים – אך עד לגיל זקנה מתקדם התהלך ערירי. כאשר היה לו סוף סוף בן מהגר שפחת אשתו, ה׳ אמר לו לגרשו. ואם ניסיון זה אינו שובר־לב די צורכו, הנה את בנו היחיד משרה אשתו, יצחק, זה שה׳ אמר עליו שיהיה יורשו הרוחני וממשיך בריתו בדורות הבאים, הוא נצטווה להעלות לעולה. שבע פעמים הובטחה לו ארץ, אך במות שרה לא היו לו אפילו ארבע אמות של קרקע לקבור אותה, והוא נאלץ להפציר בחיתים למכור לו חלקת שדה ומערת קבר. אלה הם חיים של תקוות נכזבות והתגשמויות מושעות. על איזה מין אדם שחייו היו כאלה יכולה התורה לומר שמת "בשיבה טובה, זקן ושבע"?

את התשובה למדתי מסדרת מפגשים משני־חיים שהיו לי עם ניצולי שואה. הם היו מן האנשים החזקים ומאשרי־החיים שפגשתי מימיי. שנים רבות השתוממתי איך הם הצליחו בכלל להיאחז בחיים לאחר שראו מה שראו ולמדו מה שלמדו. הם חיו בגיא הצלמוות האפל ביותר שתרבות מן התרבויות ירדה אליו.

עד שהבנתי מה הם עשו. משתמה המלחמה, כולם כמעט בלי יוצא מן הכלל התמקדו בכל כוחם בעתיד. בארצותיהם החדשות, הזרות להם, הם בנו בתים וקריירות, נישאו והולידו ילדים והביאו לעולם חיים חדשים. רבים מהם לא דיברו כלל על זיכרונותיהם מן השואה, גם לא עם בני זוגם, ילדיהם וחבריהם הקרובים. אצל רבים מהם השתיקה נמשכה חמישים שנה. רק אז, כשהעתיד שקוממו הסתמן כעתיד בטוח, הם הרשו לעצמם להביט לאחור ולהעיד על המוראות ועל המראות. כמה מהם כתבו ספרים. רבים מהם נסעו בין בתי ספר וסיפרו את סיפוריהם כדי

שלא יהיה אפשר להכחיש את השואה.[1] הם בנו תחילה עתיד, ורק אז ראו לנכון לזכור את העבר.

ואת זאת עשה אברהם בפרשתנו. בימי חייו קיבל מאלוהים שלוש הבטחות: לצאצאים, לארץ, ולהיותו אב המון גויים ולא רק אומה אחת (בראשית יז, ד-ה). והנה, במות שרה, בהיותו בן 137, היה לו בן אחד רווק; ארץ משלו לא הייתה לו, גם לא פיסת קרקע; ולאומים טרם יצאו ממנו. אך שום מילה של תלונה לא יצאה מפיו. דומה שהוא הבין שאלוהים רוצה שיפעל, לא שיחכה לאלוהים שיעשה את המלאכה במקומו.

ולכן פעל. הוא מיהר ורכש חלקת קרקע ראשונה בארץ ההבטחה, את שדה המכפלה בחברון; ואז ציווה על עבדו למצוא אישה לבנו יצחק, כדי שייוולדו נכדיו הראשונים משרה; ולבסוף, והוא ישיש מופלג, התחתן בשנית והוליד שישה בנים שעתידים היו להיות אבותיהם של המון גויים. רק להרף עין ישב והתאבל על העבר; הוא מיהר לעשות את הצעדים הראשונים לבניין עתידו.

כך עשה, בדרכו שלו, ישראל קרישטל – וכך הגיע השורד מאושוויץ להיות האיש הזקן בעולם. גם הוא מת בשיבה טובה, זקן ושבע.

כך עשה גם עם ישראל כולו. שלוש שנים בלבד אחרי שעיני מלאך המוות ניבטו אלינו באושוויץ הוכרזה מדינת ישראל בארצו העתיקה של עם ישראל. לו ישבה יהדות העולם כל השנים מתום השואה ועד עתה באפס מעשה ורק ביכתה את המיליונים שנרצחו, הייתה זו תגובה מובנת. אך עם ישראל בחר בדרך אחרת. הוא כמו שאג פֶּה אחד את דברי משורר תהלים, "לֹא אָמוּת כִּי אֶחְיֶה" (קיח, יז) – ובזאת העיד כי ה' הוא אלוהי החיים. ומשום הרגלו זה של עם ישראל, למהר לקום מאסונות ולבנות לו עתיד, עם זה, העתיק מכל העמים במערב, הוא עדיין צעיר ותוסס, ובעל מעמד מוביל בעולם כולו בתחומי הרפואה מצילת החיים, ההתמודדות עם אסונות גדולי היקף, והטכנולוגיות משפרות־החיים.

הנה לנו שוב, גם מן הפרשה הזאת, רעיון שבכוחו לשנות חיים ולב. כדי להמשיך קדימה לאחר טראומה וטרגדיה יש לבנות תחילה את העתיד – ורק אז לגשת אל זיכרון העבר.

1. בשני סרטים מרתקים, "מהדקי נייר" (2004) ו"יומני החופש" (2007), אפשר לראות את עומק ההשפעה של מפגשים עם השואה והניצולים ממנה על אמריקנים צעירים.

רעיון משנה־חיים 5:

כדי להמשיך קדימה לאחר טראומה וטרגדיה יש לבנות תחילה את העתיד – ורק אז לגשת אל זיכרון העבר.

תולדות

למה יצחק? למה יעקב?

למה יצחק הוא ממשיך הברית, ולא ישמעאל? למה יעקב ולא עשָׂו? שאלה עתיקת יומין, קשה מכפי שאולי נדמה.

לפני שבועיים, בפרשת וירא, קראנו על גירוש הגר וישמעאל. הקורא איך האמה ובנה שולחו לתעות במדבר, איך כלו המים מן החמת, איך הגר השליכה את ישמעאל תחת אחד השיחים והלכה לשבת מנגד לבל תראה במותו, חזקה עליו שירגיש חמלה רבה על האם והילד הבוכים. דומה כי התורה מכוונת את הקורא להרגיש אהדה זו. היא מספרת שאלוהים שמע את בכיו של ישמעאל ושלח מלאך לנחם את הגר, להראות לה היכן יש מים ולהבטיח לה שאלוהים ישים את בנה "לְגוֹי גָּדוֹל" (בראשית כא, יח) – אותה הבטחה עצמה שהוא נתן לאברהם בראשית שליחותו (יב, ב).

כך גם במקרהו של עשו, בפרשתנו. השיא הרגשי של הפרשה מתחולל כאשר עשו ויצחק מבינים בהדרגה כי יעקב התחזה לעשו וגנב את ברכתו: "וַיֶּחֱרַד יִצְחָק חֲרָדָה גְּדֹלָה עַד מְאֹד וַיֹּאמֶר, 'מִי אֵפוֹא הוּא הַצָּד צַיִד וַיָּבֵא לִי וָאֹכַל מִכֹּל בְּטֶרֶם תָּבוֹא וָאֲבָרְכֵהוּ, גַּם בָּרוּךְ יִהְיֶה' כִּשְׁמֹעַ עֵשָׂו אֶת דִּבְרֵי אָבִיו וַיִּצְעַק צְעָקָה גְּדֹלָה וּמָרָה עַד מְאֹד, וַיֹּאמֶר לְאָבִיו, 'בָּרְכֵנִי גַם אָנִי אָבִי!'" (כז, לג-לד). תיאור רגשי זה, מעטים כמוהו מכמירי לב בתורה כולה. והוא גם נוגד את ציפיותינו. היינו מצפים שהתורה תפעל לחלץ מאיתנו אהדה כלפי הבנים הנבחרים: יצחק ויעקב. והנה היא כמעט מכריחה אותנו לחוש אמפתיה כלפי הבלתי נבחרים: הגר, ישמעאל ועשו. אנו מרגישים איתם את הכאב וחווים איתם את האובדן.

מדוע אפוא יצחק ולא ישמעאל? ולמה יעקב ולא עשו? שני סוגים של תשובות יש לכך. סיבות מהסוג הראשון נותנים מדרשי חז"ל. על פי דרך קריאתם בתורה,

יצחק ויעקב היו צדיקים, אך לא כן ישמעאל ועשו. ישמעאל עבד אלילים.[1] הוא נאף.[2] הוא ניסה להרוג את יצחק בחץ וקשת ולהציג זאת כתאונה.[3] עֵשָׂו נמשך, עוד בבטן אימו, למקדשי עבודה זרה.[4] הוא צד את אביו יצחק בלשונו, כשם שצד בעלי חיים.[5] ה' קיצר את חיי אברהם בחמש שנים כדי שלא יראה איך נכדו עשו בא על נערה מאורסה והורג את הנפש וכופר באלוהים ובתחיית המתים ובז לבכורה.[6] זו דרכו של המדרש. הוא מכוון אותנו לראות את יצחק ואת יעקב כטובים לחלוטין, ואת ישמעאל ועשו כרשעים מסוכנים. גישה זו היא חלק חשוב מן המסורת שלנו.

אך לא כך מופיע בתורה שבכתב – לפחות לא על פי עומק פשוטו של מקרא (כביטויו של הרשב"ם).[7] התורה אינה מציירת את ישמעאל ואת עשו כרשעים. הדבר הגרוע ביותר שהיא אומרת על ישמעאל הוא ששרה ראתה אותו מְצַחֵק (בראשית כא, ט), מילה שמובניה רבים ולאו דווקא שליליים. הרי אותו פועל עצמו נאמר על יצחק: "וַיַּשְׁקֵף אֲבִימֶלֶךְ מֶלֶךְ פְּלִשְׁתִּים בְּעַד הַחַלּוֹן וַיַּרְא וְהִנֵּה יִצְחָק מְצַחֵק אֵת רִבְקָה אִשְׁתּוֹ" (בראשית כו, ח). משמעותו הפשוטה של הפועל "ציחק" קשורה בצחוק – והנה שמו של יצחק, שעניינו צחוק, ניתן לו בידי הקב"ה עצמו,[8] ועל אברהם ושרה מסופר שצחקו.[9] המילה "מצחק" כשלעצמה אינה מעידה בהכרח על התנהגות בלתי הולמת.[10]

אשר לעשו, הפסוק המרשיע ביותר הוא זה שבו עשו מוכר את בכורתו בנזיד עדשים (בראשית כה, לד). בחמישה פעלים רצופים, להטעימנו מהמעשיות ומהחופזה, מספרת התורה "וַיֹּאכַל וַיֵּשְׁתְּ וַיָּקָם וַיֵּלַךְ וַיִּבֶז עֵשָׂו אֶת הַבְּכֹרָה". נמצאנו למדים שעשו היה פזיז. פוחז. לא משהו חמור יותר.

אם רצוננו בעומק הפשט עלינו לסמוך על עדותה המפורשת של התורה עצמה. ומה שהיא אומרת לנו על מהותם של יצחק וישמעאל מרתק. לפני הולדת ישמעאל

1. בראשית רבה נג, יא; שמות רבה א, א.
2. בראשית רבה נג, יא.
3. שם.
4. בראשית רבה סג, ו.
5. מדרש תנחומא, תולדות ח.
6. בבא בתרא טז ע"ב.
7. רשב"ם לבראשית לז, ב, כח; שמות ג, יד; יג, ט.
8. בראשית יז, יט.
9. בראשית יז, יז; יח, יב.
10. רוברט אורי אלטר אף מעלה הצעה מקורית, שהכוונה בפועל מצחק כאן היא שישמעאל חיקה את יצחק. Robert Alter, *The Five Books of Moses: A Translation with Commentary*, New York: Norton, 2004, p. 103.

אומר מלאך להגר – "וְהוּא יִהְיֶה פֶּרֶא אָדָם, יָדוֹ בַכֹּל וְיַד כֹּל בּוֹ" (טז, יב). ישמעאל גדל והיה לרובה קַשָּׁת (כא, כ). עשו אדום השיער גדל במהרה להיות "אִישׁ יֹדֵעַ צַיִד, אִישׁ שָׂדֶה" (כה, כז). **ישמעאל ועשו הרגישו בטבע כבביתם.** הם היו חזקים, זריזים, נועזים. בכל תרבות אחרת הם היו יכולים להיחשב גיבורים.

וזו הנקודה. אפשר להבין את התורה רק אם זוכרים כי **כל יתר הדתות בעולם העתיק סגדו לטבע.** בו הם מצאו את אלוהים, או ליתר דיוק את האלים: בשמש ובירח ובכוכבים, בסערה ובגשם המרווה את הארץ ובארץ המצמיחה מזון.

לגודל המוזרות, גם במאה העשרים ואחת רבים הם המאמינים בטבע: אתיאסטים, אגנוסטים וחסידי הניו אייג'. הטבע הוא בעיניהם הממשות כולה. ומדוע לא יחשבו כך? הן השימפנזים, קופי הבונובו ואנחנו חולקים 98 אחוזים מהגנום שלנו. הברירה הטבעית טבעה במוחנו אינסטינקטים ורפלקסים מסוימים והם המפעילים אותנו. לדידם, בסופו של חשבון, האומנות האנושית כמוה כנוצותיו של הטווס: דרך למשוך נקבות כדי להעביר את הגנים שלנו לדור הבא. אנחנו תוצרים של הטבע ותו לא. אנחנו ישויות חומריות: לא שום דבר שמעבר לחומר, כי מעבר לחומר אין שום דבר. אין נשמה. אין חופש בחירה אמיתי. חיי אדם אינם קדושים, והאדם אינו נבדל באופן מהותי מכלל בעלי החיים. כל אשר ישנוֹ הוא טבע. זו הייתה, בערך, תפיסתו של שפינוזה (אלוהים הוא הטבע מנקודת המבט של הנצח). זו הייתה אמונתם של לוקרטיוס ברומא ואפיקורוס ביוון. וזו גם הפילוסופיה החילונית הרווחת כיום.

אלוהי אברהם, לעומת זאת, נמצא מעבר לטבע, מפני שהוא ברא את הטבע. ואנחנו עשויים בצלם אלוהים מפני שאף כי מעפר באנו, יש בנו גם נשמת אלוה ממעל. אנחנו יכולים להגות עולמות אפשריים שאינם ולא היו, ולפעול למימושם. זה הדבר הנותן לנו חופש והעושה אותנו לייחודיים. אנחנו יכולים להבדיל בין מה שיש לבין מה שראוי שיהיה. אנחנו יכולים לשאול את השאלה "למה?"

אחרי המבול, אלוהים השלים עם טבע האדם ונשבע שלא להשחית עוד את העולם. ובכל זאת הוא רצה שבני האדם ידעו כי יש משהו מעבר לטבע. לכן בחר באברהם ובצאצאיו להיות "עֵדָיו".[11] אין זה מקרה שלא אברהם ושרה, לא יצחק ורבקה ולא יעקב ורחל הצליחו להביא ילדים לעולם באופן טבעי. גם אין זה צירוף מקרים שאלוהים הבטיח את ארץ הקודש לעם שאין לו ארץ. הוא בחר במשה, האיש שהעיד על עצמו כי לא איש דברים הוא, להביא את דברו אל העולם. משה חשב שלקות הדיבור שלו פוסלת אותו מהיות דוברו של אלוהים. אך לאמיתו של דבר,

11. ישעיהו מג, י–יב; מד, ח.

דווקא לקות זו היא שהכשירה אותו לתפקיד. כי כאשר אמר איש כבד פה זה את דברי ה׳ והם יצאו מפיו צלולים, ידעו שומעיו שהמילים אינן מילותיו שלו. עמים אחרים רואים את הילדים ואת הארץ – הצו הדרוויניאני והצו הטריטוריאלי – כטבעיים. היהודים לא. גם אם ירצו. כדברי דוד בן־גוריון, ״בישראל, כדי להיות ריאליסט צריך להאמין בניסים״.

יצחק ויעקב לא היו אנשי טבע, אנשי השדה והציד ומשחק הדמים של טורף ונטרף. הם לא היו ישמעאל ועשו, אנשים היכולים לשרוד בכוח שריריהם וכישוריהם. הם היו אנשים הזקוקים לרוח אלוהים כדי לשרוד. **ישראל הוא העם המעיד בעצם מהותו על משהו שמעבר לו.** היהודים הראו, דור אחר דור, שעם יכול לתרום לאנושות הרבה מעבר לפרופורציה המספרית שלו בכלל האנושות, ושאומה זעירה יכולה להאריך ימים שֶבע־שבעתיים מהאימפריות האדירות ששאפו להחריבה. הם הראו שעם חזק הוא זה הדואג לחלשים, ועם עשיר הוא המטפל באביוניו. עם ישראל הוא העם שאלוהים הראה באמצעותו לכל באי עולם שרוח האדם יכולה לגבור על הטבע – ומכאן שמעבר לטבע קיים דבר־מה נשגב יותר.

הנה לנו הרעיון משַנה־החיים שבפרשתנו. אנו גדולים כגודל האידיאלים שלנו. בכוחנו להעפיל אל מעבר לעצמנו – אם אנו מאמינים באמת ובתמים שמעבר לעצמנו יש משהו.

רעיון משנה־חיים 6:

אתם גדולים כגודל האידיאלים שלכם. בכוחכם להעפיל אל מעבר לעצמכם – אם אתם מאמינים באמת ובתמים שמעבר לעצמכם יש משהו.

ויצא

ממעמקים

מה היה בו, ביעקב, שכולנו נושאים את שמו – ישראל? במה זכה שכל ילדיו נשארו ממשיכי הברית? היש דבר שמייחד אותו, שנמצא אצלו במידה שלא הייתה אצל אברהם ואצל יצחק, דבר־מה שאפשר לומר שהוא תרומתו הייחודית לחוויה היהודית, דבר־מה שהוא המקטע היעקבי בדי־אן־איי הרוחני שלנו? ובכן, יש ויש. התשובות לשאלותינו רבות. הפעם נעיין באחת מהן; בשבוע הבא, בשיחתנו לפרשת וישלח, נעיין בעוד אחת.

יעקב הוא האיש שמפגשיו המכוננים עם הקב"ה התרחשו כשהיה במסע, בודד וירא בלב הלילה, בורח מן הפח אל הפחת. בפרשתנו הוא בורח מעשו ומגיע אל לבן אשר עתיד לגרום לו צער רב. בפרשת השבוע הבא נראה אותו בורח בכיוון ההפוך, מלבן אל זרועותיו של עשו; "וַיִּירָא יַעֲקֹב מְאֹד וַיֵּצֶר לוֹ", מספרת לנו התורה על תחושותיו של יעקב לקראת מפגש זה (בראשית לב, ח). יעקב הוא גילומו העילאי של איש האמונה הבודד.

והנה, דווקא ברגעים אלה של שיא הפחד חווה יעקב חוויות רוחניות שאין להן מקבילות לא בחיי אברהם ולא בחיי יצחק ואפילו לא בחייו של משה רבנו. בפרשנו הוא רואה בחיזיון סולם ניצב ארצה וראשו מגיע השמיימה ומלאכי אלוהים עולים ויורדים בו, ובהקיצו הוא אומר: "אָכֵן יֵשׁ ה' בַּמָּקוֹם הַזֶּה וְאָנֹכִי לֹא יָדָעְתִּי... מַה נּוֹרָא הַמָּקוֹם הַזֶּה! אֵין זֶה כִּי אִם בֵּית אֱ־לֹהִים וְזֶה שַׁעַר הַשָּׁמָיִם" (בראשית כח, טז-יז). בפרשת וישלח נקרא כיצד בדרכו חזרה, נמלט מהפח של לבן, נחרד מהפַּחַת של עשו, הוא נאבק בלילה עם איש זר – יש מפרשים אדם, יש אומרים מלאך, ויש גם המפרשים שהיה זה אלוהים בכבודו ובעצמו – מקבל שם חדש, ישראל, וקורא למקום פניאל "כִּי רָאִיתִי אֱ־לֹהִים פָּנִים אֶל פָּנִים וַתִּנָּצֵל נַפְשִׁי" (לב, לא).

זהו רגע הרה משמעות בתולדות האמונה. אנו רגילים לחשוב שמפגשים רוחניים גדולים מתקיימים בישימון או על ראש הר קירח, או שמא באשרם או במנזר או בסדנת

ויפאסנה, במקום שהנפש נמצאת בו במנוחה והגוף רגוע והתודעה במצב המתנה. אך לא כן אצל יעקב; ובכלל, ביהדות זו אינה הדרך היחידה וגם לא העיקרית. המפגש עם אלוהים בחיל וברעדה אינו זר לנו. לרוב אורך ההיסטוריה היהודית – לא כולה, לשמחתנו, אבל רובה – אבותינו מצאו את אלוהים בלילות אפלים ובמקומות הסכנה. לא במקרה קרא הרב יוסף דב סולובייצ׳יק למפורסם בחיבוריו **איש האמונה הבודד**, ולחיבור חשוב אחר **ממעמקים**.

לפעמים, דווקא כשאנו מרגישים בדידות גמורה אנו מגלים שאיננו לבד. אנחנו יכולים לפגוש את אלוהים בעיצומה של האימה ובליבה של תחושת כישלון. כך קרה לי ברגעים קשים במיוחד, כאשר הרגשתי לא ראוי, קורס תחת הנטל, נטוש, מזולזל, מבוזה ומדוכדך. דווקא אז הרגשתי את יד ה׳ מושטת אליי להצילני, כאותה יד של איש זר שהציל אותי מטביעה בים באיטליה בירח הדבש שלי.[1] זוהי סגולתו של יעקב־ישראל, האיש שמצא את אלוהים בלב המאפליה.

יעקב היה הראשון אך לא האחרון. כמה מגדולי האומה זכו להתגלות דווקא לאחר ששאלו נפשם למות בייאוש. זכרו את רגע המשבר של משה רבנו, בקברות התאווה, כשאמר לה׳ את המילים הנוראות ״וְאִם כָּכָה אַתְּ עֹשֶׂה לִּי הָרְגֵנִי נָא הָרֹג אִם מָצָאתִי חֵן בְּעֵינֶיךָ וְאַל אֶרְאֶה בְּרָעָתִי״ (במדבר יא, טו). דווקא אז זיכה ה׳ את משה בחוויה מרוממת נפש ויחידה במינה, והראה לו איך רוח ה׳ ששרתה עליו נאצלת על שבעים זקנים הזוכים בהשפעתו לנבואה: מן המקרים הנדירים שבהם מנהיג רוחני זוכה לראות בחייו את השפעתו הרבה על אחרים.

כך היה גם לאליהו הנביא: כששאל את נפשו למות תחת הרותם שלח אותו ה׳ אל הר סיני ושם התגלה אליו – בקול דממה דקה שבא אחרי רוח סערה, אש ורעש (מלכים א׳, פרק יט). ושוב אצל הנביא ירמיהו. בתסכולו הנורא קרא, ״אָרוּר הַיּוֹם אֲשֶׁר יֻלַּדְתִּי בּוֹ, יוֹם אֲשֶׁר יְלָדַתְנִי אִמִּי אַל יְהִי בָרוּךְ... לָמָּה זֶּה מֵרֶחֶם יָצָאתִי לִרְאוֹת עָמָל וְיָגוֹן וַיִּכְלוּ בְּבֹשֶׁת יָמָי?״ (כ, יד–יח). והנה סמוך לאחר מכן זכה לנבואות של תפארת ותקווה על שיבה מהגלות ועל אהבת נצח של ה׳ לעמו אשר יחיה כל עוד זורחים השמש, הירח והכוכבים (פרק לא).

ביטוי מרגש במיוחד ניתן לכך במזמוריו של דוד בתהלים. ״הוֹשִׁיעֵנִי, אֱ־לֹהִים, כִּי בָאוּ מַיִם עַד נָפֶשׁ. טָבַעְתִּי בִּיוֵן מְצוּלָה וְאֵין מָעֳמָד״, הוא זועק כטובע (סט, ב–ג);

1. סיפרתי על כך בסרטון Understanding Prayer: Thinking and Thinking, וכן בספרי *Celebrating Life*, London: Fount, 2000.

"אֵ־לִי אֵ־לִי לָמָה עֲזַבְתָּנִי", הוא קורא קריאה שעתידה להדהד בעולם כולו (כב, ב); ושורה מפורסמת לא פחות: "מִמַּעֲמַקִּים קְרָאתִיךָ ה'" (קל, א).

זוהי מורשתו של יעקב, שגילה כי אדם יכול למצוא את אלוהים לא רק כשהוא רועה את צאנו בשלווה או מצטרף לתפילה במקדש או בבית הכנסת, אלא גם מתוך סכנה, הרחק מהבית, לכוד בין הפטיש לסדן.

שני המפגשים של יעקב עם הקב"ה, בפרשתנו ובפרשת וישלח, גם מספקים לנו מטפורות מאלפות לחיי הרוח שלנו. לפעמים אנו חווים אותם כטיפוס בסולם, שלב אחר שלב. בכל יום, שבוע, חודש או שנה, ככל שאנו לומדים יותר ומבינים יותר, אנו מתקרבים עוד קצת לשמיים; מתעלים עוד מעט מעל למריבות היומיום, מעל לרגשות העלבון והנקם, ומתחילים להבין את מורכבות מצבו של האדם. לכך רומז חלום הסולם בפרשתנו.

אך ישנו גם המודל שההיאבקות על נחל יבוק רומזת לו: האמונה כמאבק. כאלה הם חיי הרוח שלנו כאשר אנו מתמודדים עם ספקות והיסוסים, ובייחוד עם הפחד שאנו טובים ומוצלחים פחות מכפי שאחרים חושבים או מכפי שאלוהים רוצה שנהיה.[2] מחוויה שכזו אנו עלולים, כמו יעקב, לצאת צולעים על ירכנו – אבל גם, ושוב כמו יעקב, לגלות שנאבקנו עם מלאך שהכריח אותנו למצוא בתוכנו כוחות שלא ידענו שיש לנו.

המוזיקאים הדגולים מסוגלים לקחת כאב ולהפוך אותו ליופי.[3] החוויה הרוחנית שונה מעט מהחוויה האסתטית. ברוחניות חשובה האמת, לא היופי. אותה אמת קיומית המתגלה לי כאשר אני, השואף־לאפס, פוגש את האל האינסופי. אני מוצא אז את מקומי בתוך הכוליות הגדולה, וכוח גדול ממני נכנס בי ונושא אותי מעלה, אל מקום מבטחים, הרחק מסערות הנפש הגועשת.

זו מתנתו של יעקב; זהו הרעיון משנה־החיים שלו: שממעמקים אפשר להגיע לפסגות. המשברים העמוקים בחיינו מתגלים לפעמים כזמנים שאנו פוגשים בהם את העמוקות שבאמיתות ורוכשים את הגדולות שבנקודות החוזק שלנו.

2. תופעה זו קרויה "תסמונת המתחזה". ישנה כמובן גם תופעה הפוכה, של אנשים שחושבים שאמונת אבותיהם, היהדות, קטנה עליהם. נראה שזיגמונד פרויד, למשל, לקה בה.

3. הדוגמה העילאית לכך היא, לטעמי, פרק האדאג'ו בחמישייה לכלי מיתר בדו מז'ור של שוברט (אופוס 163), שהוא כתב חודשיים בלבד לפני מותו.

רעיון משנה־חיים 7:

המשברים העמוקים בחייכם מתגלים לפעמים כזמנים שפוגשים בהם את העמוקות שבאמיתות ורוכשים את הגדולות שבנקודות החוזק שלכם.

וישלח

מאבק האמונה

יש אנשים מוֹצַרְטִיִּים ויש אנשים בטהובניים. איזה סוג אנשים אתם?

הידע שלי במוזיקה חובבני ביותר, אבל אני יכול לומר את אשר יאמר כל מי שיאזין ליצירותיו של מוצרט וכל מי ששמע מעט על קורות חייו: דומה שהמוזיקה פשוט פיכתה ממנו. יש ביצירות הללו משהו קולח, נטול סימני מאמץ. הן אינן "לוקות מחיוורונם של הרהורי הלב", כמאמר המלט.[1] מוצרט כתב מהר. דאגות העולם כמו עברו מעליו.

לא כן בטהובן. לעיתים נדרשו לו שנים על שנים, טיוטות על טיוטות ומחיקות על מחיקות כדי לגבש רעיון לצורתו הסופית. המאזין למוזיקה שלו מרגיש כי כתב אותה אדם היודע לכעוס על עצמו ועל העולם. היצירתיות הייתה אצלו מאבק מתמשך, והמאמץ וההתחבטות ניכרים ביצירותיו ממש עד לרגע הפתרון המפואר שבסוף. האיכות השמימית והמיסטית של יצירותיו האחרונות, אותן סונָטות נשגבות לפסנתר ורביעיות מיתרים שכמו באו מעולם אחר, היא פרי רוחו של מי שמצא שלווה לאחר חיים שלמים של מאבק עם מלאכים ושדים פנימיים.

כל זה הוא לדידי חלון להבנת דמותו של יעקב, האיש שהיה לישראל, אביה התם של אמונתנו. יעקב איננו המועמד המתבקש לתפקיד הגיבור הדתי. הוא איננו מצטייר, לפחות לא מעל פני השטח של הכתובים, כמי שיש לו איזו מן התכונות של יתר אבות האומה וגדוליה – האומץ והאדיבות של אברהם, הנאמנות והאיפוק של יצחק, הלהט והעוז של משה, השירה והשררה של דוד, או השגב והתקווה של ישעיהו. הוא היה מוקף כולו בעימותים: עם אחיו עשו, עם חותנו לבן, בין נשותיו

1. על פי שורה מסוף המונולוג "להיות או לא להיות" במחזהו של שייקספיר **המלט**, בתרגומו של אברהם שלונסקי. במקור: "וְאֹדֶם הַטִּבְעִי שֶׁל עֹז הַהַחְלָטָה / יִלְקֶה מֵחִוְרוֹנָם שֶׁל הִרְהוּרֵי הַלֵּב".

רחל ולאה ובין ילדיו, שיריבות האחים שלהם הורידה לבסוף את המשפחה כולה לגלות מצרים. חייו נראים כשדה של מתיחויות.

והיו גם העסקאות הסבוכות שלו; קניית הבכורה מעשו, לקיחת ברכותיו, ולבסוף ההערמה על חותנו התכנן. בכל פעם נראה היה שיעקב הרוויח, אבל אז המצב הידרדר. ההתחזות של יעקב לעשו אחיו, בהדרכת רבקה, גרמה לו שייאלץ לברוח מהבית, וכפי שאנו רואים בפרשתנו אימתו מפני נקמת עשו לא קהתה גם אחרי יותר מעשרים שנה, בשובו ארצה. התרמית שרימה את אביו חזרה אליו, בגלגול דומה, מידיו של לָבָן. ואפילו הבריחה המתוחכמת שלו מלבן עלולה הייתה להיגמר באסון אלמִלא הזהיר ה׳ את לבן בחלומו לבל יפגע בו (ומכאן המימרה בהגדה של פסח, ״צא ולמד מה ביקש לבן הארמי לעשות ליעקב אבינו, שפרעה לא גזר אלא על הזכרים ולבן ביקש לעקור את הכול״). חיי יעקב מצטיירים בתורה כסדרה בלתי פוסקת של בריחות מן הפח אל הפחת ומן הפחת אל הספחת.

אם כן, מיהו ומהו יעקב? שתי התשובות שניתנו על כך הפוכות זו מזו. ישנו יעקב של מדרשי חז״ל: יעקב שנמשך אל בית הכנסת עוד בהיותו ברחם אימו,[2] שבילה את שנות נעוריו בבית המדרש,[3] שנראה כמו אברהם[4] ושזרועותיו דָמו לעמודי שיש.[5] מניעיו תמיד טהורים. הוא קנה מעשו את הבכורה כי לא יכול לשאת את מראה עשו מקריב קורבנות (מתוקף היותו בכור) לעבודה זרה.[6] אשר לברכות, עצם התעוורותו של יצחק נועדה לאפשר את גנֵבתן.[7] עשו היה ההפך מכך: טיפוס אלים והפכפך שאחז את עיני אביו כך שיחשוב שהוא צדיק הדור,[8] אך למעשה ביצע – באותו יום ששב בו ״עייף״ מהשדה – שורה שלמה של פשעים ובהם רצח.[9]

זהו דיוקן מוקצן, אך יש לו בסיס בכתובים. יעקב נקרא ״איש תם״, וכינוי זה משדר פשטות, יושר וכנות. המובן הפשוט של נבואת האורַקל שרבקה קיבלה לפני הולדת התאומים היה שהבן הגדול יעבוד את הבן הצעיר.[10] היא ידעה שיעקב

2. בראשית רבה סג, ו.
3. בראשית רבה סג, י.
4. מדרש לקח טוב, בראשית מז, יח.
5. בראשית רבה סה, יז.
6. בראשית רבה סג, יג.
7. בראשית רבה סה, ח.
8. ראו רש״י לבראשית כה, כז.
9. בבא בתרא טז ע״ב.
10. בפרק ז בספרי **לא בשם האל** אני עומד בהרחבה על הדו־משמעות המוכמנת בפסוק זה. ראו יונתן

הוא הממשיך המיועד. ובכלל, כפי שכתב המהר"ץ חיות ב"מבוא האגדות" שלו,[11] המדרשים נוטים להציג את גיבורי המקרא כטובים לגמרי או רעים לחלוטין, מטעמים מוסריים וחינוכיים מובנים. הנחלת התנהגות נכונה לילדים זקוקה לספרות בצבעי שחור־לבן; קשה ללמד ילדים מה מותר ומה אסור על סמך סיפורים עתירי מורכבות, עמימות וגוני אפור.

יעקב האחר הוא זה העולה מפשט הכתובים: איש שחייו עקובים ונפתלים, כפי שהצגנוהו קודם. השאלה המתבקשת היא – למה בחרה התורה לתאר כך את האב השלישי? הרי התורה ברנית מאוד בפרטים שהיא מנדבת. למה לא בחרה לספר פרטים אחרים, שיציירו את יעקב בצבעים מלבבים יותר?

נראה לי שהתורה מעבירה לנו, כאן ובכל יתר המקומות, מסר יוצא דופן: **שאם אנחנו יכולים באמת להתייחס לאלוהים כאל אלוהים, במלוא השגב וההדר, אנו יכולים גם להתייחס לבני אדם כאל בני אדם עם כל חולשותיהם.** בכל ספרות דתית אחרת המוכרת לי, הגיבורים זוכים לאידיאליזציה עד כדי על־אנושיות. הם אלוהיים או אלוהיים למחצה, מושלמים ונטולי חולשות. בתנ"ך אין גיבורים כאלה. אפילו נח, הצדיק התמים בדורותיו, האיש שהתהלך את האלוהים (בראשית ו, ט), משתכר ומתבזה. אפילו איוב, ש"אֵין כָּמֹהוּ בָּאָרֶץ, אִישׁ תָּם וְיָשָׁר יְרֵא אֱ־לֹהִים וְסָר מֵרָע" (איוב א, ח), מקלל את יומו. יעקב, אפילו יותר מהם, הוא התגלמות היכולת האנושית לטעות.

ואולי זו הנקודה. יעקב היה בטהובן, לא מוצרט. חייו היו סדרה של מאבקים. שום דבר לא בא לו בקלות. הוא, רק הוא מכל האבות, היה אדם שבחר בעצמו להיות נבחר. לאברהם קרא ה׳ אל ייעודו. יצחק נבחר בטרם לידתו. משה, יהושע, שמואל, דוד, ישעיהו, ירמיהו – את כולם בחר אלוהים לשליחותם. לא כן יעקב. הוא אשר קנה את בכורתו, הוא אשר לקח את ברכותיו, הוא אשר בחר לשאת את ייעודו של אברהם הלאה אל העתיד.

ה׳ לא התגלה אליו עד שברח מביתו. ורק שנים רבות לאחר מכן, כשהוא לבדו בלילה, מבועת מן המפגש הצפוי עם עשו, נאבק עימו האיש המסתורי – ה׳ או מלאך ה׳. רק ליעקב ניתַן, בידי אלוהים או בפי מלאך, שֵׁם חדש לגמרי, לא עיבוד של שם ישן אלא זהות חדשה לחלוטין: ישראל. ומאלף אפילו יותר: אף כי נאמר לו פעמיים

זקס, **לא בשם האל: אל מול האלימות הדתית**, מאנגלית: צור ארליך, ירושלים: מגיד, 2016, עמ׳ 127–144.

11. חיבור זה נדפס בתחילתן של מהדורות **עין יעקב** הנפוצות.

כי לא יקראו לו עוד יעקב, תחילה מפי ה"איש" ("לֹא יַעֲקֹב יֵאָמֵר עוֹד שִׁמְךָ כִּי אִם יִשְׂרָאֵל", בראשית לב, כט) ואז מפי הגבורה ממש ("שִׁמְךָ יַעֲקֹב לֹא יִקָּרֵא שִׁמְךָ עוֹד יַעֲקֹב כִּי אִם יִשְׂרָאֵל יִהְיֶה שְׁמֶךָ", שם לה, י) – הנה התורה עצמה ממשיכה לקרוא לו יעקב, כרומזת לנו שהמאבק לא תם כל חייו; כמוהו כרבים ממאבקינו שלנו.

לו נדרשתי לבחור פסקול לחיי יעקב כפי שלמדתי להכירם, הייתי בוחר בסונָטת 'האמֶרקְלָאווייֶר' של בטהובן (סונטה 29 לפסנתר), או בפוגה הגדולה שלו: יצירות הטעונות במתח עד להתפקע, עד סף התפוצצות כל צורה ומבנה. אולם כשם שהמאבקים האֶפּיים הללו הוליכו את בטהובן אל אותו מין שַׁלְווה מיוחד שמצא, כך גם הוליך את יעקב הדו־קרב המתמשך שלו עם אלוהים ואנשים אל הישג שלא אברהם ולא יצחק זכו לו: כל ילדיו נשארו ממשיכיו, בני אמונת ישראל. "לְפוּם צַעֲרָא אַגְרָא", אמרו חכמינו:[12] לפי הצער – השָׂכר. זהו יעקב.

יש אנשי קודש שהרוח נחה עליהם באותה קלות שהמוזיקה שפעה בה אל מוצרט. אבל ה' מבקש לא רק את אנשי הקודש: אל כולנו הוא מבקש לבוא. על כן נתן לנו את אברהם לאוהבים ואת יצחק ליראים ואת יעקב־ישראל לנאבקים.

זהו אפוא הרעיון משנה־החיים של השבוע הזה: אם אתם מוצאים את עצמכם נאבקים באמונתכם, אתם בחברה טובה: נמצא איתכם יעקב־שנעשה־ישראל, אבינו כולנו, אביהם של מאמינים בני מאמינים.

רעיון משנה־חיים 8:

אם אתם מוצאים את עצמכם נאבקים באמונתכם, אתם בחברה טובה: נמצא איתכם יעקב־שנעשה־ישראל, אבינו כולנו, אביהם של מאמינים בני מאמינים.

---

12. משנה, אבות ה, כג.

וישב

ניצחון ההפתעה ותבוסת הייאוש

אנחנו חיים את חיינו במבט קדימה, אך מבינים אותם רק במבט לאחור.

כשאנו חיים מיום ליום, חיינו יכולים להיראות כרצף חסר משמעות של מאורעות אקראיים, סדרה של מקרים והתרחשויות שאין לה צורה או היגיון פנימי. פקק תנועה גורם לנו לאחר לפגישה חשובה. הערה סתמית שאנו משמיעים מעליבה מישהו באופן שלא התכוונו אליו כלל. אנו קרובים כחוט השערה להשגת עבודה נחשקת אך מחמיצים אותה. החיים כפי שאנו חווים אותם בזמן אמת דומים להגדרה של הסופר ג'וזף הלר להיסטוריה: "שקית אשפה של התרחשויות אקראיות שנקרעה ונתפזרה ברוח".[1]

אך לפעמים אנחנו מביטים לאחור והדברים מקבלים לפתע משמעות. אנו מבינים שהחמצתה של הזדמנות אחת גלגלה לידינו הזדמנות מוצלחת ממנה. שהבושה אשר חשנו על העלבון הלא מכוון שהשמענו הפכה אותנו לזהירים יותר במוצא פינו. הכישלונות שלנו מתגלים לנו במבט מהעתיד הרחוק כשיעורים החשובים ביותר שלמדנו. המבט שלנו לאחור יהיה תמיד חד מהמבט שלנו קדימה. אנחנו חיים את חיינו לקראת העתיד, אך מבינים אותם רק משנעשו לעבר.

סיפורו של יוסף ממחיש זאת בבהירות שאין דומה לה. הוא מתחיל בתמונה מלבבת: "וְיִשְׂרָאֵל אָהַב אֶת יוֹסֵף מִכָּל בָּנָיו, כִּי בֶן זְקֻנִים הוּא לוֹ, וְעָשָׂה לוֹ כְּתֹנֶת פַּסִּים" (בראשית לז, ג). אבל במהירות הבזק מתגלות האהבה והמתנה כמכשלותיו של יוסף. אחיו החלו לתעבו. משסיפר להם את חלומותיו, הוסיפו עוד שנוא אותו. חלומו השני העליב אפילו את אביו. כשהלך לבקר את אחיו הרועים את צאנם הרחק מהבית זממו תחילה להרוג אותו ולבסוף מכרו אותו לעבדות.

1. ג'וזף הלר, **גולד שווה זהב**, מאנגלית: דוד נגב, תל אביב: זמורה ביתן מודן, 1981, עמ' 64.

בבית אדונו פוטיפר נדמה היה תחילה שהמזל מאיר לו פנים. אבל אז ניסתה אשת פוטיפר לפתותו, ומשסירב לְמַדוּחיה האשימה אותו כי ניסה לאונסה ופוטיפר שלח אותו לכלא בלי משפט. נראה היה שהגיע לתחתיתה של שאול התחתיות. נמוך משם אי אפשר ליפול. קרן מפתיעה של תקווה זרחה לו לרגע בכלא. הוא פירש נכונה את חלומו של שכנו בכלא, שר המשקים המודח, וחזה לו שישוחרר ויושב לתפקידו. יוסף ביקש ממנו רק דבר אחד בתמורה: "כִּי אִם זְכַרְתַּנִי אִתְּךָ כַּאֲשֶׁר יִיטַב לָךְ, וְעָשִׂיתָ נָּא עִמָּדִי חָסֶד וְהִזְכַּרְתַּנִי אֶל פַּרְעֹה וְהוֹצֵאתַנִי מִן הַבַּיִת הַזֶּה. כִּי גֻנֹּב גֻּנַּבְתִּי מֵאֶרֶץ הָעִבְרִים וְגַם פֹּה לֹא עָשִׂיתִי מְאוּמָה כִּי שָׂמוּ אֹתִי בַּבּוֹר" (מ, יד-טו).

הפסוק האחרון בפרשה מצליף בנו כמכת גורל אכזרית: "וְלֹא זָכַר שַׂר הַמַּשְׁקִים אֶת יוֹסֵף וַיִּשְׁכָּחֵהוּ" (שם, כג). נראה כי אבד הסיכוי האחרון של יוסף לצאת לחופשי. הבן האהוב בכתונת הפסים היה לזר חסר התקווה בבגדי האסיר. זו ההתקרבות הרבה ביותר שהתורה מרשה לעצמה אל רוח הטרגדיה. זהו סיפור ההיבריס של יוסף שהוביל אותו צעד אחר צעד אל הנמסיס שלו: היהירות שהוליכה לנפילה. כל דבר טוב שקורה ליוסף מתגלה כמבוא לפגע חדש ובלתי צפוי.

אך הנה עוברות שנתיים, ואצלנו, קוראי פרשת השבוע, עובר שבוע אחד – ולפתע מתברר לנו שכל זה הוביל לעלייה מטאורית. פרעה ממנה את יוסף למשנה למלך מצרים, האימפריה הגדולה בעולם העתיק. הוא מסיר את טבעתו מעל ידו ונותן אותה ליוסף, מלביש אותו בבגדי שש, שם על צווארו רביד זהב ומרכיב אותו במרכבת המשנה אשר לו. יוסף, בן שלושים בלבד, נעשה לאדם השני בעוצמתו בעולם. מבירא עמיקתא הוא המריא לאיגרא רמא. מאפס לגיבור בן לילה.

המאלף באופן מסירתו של סיפור זה בתורה הוא היותו בנוי כך שיוביל אותנו, קוראיו, בכיוון ההפוך בדיוק. פרשת וישב אולי בנויה כטרגדיה יוונית; אך אז באה פרשת מקץ ומראה לנו שהתורה מגלמת השקפת עולם אחרת לגמרי. היהדות אינה אתונה. התורה אינה סופוקלס. מצבו של האדם אינו טרגי במהותו. גיבורים לא נועדו ליפול.

הטעם לכך עקרוני ביותר. ישראל הקדומה ויוון העתיקה, שני מקורות ההשפעה העיקריים של הציוויליזציה המערבית, החזיקו בתפיסות זמן וסיבתיות שונות בתכלית זו מזו. היוונים האמינו במוֹירָה, או באַנַנְקֶה – הגורל העיוור. הם חשבו שהאלים עוינים את בני האדם, או לכל היותר אדישים כלפיהם, ולכן אם הגורל גזר על אדם טרגדיה, אדם זה לא יימלט ממנה. ואילו היהודים האמינו – ועודם מאמינים – כי אלוהים נמצא איתנו במסענו על פני הזמן. לפעמים נדמה לנו שאבדנו, אך אז אנו מגלים, כיוסף, שאלוהים הדריך את צעדינו לכל אורך הדרך.

יוסף נכנס לסיפור עם פגמים ברורים. הוא התפאר במראהו.[2] הוא הוציא את דיבת אחיו הרעה באוזני אביהם.[3] הנרקיסיזם שלו הוביל ישירות לניסיונות הפיתוי מצד אשת פוטיפר.[4] אבל הסיפור שהוא היה חלק ממנו לא היה טרגדיה. בסוף הסיפור, במותו של יוסף בפרק האחרון בספר בראשית, יוסף הוא כבר אדם אחר לגמרי: אדם שסלח לאחיו על הפשע שביצעו נגדו, אדם שהציל חלק שלם מן העולם מרעב ומצמא, האיש שהמסורת היהודית עתידה לכנות יוסף הצדיק.[5]

כל עוד אתם באמצע סיפור חייכם, אל תחשבו שהבנתם אותו. זהו הלקח של יוסף. בהיותו בן עשרים ותשע יכול היה לחשוב, בצדק גמור מנקודת המבט של הרגע, שחייו הם כישלון נורא: אחיו שונאים אותו, אביו מבקר אותו, הוא נמכר לעבד, נאסר באשמת שווא, והסיכוי האחרון שלו להשתחרר חלף עם שר המשקים השכחן. אך המחצית השנייה של הסיפור מראה כי חיי יוסף לא היו כאלה כלל, וחלקם הראשון היה מבוא לחלקם האחרון. סיפור חייו היה לסיפור הצלחה חסר תקדים, מבחינה פוליטית וחומרית אבל לא פחות מכך גם מבחינה מוסרית ורוחנית. הוא היה האיש הראשון בהיסטוריה המתועדת שסלח. כשהציל את אזור מצרים מרעב היה לאיש הראשון שהבטחת ה׳ לאברהם, ״וְנִבְרְכוּ בְךָ כֹּל מִשְׁפְּחֹת הָאֲדָמָה״ (בראשית יב, ג), התגשמה בו.

מהלך העניינים בפרשת וישב אינו מספק לנו שום רמז לתפנית זו. נקודת המפנה בחיי יוסף הייתה מאורע בלתי סביר כלל, שאי אפשר היה לחזות אותו – ואשר חולל תמורה רבתי לא רק בחיי יוסף, אלא גם במצבם של המוני אוכלוסין בני הזמן ובמסלול קורותיו של עם ישראל. יד ה׳ פעלה גם כאשר יוסף סבר שכל בני האדם שהכיר נטשוהו לאנחות.

עינינו נשואות קדימה, אבל אנחנו יכולים לראות את תפקיד ההשגחה העליונה בחיינו רק כשאנו מפנים אותן לאחור. זה פשר דברי ה׳ למשה ״וְרָאִיתָ אֶת אֲחֹרָי״ (שמות לג, כג): תראה אותי רק לאחר המעשה שעשיתי בחייך; רק כשתביט לאחור.

סיפור יוסף הוא היפוכו המדויק של המבנה הסיפורי במחזה **אדיפוס** מאת סופוקלס. כל המאמצים שעשו ליוס ובנו אדיפוס להתחמק מהגורל הטרגי שנמסר באורקל רק קירבו את התגשמותו של גורל זה; ואילו בסיפור יוסף, כל חוליה הנראית

2. בראשית רבה פד, ז. וראו רש״י לבראשית לז, ב.
3. בראשית לז, ב. וראו בראשית רבה פד, ז.
4. מדרש תנחומא, וישב ח.
5. יומא לה ע״ב.

בשעת מעשה כמובילה לאסון מתגלה בדיעבד כצעד חיוני להצלת חייו של יוסף וחיי אחרים ולהגשמת חלומותיו.

היהדות היא הפך הטרגדיה. היא אומרת לנו שכל גורל גרוע וכל גזרה רעה יכולים להיבטל (כהכרזתנו בימים הנוראים, "ותשובה ותפילה וצדקה מעבירין את רוע הגזרה") – ולעומת זאת כל הבטחה טובה שנתן לנו ה' סופה הוודאי להתקיים.[6]

מכאן נשאב לקח גדול לחיינו: **הייאוש אף פעם אינו מוצדק.** גם אם מזל הביש מצלק את חיינו, גם אם הייסורים חותכים בהם, גם אם נראה כי אפסו סיכויי האושר שלנו, עדיין יש לנו תקווה. אולי הפרק הבא בחיינו יהיה מבורך. אולי עוד נהיה, כבכותרת שירו של המשורר וורדסוורת, "מופתעים משמחה".

כל דבר רע שאירע לכם עד כה עשוי להתגלות כהקדמה הכרחית לדברים הטובים העתידים לקרות לכם, מפני שהסבל חיזק אתכם והצלחתכם לשרוד נסכה בכם עוז. זה לימודנו מגיבורי ההתמודדות – מיוסף בפרשתנו עד שורדי השואה בדורותינו – שהוסיפו ללכת והמשיכו להאמין ומיאנו להתייאש וזכו לכתוב פרק חדש, ואחֵר מאוד, בספר חייהם.

בעיניו של המאמין, קללת היום יכולה להיות תחילתה של ברכת המחר. זו מחשבה שבכוחה לשנות חיים.

רעיון משנה־חיים 9:

בעיניו של המאמין, קללת היום יכולה להיות תחילתה של ברכת המחר.

---

6. שבת נה ע"א.

מקץ

יהודים וכלכלה

ידוע שיהודים זוכים בפרס נובל מעבר לכל פרופורציה למספרם: יותר מ־20 אחוזים מזוכי הנובל הם בני עם המונה פחות משתי אלפיות מאוכלוסיית העולם. זהו ייצוג־יתר של פי מאה ויותר. אך הנה, בתחום אחד ייצוג היהודים גדול אפילו יותר מכך: בתחום הכלכלה. פרס נובל בכלכלה ניתן לראשונה בשנת 1969. מקרב 79 הזוכים מאז ועד 2017, 29 הם יהודים: יותר מ־35 אחוזים.

רשימת חוקרי הכלכלה היהודים הדגולים בעת החדשה נפתחת בדייוויד ריקרדו, ממציא תיאוריית היתרון ההשוואתי – שהכלכלן היהודי זוכה נובל פול סמואלסון כינה "התיאוריה היחידה במדעי החברה שהיא גם נכונה וגם לא מובנת מאליה". אחריו היה ג'ון פון־ניומן, ממציא תורת המשחקים (שישראל אומן, עוד יהודי חתן נובל בכלכלה, הרחיב באורח יצירתי). מילטון פרידמן פיתח את הכלכלה המוניטרית, קנת ארואו את כלכלת הרווחה, וג'וזף שטיגליץ וג'פרי זקס את כלכלת הפיתוח. גארי בקר יישם את הניתוח הכלכלי בתחומים אחרים הכרוכים בקבלת החלטות, וכך עשה ריצ'רד פוזנר בממשק שבין כלכלה למשפט. לאלה עלינו להוסיף אישים בולטים בתחום המדיניות הכלכלית והפיננסית בעולם: לארי סאמרס, אלן גרינספן, סר ג'יימס וולפנזון, ג'נט ילן, סטנלי פישר, ועוד רבים שקצרה היריעה מהזכיר.

כל זה התחיל אצל יוסף, הכלכלן העולמי הראשון. בפותרו את חלום פרעה פיתח תיאוריה של מחזורי עסקים – שבע שנות גאות ואחריהן שבע שנות שפל – מחזור שאינו רחוק מן המוכר לנו היום. יוסף גם הבין באינטואיציה שאם ראש מדינה חולם על פרות ועל שיבולים, הוא כנראה חושב בתת־המודע שלו (אם לנקוט את מושגי זמננו) על מקרו־כלכלה. אופיים המטריד של החלומות רמז לו שאלוהים שולח אזהרה

מוקדמת מפני "ברבור שחור",[1] תופעה נדירה שתורת הכלכלה המקובלת אינה יכולה להביא בחשבון. יוסף אבחן את הבעיה והזדרז לפתח פתרון: לנצל את השנים הטובות להכנת מאגרים לשנות הרעב, דוגמה מובהקת לתכנון כלכלי ארוך טווח. וכך אמר:

> יַעֲשֶׂה פַרְעֹה וְיַפְקֵד פְּקִדִים עַל הָאָרֶץ וְחִמֵּשׁ אֶת אֶרֶץ מִצְרַיִם בְּשֶׁבַע שְׁנֵי הַשָּׂבָע. וְיִקְבְּצוּ אֶת כָּל אֹכֶל הַשָּׁנִים הַטֹּבֹת הַבָּאֹת הָאֵלֶּה וְיִצְבְּרוּ בָר תַּחַת יַד פַּרְעֹה אֹכֶל בֶּעָרִים וְשָׁמָרוּ. וְהָיָה הָאֹכֶל לְפִקָּדוֹן לָאָרֶץ לְשֶׁבַע שְׁנֵי הָרָעָב אֲשֶׁר תִּהְיֶיןָ בְּאֶרֶץ מִצְרָיִם, וְלֹא תִכָּרֵת הָאָרֶץ בָּרָעָב. (בראשית מא, לד-לו)

עצה זו התגלתה כמצילת חיים. לעומת זאת, תוכניותיו הכלכליות הבאות של יוסף, המסופרות בפרשת ויגש (מז, יא-כו), הן כבר מן הסוג מעורר המחלוקת. כאשר אזל כספם של הנתינים, במהלך שנות הרעב, אמר להם יוסף למכור לפרעה את הצאן והבקר שלהם תמורת מזון. כאשר גם מקנה לא היה, הוא קנה מהם את אדמותיהם, וכל ארץ מצרים הייתה נחלתו של פרעה – למעט אחוזות הכוהנים. המצרים היו עתה למעשה צמיתיו של פרעה, והעלו לאוצרותיו כמס חמישית מתבואתם מדי שנה.

הלאמה זו של המקנה, העבודה והקרקע, פירושה היה שכל העוצמה מרוכזת בידי פרעה, וכל העם משועבד לו. לימים, המהלך הזה הפך פניו נגד עמו של יוסף עצמו, כאשר קם פרעה אשר לא ידע את יוסף. ודאי אין זה מקרה שהתורה אומרת על המצרים פעמיים את אותו ביטוי שתתאר בו בספר שמות את בני ישראל: הם נעשו "עֲבָדִים לְפַרְעֹה" (מז, יט; כה). הנה כי כן, כבר ספר בראשית מלמדנו כי כאשר ניתן בידי המדינה כוח כלכלי רב מדי נפתחת "הדרך לשעבוד", כביטויו של פרידריך האייק,[2] והחירות נפגעת.

אפשר אפוא לטעון שיוסף היה הכלכלן הראשון. אבל מה פשר בולטותם של היהודים בתורת הכלכלה בעת החדשה? אינני רוצה לטעון שהיהודים יצרו את הקפיטליזם. הדבר אינו נכון. ידועה טענתו של הסוציולוג מקס ובר כי האתיקה הפרוטסטנטית (ובייחוד זו הקלוויניסטית) היא שעיצבה את "רוח הקפיטליזם".[3] רודני סטארק טען שהכנסייה הקתולית היא אשר הולידה את הקפיטליזם, עוד לפני

1. כביטוי של נסים ניקולס טאלב בספרו **תעתועי האקראיות: הופעתו של הברבור השחור בשוקי ההון (ובחיים)**, מאנגלית: מיכל אילן, תל אביב: ידיעות ספרים, 2008.
2. פרידריך האייק, **הדרך לשעבוד**, מאנגלית: אהרן אמיר, ירושלים: שלם, תשנ"ח.
3. מכס ובר, **האתיקה הפרוטסטנטית ורוח הקפיטליזם**, מגרמנית: ברוך מורן, תל אביב: עם עובד, תשמ"ד.

הרפורמציה.[4] אדם סמית, מחברו של **עושר העמים**, הספר הגדול הראשון על כלכלת השוק (1776), היה מהדמויות הבולטות בנאורות הסקוטית, והשקפותיו הדתיות נעו בין נצרות רגילה לבין דיאיזם. הטוענים לקרבה מיוחדת בין היהודים לקפיטליזם, ובראשם ורנר זומברט וקרל מרקס, לא חיבבו בדרך כלל לא את היהודים ולא את הקפיטליזם.

ועם זה, ברור שיש לכלכלת השוק זיקה מובהקת למה שמכונה האתיקה היודיאו־נוצרית, מפני שדווקא בתרבויות הללו היא הופיעה. סין, למשל, הקדימה את המערב כמעט בכל תחום טכנולוגי עד המאה השבע־עשרה, אך מאז עקף אותה המערב בסערה: סין לא הקימה במאות הקודמות מדע ראוי לשמו או משק חופשי ולא התקיימה בה מהפכה תעשייתית, ורק לא מכבר החלה להשלים את הפער. מה יש בהם, בערכים המקראיים, המעודד כל כך את החשיבה הכלכלית, את התפתחות המוסדות הכלכליים ואת הצמיחה?

ההיסטוריון והכלכלן דייוויד לנדס, איש הרווארד, העלה תובנה מעניינת בספרו החשוב **עושר העמים ועוניים**.[5] במקרא יש הקפדה רבה על זכות הקניין. לנדס מצטט את דבריו של משה בזמן מחלוקת קורח: "לֹא חֲמוֹר אֶחָד מֵהֶם נָשָׂאתִי וְלֹא הֲרֵעֹתִי אֶת אַחַד מֵהֶם" (במדבר טז, טו). דברים דומים אמר שמואל הנביא כשבני ישראל ביקשו לשים עליהם מלך: "הִנְנִי, עֲנוּ בִי נֶגֶד ה' וְנֶגֶד מְשִׁיחוֹ: אֶת שׁוֹר מִי לָקַחְתִּי וַחֲמוֹר מִי לָקַחְתִּי וְאֶת מִי עָשַׁקְתִּי אֶת מִי רַצּוֹתִי וּמִיַּד מִי לָקַחְתִּי כֹפֶר וְאַעְלִים עֵינַי בּוֹ – וְאָשִׁיב לָכֶם" (שמואל א' יב, ג). לנדס אומר שגישה זו מבדילה את בני ישראל מכל תרבויות זמנם. בשאר המקומות, זכותו של המלך להפקיע רכוש נתינים הייתה מובנת מאליה. הפילוסוף ג'ון לוק, מאבות הליברליזם, כבר הראה כי זכויות הקניין הפרטי הן יסוד חיוני לקיום חברה חופשית.

מאפיין שני הוא החשיבות שהתורה מייחסת לעבודה. אלוהים הציל את נח מהמבול, אבל דרש ממנו לבנות לשם כך תיבה. ומאפיין שלישי: תפיסת הזמן הליניארית של התורה. הזמן איננו סדרה של מעגלים שבה הכול שב להיות כשהיה, כמו בתרבויות האליליות הסוגדות לכוחות הטבע, אלא זירה של תמורות, התפתחות והתקדמות. רעיונות אלה נראים לנו פשוטים, שכן הם עומדים בתשתית התרבות המערבית, אבל לא תמיד אנו זוכרים שאין אלה אמיתות כלל־אנושיות. הפסיכולוג

4. Rodney Stark, *The Victory of Reason: How Christianity Led to Freedom, Capitalism and Western Success*, New York: Random House, 2007.

5. David Landes, *The Wealth and Poverty of Nations*, London: Little, Brown, 1998, pp. 45-59.

החברתי ג'ונתן היידט קורא למאפיינים הללו WEIRD (באנגלית: מוזר), שכן הם אינם מובנים מאליהם, אלא שייכים לחברות שהן מערביות, משכילות, מתועשות, עשירות ודמוקרטיות (Western, Educated, Industrialised, Rich and Democratic).[6]

בעיניי, הגורם המכריע – החריגה הגדולה של אמונת ישראל מעולם הכישוף, המסתורין והמיתוס של עמי קדם – היה **הסרת הקדושה מן הטבע**. אלוהים ברא את הטבע בפעולה רצונית, ובבוראו את האדם בצלמו נתן גם לנו את הכוח הבורא של הרצון. מתוך כך, בעיני היהודים הקדושה שורה לא בעולם כפי שהוא אלא בעולם כפי שהוא צריך להיות. העוני, החולי, הרעב, העוול ונגישת החזקים בחלשים – כל אלה אינם רצון האל. הם אולי חלק מטבע האדם, אבל לאדם ניתן הכוח, אם ירצה, להתעלות מעל הטבע. אלוהים אינו רוצה שנשלים עם המציאות. הוא רוצה שנתקן, שנרפא, שנמנע. לכן היהודים נוטים, מעל ומעבר לכל פרופורציה, להיות משפטנים הלוחמים בעוול, רופאים הנאבקים בחולי, מורים המבערים את הבערות, כלכלנים הממגרים את העוני, ו(במיוחד בישראל) חדשנים בתחום הטכנולוגיה החקלאית המוצאים דרכים לגדל מזון בסביבות שמזון לא גדל בהן מעולם.

כל זה כמוס בפרשתנו. תחילה יוסף מאבחן את הבעיה: צפוי רעב שיארך שבע שנים. הצעד שהוא נוקט משנה את העולם. הוא רואה את החזות הקשה הזו לא כגזרת גורל שיש להיכנע לה, אלא כבעיה שיש לפותרה. ואז, בלי מהומה רבה, הוא פותר אותה, ומציל אזור שלם ממוות ברעב.

רע שאפשר לשנותו – אין לסובלו. הסבל האנושי אינו אתרוג אלא אתגר. זהו הרעיון משנה־החיים של יוסף. הרעב והמכאוב, העוני והחולי אינם קדושים, וה' אינו רוצה שנשלים עימם אלא שנרפאם: שנבדיל בין קודש לחולי.

רעיון משנה־חיים 10:

הרעב והמכאוב, העוני והחולי אינם קדושים, וה' אינו רוצה שנשלים עימם אלא שנרפאם: שנבדיל בין קודש לחולי.

---

6. Jonathan Haidt, *The Righteous Mind: Why Good People Are Divided by Politics and Religion*, London: Penguin, 2013.

ויגש

הפסיכותרפיסט הראשון

הביטוי "הוגה יהודי" משתמע לשתי פנים. הוא עשוי לציין הוגה שהוא יהודי על פי דתו או מוצאו, כמו הביטוי "רופא יהודי" למשל – אך הוא גם יכול לציין אדם שתרם להגות היהודית דווקא, כגון רבי יהודה הלוי או הרמב"ם. ושמא, וזו השאלה המעניינת, ייתכן גם סוג שלישי של הוגה יהודי: כזה שהגותו היא בתחום דעת כללי, ואינה נוגעת במיוחד ליהדות, ובכל זאת היא יהודית באופייה?

התשובה אינה פשוטה, אך אנו מרגישים בליבנו שהיא חיובית; כמו שאנו מרגישים שיש הומור יהודי, והוא לאו דווקא הומור של יהודים או הומור על יהדות. רות וייס אומרת דברים מעניינים על כך בספרה **זה לא צחוק**.[1] כך גם פיטר ברגר בספרו **לגאול את הצחוק**.[2] ההומור אוניברסלי, אבל בתרבויות שונות הוא מדבר במבטאים שונים.

סבורני שהדבר נכון גם באשר לפסיכותרפיה; שיש פסיכותרפיה "יהודית". החשודה המיידית היא הפסיכואנליזה. היא אפילו כונתה בפי הנאצים "המדע היהודי", משום שרוב בני הדור המייסד שלה היו יהודים; חוץ מקרל גוסטב יונג, כמעט כולם בעצם. אך בעיניי היא אינה יהודית כלל. טענתי בעבר בהרחבה (אם כי טענתי זו עוררה מחלוקת) כי משנתו של פרויד, שאחד מעמודי התווך שלה הוא המיתוס היווני של אדיפוס, תופסת את המצב האנושי כטרגי ואת האדם כנתון לשליטתם של גורמים החזקים ממנו – ובזאת היא הלניסטית יותר מכפי שהיא יהודית.[3]

1. Ruth Wisse, *No Joke: Making Jewish Humor*, Princeton: Princeton University Press, 2013.
2. Peter Berger, *Redeeming Laughter: The Comic Dimension of Human Experience*, Boston: De Gruyter, 2014.
3. יש במשנת פרויד רכיבים יהודיים מובהקים, והבולט בהם הוא היותה של הפסיכואנליזה "ריפוי

לעומת זאת, שלושה מהפסיכותרפיסטים החשובים ביותר שלאחר מלחמת העולם השנייה היו לא רק יהודים מלידה אלא גם בעלי תפיסה יהודית מאוד של נפש האדם. ויקטור פראנקל, ניצול אושוויץ, פיתח על יסוד מה שעבר שם גישה שהוא כינה לוגותרפיה, שבמרכזה האדם המחפש משמעות.[4] אף כי הנאצים גזלו מאסירי מחנות המוות כמעט כל שמץ של אנושיות, פראנקל טען שדבר אחד הם לא הצליחו לקחת: את החופש לבחור את עמדתם כלפי הנסיבות הנתונות.

אהרן ט' בֶּק היה ממייסדי הטיפול הקוגניטיבי ההתנהגותי, הנחשב בעיני רבים לאחת מצורות הפסיכותרפיה היעילות ביותר.[5] הוא מצא כי אצל אנשים הסובלים מדיכאון, הרגשות כרוכים תדיר במחשבות שליליות על עצמם, על העולם ועל העתיד; וכי מצב רוחם משתפר אם גורמים להם לחשוב באופן מציאותי יותר.

מרטין סליגמן הוא מייסד הפסיכולוגיה החיובית, החותרת לא רק לטפל בדיכאון אלא גם לקדם באופן פעיל את מה שסליגמן מכנה "אושר אמיתי" ו"אופטימיות נרכשת".[6] הדיכאון, טען סליגמן, קשור תכופות לפסימיות, וזו מגיעה מדרך מסוימת של פירוש אירועים שהוא מכנה "חוסר אונים נרכש". אנשים פסימיים נוטים לראות כישלונות כתמידיים ("ככה זה אצלי תמיד"), אישיים ("זה קרה בגללי") וכוללניים ("הכול ככה"). משום כך הם מרגישים שהחוויות השליליות שלהם בלתי נמנעות ואינן בשליטתם. אחרת היא הסתכלותם של האופטימיים. לדידם, אירועים שליליים הם חולפים, הם פרי גורמים חיצוניים, והם לא הכלל אלא היוצאים מן הכלל. וכך, אומנם בגבולות מסוימים,[7] אפשר ללמוד להיפטר מהפסימיות, והתוצאה היא יותר אושר, בריאות והצלחה.

המשותף לכל השלושה הוא האמונה כי (1) תמיד יש יותר מאפשרות

בהקשבה" (אף כי פרויד עצמו כינה אותה "ריפוי בדיבור") – וההקשבה, וחוש השמיעה בכלל, היא מאפיין־יסוד של הרוחניות היהודית.

4. פראנקל כתב ספרים רבים, וכמה מהם הופיעו גם בעברית. הידוע בהם הוא **האדם מחפש משמעות**, אחד החיבורים המשפיעים ביותר במאה העשרים.

5. ראו ג'ודית ס' בק, **טיפול קוגניטיבי התנהגותי: מבוא לשיטה, כלים למטפלים ועוד** (עם הקדמה מאת אהרון ט' בק), מאנגלית: איל כץ, קריית ביאליק: אח, תשע"ד; Aaron T. Beck, *Cognitive Therapy and the Emotional Disorders*, London: Penguin, 1989. ראו גם ספרו החשוב של בק *Prisoners of Hate: The Cognitive Basis of Anger, Hostility and Violence*, New York: HarperCollins, 1999.

6. מרטין א' פ' סליגמן, **אושר אמיתי: הגשמה עצמית באמצעות פסיכולוגיה חיובית**, מאנגלית: יעל זיסקינד־קלר, בן שמן: מודן, 2005; Martin Seligman, *Learned Optimism*, New York: Basic Books, 2008.

7. סליגמן מודה שיש בנו דברים שאינם יכולים להשתנות – אך הם המיעוט. ראו בספרו Martin Seligman, *What You Can Change and What You Can't*, London: Nicolas Brealey, 2007.

אחת לפרש את מה שקורה לנו, (2) אנו יכולים לבחור בין הפרשנויות השונות, ו־(3) אופן החשיבה שלנו מעצב את אופן הרגשתנו. גישה זו מזכירה ענף מסוים במחשבת ישראל, הלוא הוא חסידות חב״ד בהגותו של מייסדה, רבי שניאור זלמן מלאדי. ראשי התיבות חב״ד הם שלושה רבדים שכליים – חוכמה, בינה ודעת – המשפיעים על שלושה רבדים רגשיים יותר: חסד, גבורה ותפארת. הגבורה עניינה איפוק, והתפארת נוגעת לאיזון רגשי. שלא כחסידויות אחרות, המתמקדות בחיי הרגש, חב״ד מדגישה את כוחו של השכל לעצב את הרגש. הגות חב״ד הטרימה, מבחינה זו, את הטיפול הקוגניטיבי ההתנהגותי.

אולם נראה לי ששורשיה היהודיים של גישה טיפולית זו קדומים עוד הרבה יותר. בשבוע שעבר טענתי כאן שיוסף היה הכלכלן הראשון. השבוע אני רוצה להוסיף שהוא היה גם המטפל הקוגניטיבי הראשון. הוא היה הראשון שהבין את רעיון המסגור־מחדש – כלומר שאפשר להסתכל על מאורעות שליליים בחיים בדרך חדשה ועל ידי כך להשתחרר מדיכאון ומחוסר אונים נרכש.

זה קרה לו כאשר, בהשפעתה העזה של בקשת יהודה לתת לבנימין לחזור לאביהם יעקב, התוודע סוף סוף לאחיו:

> ״אֲנִי יוֹסֵף אֲחִיכֶם אֲשֶׁר מְכַרְתֶּם אֹתִי מִצְרָיְמָה. וְעַתָּה אַל תֵּעָצְבוּ וְאַל יִחַר בְּעֵינֵיכֶם כִּי מְכַרְתֶּם אֹתִי הֵנָּה, כִּי לְמִחְיָה שְׁלָחַנִי אֱ־לֹהִים לִפְנֵיכֶם. כִּי זֶה שְׁנָתַיִם הָרָעָב בְּקֶרֶב הָאָרֶץ וְעוֹד חָמֵשׁ שָׁנִים אֲשֶׁר אֵין חָרִישׁ וְקָצִיר. וַיִּשְׁלָחֵנִי אֱ־לֹהִים לִפְנֵיכֶם לָשׂוּם לָכֶם שְׁאֵרִית בָּאָרֶץ וּלְהַחֲיוֹת לָכֶם לִפְלֵיטָה גְּדֹלָה. וְעַתָּה לֹא אַתֶּם שְׁלַחְתֶּם אֹתִי הֵנָּה, כִּי הָאֱ־לֹהִים״. (בראשית מה, ד–ח)

יוסף יוצר כאן מסגור־מחודש של המאורעות, כדי שאחיו לא יצטרכו לחיות תחת משא אשמה נורא על שמכרוהו לעבדות ורימו את אביהם והסבו לו שנים על שנים של אבל שאינו קהה. הוא יכול לעשות זאת למענם רק משום שהוא כבר עשה זאת לעצמו. מתי זה קרה – קשה לדעת. האם יוסף היה מודע לאורך כל הדרך שהמכות הקשות שהוא ספג היו חלק מתוכנית אלוהית? אולי הבין זאת רק כאשר הוצא מהכלא לפתור את חלומות פרעה ונעשה משנה למלך מצרים?

הכתוב אינו עונה על כך במפורש, אבל רומז לנו. יוסף, יותר מכל דמות אחרת בתורה, מייחס את הישגיו לאלוהים. הדבר מאפשר לו לעשות את מה שפראנקל, בק וסליגמן היו מייעצים לו בשנות עֱנותו, אומנם במונחים חילוניים, לו היה מטופל אצלם. חשוב על משימה שאתה רוצה להגשים כשתשתחרר, היה אומר לו פראנקל;

תן למזל הביש שלך פירוש מחודש, כאפשרות ולא כהכרח, היה מייעץ לו בק; ראה את הצדדים הטובים במצב, היה מוסיף סליגמן. יוסף לא רק השתחרר מהכלא הפיזי; הוא חילץ את עצמו גם מכלא רגשי, כלא הטינה כלפי אחיו. הוא ראה עתה את חייו לא כדרמה משפחתית של יריבות אחים, אלא כחלק ממהלך היסטורי של ההשגחה העליונה.

גישתם של פראנקל, בק וסליגמן היא בעיניי יהודית, שלא כגישתו של פרויד. רעיון חופש הבחירה הוא לב היהדות. איננו שבויים של המאורעות; אנחנו המעצבים הפעילים שלהם. כמובן, אנו עשויים להיות מושפעים מדחפים לא מודעים, כפי שסבר פרויד; אבל אנחנו יכולים להתגבר עליהם בעזרת "הרגלי הלב" המעדנים את האישיות שלנו ומלטשים אותה.

חייו של יוסף מוכיחים כי בידינו להביס את הטרגדיה בעזרת יכולת מחשבתית: היכולת לראות את החיים לא רק כסדרה של מאורעות לא הוגנים שנופלים עלינו, אלא גם כשרשרת של מהלכים אלוהיים מכוונים, אשר כל אחד מהם מקרב אותנו למצב שבו אנחנו יכולים לעשות את אשר ה' שואל מעימנו.

לא כולנו יכולים להיות יוסף, אבל הודות לרבי שניאור זלמן מלאדי במסלול הרוחני־דתי, ופראנקל, בק וסליגמן במסלוליהם החילוניים, אנחנו מודעים לאפשרות לשנות את מצבנו הרגשי באמצעות שינוי דרכי החשיבה שלנו; והדרך הטובה ביותר לעשות זאת היא לשאול "מהו הדבר שהחוויה השלילית הזו מאפשרת לי לעשות, ושלא היה מתאפשר לי לעשותו בלעדיה?" כל חיינו יכולים להשתנות כך.

רעיון משנה־חיים 11:

איננו שבויים של המאורעות; אנחנו המעצבים הפעילים שלהם.

ויחי

מה סליחה צריכה

יוסף סולח. וזו, כפי שכתבתי בשיחות קודמות, נקודת מפנה בהיסטוריה. כי זהו מקרה הסליחה הראשון המתועד בספרות.

חשוב שנבחין בין סליחה, המאפיינת את המסורת היהודית (ובעקבותיה הנוצרית), לבין הריצוי, שהוא תופעה אוניברסלית. עניין ידוע וישן הוא: אדם פוגע באדם אחר והשני כועס, ממורמר ואינו מוחל על כבודו. אם הצד שפגע אינו פועל לשיכוך זעמו של הפגוע, זה האחרון ינקום את נקמתו.

הנקמה היא דרך לשיקום הסדר החברתי. אך זוהי דרך יקרה ומסוכנת, כי היא עלולה לפתוח במעגל דמים שאין לו קו בלימה טבעי.[1] אחד מבני משפחתי פגע באחד מבני משפחתך (חשבו על משפחות מונטגיו וקפיולט מ**רומיאו ויוליה** או קורליאונה וטטאליה מ"הסנדק"), ולכן מישהו ממשפחתך נוקם, ומישהו ממשפחתי חייב להשיב על כך נקם כדי לשמור על כבוד המשפחה, וכן הלאה וכן הלאה, לעיתים לאורך דורות. המחיר גבוה מאוד, והאינטרס של כולם הוא למצוא דרך לעצור את המעגל. זו תופעה אוניברסלית. היא קיימת בכל חברה אנושית, וגם בכמה חברות של בעלי חיים.[2]

הדרך הרווחת לשים קץ לסכסוכים מסוג זה היא זו שהיוונים הקדמונים כינו "סיגְנוֹמי". הביטוי מתורגם תדיר כ"סליחה", אך לאמיתו של דבר – כפי שמראה דייוויד קונסטאן במחקרו המעולה **לפני הסליחה**[3] – מובנו הוא משהו מעין חנינה,

1. בספרו **האלימות והקדושה** טען רנה ז'יראר כי הדת נולדה מתוך הניסיון למצוא דרך לעצור מעגלי נקם ודמים. רנא ז'יראר, **האלימות והקדושה**, מצרפתית: יותם ראובני, תל אביב: נמרוד, 2009.
2. ראו Frans de Waal, *Peacemaking among Primates, Cambridge*, MA: Harvard University Press, 1989.
3. David Konstan, *Before Forgiveness: The Origins of a Moral Idea*, Cambridge: Cambridge University Press, 2010.

פיוס, נכונות להתפשר או לקבל תירוץ או להעניק מחילה. התוצאה הסופית היא שהקורבן מוותר על הנקמה והתוקפן אינו מכפר על מעשהו, אלא משמיע מעין הצהרה של התרצות: זה קרה לי; זה לא היה כל כך נורא; זה טבע האדם; נסחפתי. הוא צריך גם להפגין, במילים או בשפת גוף, צורה כלשהי של ענווה או הכנעה.

דוגמה קלאסית לכך היא יחסו של יעקב לעשו בפגישתם שלאחר יותר מעשרים שנות שהותו של יעקב בבית לבן. יעקב ידע שעשו מרגיש שהוא עשה לו עוול בגנֵבת הברכות; עשו אף הצהיר על כוונתו לנקום ביעקב לאחר שאביהם יצחק ימות: הרי זו הייתה הסיבה לבריחתו של יעקב. עכשיו, במפגש בגלעד, יעקב אינו מזכיר כלל את העניין הישן ההוא. הוא מנסה לפייס את עשו בשולחו לו מתנת מִקְנֶה עצומה, ובהשפילו את עצמו לפניו: הוא משתחווה לו שבע פעמים וקורא לו "אדוני" ולעצמו "עבדך". יעקב רוצה "לכפר" על העוול: "כִּי אָמַר אֲכַפְּרָה פָנָיו בַּמִּנְחָה הַהֹלֶכֶת לְפָנָי" (בראשית לב, כא). המילה "כפרה", מובנה המקורי הוא כיסוי, הסתרה.[4] גם עשו מצידו אינו מזכיר את האירוע; אולי שכח אותו, אולי אינו מוטרד ממנו עוד, ואולי ההשפלה העצמית של יעקב החניפה לו. אין כאן חרטה וסליחה, אלא הכנעה וריצוי.

יוסף נוהג באחיו אחרת. כשהוא מתוודע בפניהם לראשונה הוא אומר להם, "וְעַתָּה אַל תֵּעָצְבוּ וְאַל יִחַר בְּעֵינֵיכֶם כִּי מְכַרְתֶּם אֹתִי הֵנָּה, כִּי לְמִחְיָה שְׁלָחַנִי אֱ-לֹהִים לִפְנֵיכֶם" (בראשית מה, ה). אולי אפשר להבין מכך שהוא סולח להם – אך הדבר אינו עולה מדבריו בבירור; בדברי יוסף אלה, המילה "סליחה" אינה נאמרת. בפרשתנו מתברר שאכן האחים חששו שיוסף לא סלח להם. כנראה הניחו כי כמו עשו בזמנו גם יוסף מתכוון לנקום בהם לאחר שאביהם ימות. מתח זה הוא שחולל את הדרמה שבסוף פרשתנו:

> וַיִּרְאוּ אֲחֵי יוֹסֵף כִּי מֵת אֲבִיהֶם וַיֹּאמְרוּ, "לוּ יִשְׂטְמֵנוּ יוֹסֵף וְהָשֵׁב יָשִׁיב לָנוּ אֵת כָּל הָרָעָה אֲשֶׁר גָּמַלְנוּ אֹתוֹ". וַיְצַוּוּ אֶל יוֹסֵף לֵאמֹר, "אָבִיךָ צִוָּה לִפְנֵי מוֹתוֹ לֵאמֹר, 'כֹּה תֹאמְרוּ לְיוֹסֵף: אָנָּא שָׂא נָא פֶּשַׁע אַחֶיךָ וְחַטָּאתָם כִּי רָעָה גְמָלוּךָ'. וְעַתָּה שָׂא נָא לְפֶשַׁע עַבְדֵי אֱ-לֹהֵי אָבִיךָ"...

4. כגון אצל נח שנצטווה בבניית התיבה "וְכָפַרְתָּ אֹתָהּ מִבַּיִת וּמִחוּץ בַּכֹּפֶר" (בראשית ו, יד), וכגון בכפורת שכיסתה על ארון העדות, וכגון במילה "כופר", הפיצוי המכסה כביכול על פגיעה. התורה אוסרת למלט רוצח מעונשו בתשלום כופר: "וְלֹא תִקְחוּ כֹפֶר לְנֶפֶשׁ רֹצֵחַ אֲשֶׁר הוּא רָשָׁע לָמוּת כִּי מוֹת יוּמָת" (במדבר לה, לא).

וַיֹּאמֶר אֲלֵהֶם יוֹסֵף, "אַל תִּירָאוּ. כִּי הֲתַחַת אֱ־לֹהִים אָנִי? וְאַתֶּם חֲשַׁבְתֶּם עָלַי רָעָה, אֱ־לֹהִים חֲשָׁבָהּ לְטֹבָה לְמַעַן עֲשֹׂה כַּיּוֹם הַזֶּה לְהַחֲיֹת עַם רָב. וְעַתָּה אַל תִּירָאוּ אָנֹכִי אֲכַלְכֵּל אֶתְכֶם וְאֶת טַפְּכֶם". וַיְנַחֵם אוֹתָם וַיְדַבֵּר עַל לִבָּם. (בראשית נ, טו–כא)

"שָׂא נָא" שבפי האחים פירושו "סלח נא". יוסף אינו משתמש במילה זו ובנרדפותיה, אבל מבהיר היטב כי מחשבת נקם רחוקה מאיתו. מה קורה כאן, ולמה הוא לא קרה בתרבויות אחרות? מה שקורה כאן הוא אחד המאפיינים המאלפים של היהדות, ובזכותו היא השפיעה כל כך על העולם.

שימו לב מה צריך היה לקרות כדי שהסליחה תיוולד. ראשית, יוסף בחן את אחיו, מתוך הסתרה מכוונת של זהותו, כדי לוודא שהם מסוגלים לחרטה ולכפרה. בבואם אליו לראשונה האשים אותם בריגול, והם אמרו בנוכחותו, בלי לדעת שהוא מבין, "אֲבָל אֲשֵׁמִים אֲנַחְנוּ עַל אָחִינוּ אֲשֶׁר רָאִינוּ צָרַת נַפְשׁוֹ בְּהִתְחַנְנוֹ אֵלֵינוּ וְלֹא שָׁמָעְנוּ, עַל כֵּן בָּאָה אֵלֵינוּ הַצָּרָה הַזֹּאת" (בראשית מב, כא). הנה, הם יודעים שעשו עוול ומכירים באשמתם.

שנית, יוסף בחן את יהודה, האח שהציע למכור אותו לעבדות, כדי לראות אם חלה תמורה באישיותו. הוא הורה לטמון את גביע הכסף שלו באמתחת בנימין ועל יסוד האשמת שווא זו עמד, כביכול, לקחת אותו לעבד. יהודה התערב. הוא ביקש מיוסף שייקח אותו לעבד ובלבד שישחרר את בנימין. הנה כי כן, האדם שהציע למכור אח לעבדות מתנדב עתה להיות עבד כדי להציל את אחיו מעבדות. זהו מה שחז"ל ואחריהם הרמב"ם הגדירו כתשובה שלמה. החוטא משתנה עד כדי שהוא אדם חדש. הרי לנו שני תנאים שהתקיימו באחים – הכרת החטא והשתנות הלב.

גם ביוסף חלה תמורה, כפי שראינו בשיחתנו הקודמת. הוא מסגר את חייו מחדש, וכל סיפור יחסיו עם אחיו נעשה משני לעומת הדרמה של ההשגחה האלוהית, דרמה שטרם נשלמה. כדבריו, "וְאַתֶּם חֲשַׁבְתֶּם עָלַי רָעָה, אֱ־לֹהִים חֲשָׁבָהּ לְטֹבָה". זה הדבר המאפשר לקורבן, יוסף, לסלוח.

אך כל אלה הם פרטים. העניין היסודי כאן הוא שהיהדות מציגה, לראשונה בהיסטוריה, **מוסר של אשמה ולא של בושה.** בשיחות קודמות הצגנו את ההבדל בין השניים, ועמדנו על כמה מהיסודות המאפשרים את היווצרותו של מוסר אשמה. עוד דיברנו – בפרשת לך לך – על ההבדל בין תרבות מוכוונת־מסורת לבין תרבות מוכוונת־פְּנים, תופעה שהחלה עם קריאת ה' לאברהם. כאשר אנשים מוכווני־מסורת מפירים את הכללים, הם חשים בושה. אנשים מוכווני־פנים, לעומת זאת, חשים במצב כזה אשמה.

דיברנו גם על ההבדל בין תרבויות המתמקדות בראייה לתרבויות המתמקדות בשמיעה. תרבויות ויזואליות הן כמעט תמיד תרבויות בושה. בושה היא מה שאדם מרגיש כשהוא מדמיין אנשים אחרים רואים מה הוא עושה. כשמרגישים בושה, האינסטינקט הראשון הוא לנסות להתחבא, או להצטער על שאיננו שקופים. כך נהגו אדם וחוה בגן עדן. הם הלכו אחר עיניהם, חשו בושה וניסו להתחבא. בתרבויות של שמיעה, לעומת זאת, המוסר מיוצג בקול פנימי, קולה של תחושת האשמה, שגם בחדרי חדרים אי אפשר להסתתר מפניו.

ההבדל המכריע בין השתיים הוא שבתרבויות בושה, עשיית הרע היא ככתם על האדם. הדרך היחידה של החוטא להחזיר לו את שמו הטוב היא לכסות על הכתם במשהו; לכפר עליו במובנה המקורי של המילה "כפרה". איך עושים זאת? מרגיעים את הנפגע עד שיהיה "עיוור" לעוול שנעשה לו. משככים את התרעומת שלו, את הכעס, את תאוות הנקם.

בתרבויות אשמה, לעומת זאת, יש הפרדה בסיסית בין האדם לבין מעשיו. לא האדם הוא הרע, אלא המעשה. הפרדה זו מאפשרת את הסליחה – מפני שהאדם יכול להתרחק מהמעשה: להודות שנהג שלא כשורה, להביע חרטה, לעשות את כל שביכולתו כדי לתקן, ובייחוד להימנע מחזרה על המעשה כשנקרית הזדמנות נוספת (כפי שעשה יהודה). **אני סולח לך – כלומר אני מכיר בעומק ערכך כאדם**, אף כי אתה ואני יודעים שהמעשה שלך היה רע.[5]

הסליחה קיימת בתרבויות של צדק־ואשמה. לא בתרבויות של כבוד־ובושה, כגון תרבות יוון הקדומה ורומא הפגאנית. תרבות המערב בת זמננו, שהוגים חילונים רבים מייחסים לה עליונות מוסרית על פני האתיקה המקראית, היא בעצם, לטוב או לרע, נסיגה אל יוון ורומא הקדם־נוצריות. זו מהותה של תרבות הביוש הפומבי, השיימינג, הרווחת עתה בתקשורת החברתית ואף בתקשורת הממוסדת. בתרבויות בושה, משימתו העיקרית של אדם היא לא להיחשף; כי אם רואים אותך פעם אחת, אין דרך חזרה. בתרבות כזו, אין מקום לסליחה. לכל היותר אפשר לקוות לריצוי. כמו ביוון העתיקה, הנאשם טוען "זה קרה לי; זה לא היה כל כך נורא; זה טבע האדם;

5. בתרבויות מסוימות הסליחה אינה דורשת חרטה, תשובה וכדומה. אפילו הרמב"ם אומר בהלכות דעות (ו, ט) שאם אדם שחטא לנו אינו מסוגל לסבול תוכחה, אפשר לסלוח לו באופן חד־צדדי – וזו "מידת חסידות". אולם בסוג זה של סליחה איננו מאותתים על הכרה בערכו המוסרי של האדם שסלחנו לו, אלא אפילו להפך: בעינינו, אפילו לבוז האיש הזה אינו ראוי. נראה שאפיק זה התקיים ביהדות תמיד. היטיב לתאר סוג זה של סליחה התיאולוג הנוצרי דיטריך בונהופר, שקרא לה "חסד זול".

נסחפתי". כמו ביוון העתיקה, הוא מבצע מין טקס של השפלה עצמית. לסליחה הוא לא יזכה לעולם; לכל היותר הוא יכול לייחל לשכחה. זוהי תרבות מסוג מכוער.

לכן היהדות עומדת כחלופה הנצחית. במוסר היהודי, מוסר של אשמה בתרבות של שמיעה, החשוב הוא לא ההופעה החיצונית אלא הקול הפנימי. וכשאנו חוטאים, והרי כולנו חוטאים, יש דרך קדימה: להכיר בחטא, להודות בו, לבטא חרטה, לתקן את המעוות, וכמו יהודה – להשתנות. לדעת שגם אם מעשיי רעים "נשמה שנתת בי טהורה היא", ושבעבודה קשה על עצמנו נוכל לזכות בסליחה – לדעת את זאת פירושו לחיות בתרבות של חסד ושל תקווה. וזהו רעיון משנה־חיים.

רעיון משנה־חיים 12:
היהדות מאפשרת לנו לחיות בתרבות של חסד ושל תקווה. בעבודה קשה על עצמנו נוכל לזכות בסליחה.

שמות

שמות

ה' אוהב את המתווכחים

המתקפה על חופש הביטוי במערב, בייחוד בקמפוסים האוניברסיטאיים, מדאיגה אותי יותר ויותר.[1] חופש הביטוי מוגבל בשם "המרחב הבטוח", כלומר מרחב המגן על אדם מפני שמיעת דעות המצערות אותו, בשם הדרישה ל"אזהרות טריגר"[2] ובשם המלחמה נגד "מיקרו־אגרסיות", כלומר נגד כל אמירה שמישהו עלול לחוות אותה כמעליבה גם אם לא הייתה בה שום כוונה כזו.

הדברים הרחיקו לכת כל כך, שבתחילת שנת הלימודים האקדמית הנוכחית אסר קולג' אוקספורד על השתתפות של נציג "האיגוד הנוצרי" ביריד בתחומו בעקבות דרישת סטודנטים. הללו טענו שהדבר פוגע בהם כי לנצרות יש "היסטוריה של הומופוביה וקולוניאליזם".[3] המקרים של ביטולי הזמנת מרצים בעלי דעות "שנויות במחלוקת" התרבו מאוד: מספרם בקולג'ים בארצות הברית עלה משישה בשנת 2000 לארבעים וארבעה בשנת 2016.[4]

למגמה הזו יש מניעים נאצלים: להגן על רגשותיהם של אנשים פגיעים. זהו שיקול אתי לגיטימי. ההלכה מתייחסת ללשון הרע בחומרה מופלגת ומטילה סייגים רבים על הדיבור על הזולת. חז"ל אמרו ש"המלבין פני חברו ברבים", כלומר משפיל

1. כתבתי על כך לראשונה לפני עשר שנים בספרי *The Home We Build Together*, בפרק שכותרתו "החופש נסוג בשם החופש" (עמ' 37–48). מאז הימים ההם החמיר המצב מאוד. [ראו גם בספרו של הרב זקס *Morality: Restoring the Common Good in Divided Times*, Jerusalem: Maggid, 2020, pp. 174–187. הספר עתיד להופיע בתרגום לעברית.]
2. על כך ראו בספר Mick Hume, *Trigger Warning: Is the Fear of Being Offensive Killing Free Speech?* London: William Collins, 2016.
3. Camilla Turner and Tony Diver, "Oxford college bans 'harmful' Christian Union from freshers' fair", *The Telegraph*, October 10, 2017.
4. Jean M. Twenge, *iGen*, New York: Atria, 2017, p. 253.

אותו, "כאילו שופך דמים". הם אף דרשו מעצמם לדבר בלשון נקייה והשתמשו בלשון סגי נהור כדי שלא להעלות על דל שפתיהם דברים הנשמעים מכוערים או פוגעים.

אבל מרחב בטוח באמת איננו מקום שבו משתיקים דעות נוגדות. להפך: זה מקום שבו אדם מקשיב בכבוד לדעות הסותרות את דעתו, ביודעו שאם כך יעשה, גם דבריו שלו יזכו לכבוד ולאוזן קשבת. זהו החופש האקדמי, והוא נחוץ לחברה חופשית כאוויר לנשימה.[5] כדברי ג'ורג' אורוול, "אם יש לחירות משמעות, משמעות זו היא הזכות לומר לאנשים מה שאין הם רוצים לשמוע".

ג'ון סטיוארט מיל, הפילוסוף בעל **על החירות**, כתב כי הפגיעה החמורה ביותר בחופש היא "להציג את האוחזים בדעה המנוגדת כאנשים רעים ולא מוסריים". דבר זה קורה כיום במוסדות האמורים להיות מגיניו של החופש האקדמי. אנו קרובים קרבה מסוכנת למה שז'ילִיין בֶּנְדָה תיאר ב־1927 כשטבע את המונח "בגידת האינטלקטואלים": הידרדרות החיים האקדמיים לכדי זירה שבה "האינטלקטואלים מאמצים את הלהיטויות הפוליטיות", כלומר את הקנאות והשנאות האידיאולוגיות למיניהן, ומניחים להן תשתית אינטקטואלית.[6]

מפליא לראות כי ביהדות, עוד מראשיתה, **הוויכוח ושמיעת הדעות המנוגדות עומדים בלב החיים הדתיים.** בפרשתנו ניתן לכך ביטוי עז: משה מתווכח עם אלוהים. זוהי אחת התכונות המדהימות ביותר של האיש משה. הוא מתווכח עם אלוהים כבר בפגישתם הראשונה, בסנה. ארבע פעמים הוא הודף בטענות שונות את קריאתו של ה' אליו להוציא את בני ישראל לחופשי, עד שה' כועס עליו (שמות ג, א – ד, ז). נועזים אף יותר הם הדברים שמשה מטיח כלפי ה' בסוף הפרשה: "אֲ־דֹנָי, לָמָה הֲרֵעֹתָה לָעָם הַזֶּה? לָמָּה זֶּה שְׁלַחְתָּנִי? וּמֵאָז בָּאתִי אֶל פַּרְעֹה לְדַבֵּר בִּשְׁמֶךָ הֵרַע לָעָם הַזֶּה – וְהַצֵּל לֹא הִצַּלְתָּ אֶת עַמֶּךָ" (ה, כב-כג).

זו צורת התבטאות חריגה של אדם המדבר אל אלוהים. אבל משה אינו הראשון בתורה העושה כן. הראשון היה אברהם, שלמשמע כוונתו של אלוהים להשחית את ערי הכיכר קרא, "הֲשֹׁפֵט כָּל הָאָרֶץ לֹא יַעֲשֶׂה מִשְׁפָּט?" (בראשית יח, כה). דומה לכך השאלה הקשה ועתיקת היומין שהציב בפני ה' הנביא ירמיהו, "מַדּוּעַ דֶּרֶךְ רְשָׁעִים צָלֵחָה, שָׁלוּ כָּל בֹּגְדֵי בָגֶד?" (יב, א). באותה רוח התריס הנביא חבקוק, "לָמָּה תַבִּיט בּוֹגְדִים, תַּחֲרִישׁ בְּבַלַּע רָשָׁע צַדִּיק מִמֶּנּוּ?" (א, יג). בספר איוב, ה' מצדד באיוב שערער

5. יצוינו לשבח אוניברסיטאות שיקגו, פרינסטון ואחרות הנוקטות עמדה ברורה בזכות חופש הדיבור בקמפוסים, ופרופ' ג'ונתן היידט ועמיתיו שהקימו את ארגון "האקדמיה ההטרודוקסית" לקידום הרבגוניות האינטלקטואלית בחיים האקדמיים.

6. ז'ילִיין בנדה, **בגידת האינטלקטואלים**, מצרפתית: ניר רצ'קובסקי, ירושלים: כרמל, 2020, עמ' 62.

על הצדק האלוהי וגוער ברעיו שהגנו עליו: "כִּי לֹא דִבַּרְתֶּם אֵלַי נְכוֹנָה כְּעַבְדִּי אִיּוֹב" (מב, ז ושוב בפסוק ח). בקיצור, השמיים אינם "מרחב בטוח" במובן העכשווי של הביטוי. להפך: **אלוהים אוהב את אלה המתווכחים איתו** – כך עולה מן התורה, מן הנביאים ומן הכתובים.

באורח מפתיע לא פחות, חז"ל המשיכו את המסורת הזו ונתנו לה שם: מחלוקת לשם שמיים.[7] על פי הגדרתם, מחלוקת כזו מטרתה בירור האמת, להבדיל ממחלוקת לשם ניצחון.[8] כך הייתה היהדות **לציוויליזציה שכל כתביה הקאנוניים הם אוספים של מחלוקות** – אולי היחידה בעולם שהיא כזו. מדרשי חז"ל מושתתים על העיקרון שלתורה "שבעים פנים" וכל פסוק פתוח לפירושים רבים. המשנה גדושה במשפטים בתבנית "רבי א' אומר ב', רבי ג' אומר ד'". הגמרא אומרת כי הקב"ה עצמו אומר על דעותיהם החלוקות של בית הלל ובית שמאי "אלו ואלו דברי אלוהים חיים".[9]

במהדורות המקראות הגדולות, הטקסט המקראי מוקף בפירושים רבים ואפילו בפירושי פירושים. במהדורות התלמוד הבבלי, הטקסט של הגמרא מוקף בפירושיהם הסותרים לא פעם של רש"י ושל בעלי התוספות. הרמב"ם נקט צעד כמעט חסר תקדים כאשר, בחיבורו הגדול **משנה תורה**, הציג רק את המסקנה ההלכתית שלו, בלי המחלוקות שקדמו לה. ההמשך אירוני אך צפוי: **משנה תורה** עצמו נדפס כיום כשהוא מוקף בשלל פירושים החולקים זה על זה וגם על הרמב"ם עצמו. היהדות מוצאת קדושה בוויכוח.

מדוע? ראשית, מפני שרק אלוהים יכול לראות את האמת בשלמותה. אנו בני התמותה יכולים לראות בכל רגע נתון רק שברירים מן האמת, ועל כן אנו נידונים לריבוי נקודות מבט. אנו רואים את המציאות באופן אחד עכשיו, באופן אחר ברגע אחר. התורה מספקת לנו המחשה דרמטית לכך בשני פרקיה הראשונים. שניהם מספרים על בריאת העולם, ושניהם אמיתיים, אבל הם אמורים משתי נקודות תצפית. הקולות השונים של הכוהן לעומת הנביא, בית הלל לעומת בית שמאי, הפילוסוף לעומת המיסטיקן, ההיסטוריון לעומת המשורר – כל אחד מהם יש בו איזה היבט מהותי של החיים הרוחניים. גם בתוך סוגה אחת יש קולות רבים: "אין שני נביאים מתנבאים בסגנון אחד", אמרו חז"ל.[10] התורה היא שיחה, היא יצירה לקולות רבים.

7. משנה, אבות ה, יז.
8. המאירי על המשנה שם.
9. עירובין יג ע"ב.
10. סנהדרין פט ע"א.

שנית, מפני שביסוד הצדק והמשפט עומד העיקרון המכונה במשפט הרומי audi alteram partem, "שמע את הצד השני". לכן רוצה אלוהים באברהמים, משה'אים, ירמיהואים ואיובים שיתווכחו איתו; שיעמדו לפניו כסנגורים ויבקשו רחמים על מישהו, או יקראו לו, כמו משה בסוף פרשתנו, לחוש לעזרת עמו.[11] כדי שהצדק ייעשה, וכדי שייראה, נדרש לשמוע הן את התביעה הן את ההגנה.

החופש לחלוק חיוני לכל חברה המבקשת את האמת והצדק. הנצי"ב כתב בפירושו לתורה **העמק דבר** כי חטאם של בוני מגדל בבל היה שהטילו איסור על המחלוקת.[12] לא "מרחבים בטוחים" דרושים לנו אפוא, אלא תרבות דיון שבה כורים אוזן גם לדעות שלא נעים לשמוע. אחד מן היפים במאמרי חז"ל הוא זה המסביר מדוע נקבעה ההלכה בדרך כלל על פי בית הלל: "מפני שנוחין ועלובין היו ושונין דבריהן ודברי בית שמאי, ולא עוד אלא שמקדימין דברי בית שמאי לדבריהן".[13]

מהיכן למדו זאת? מהקב"ה בכבודו ובעצמו, שהאנשים שבחר בהם להיות נביאיו הם אלה שהיו נכונים לקיים מחלוקת לשם שמיים אפילו עם השמיים עצמם – למען הצדק והאמת. כל אחד מאיתנו הלומד להקשיב לדעות שונות משלו, ולהבין שהדבר אינו מצמצם אותו אלא מגדיל אותו, מגלה רעיון משנה־חיים: הרעיון של מחלוקת לשם שמיים.

רעיון משנה־חיים 13:

כשאנו לומדים להקשיב לדעות שונות משלנו, ולהבין שהדבר אינו מצמצם אותנו אלא מגדיל אותנו, אנו מגלים רעיון משנה־חיים: הרעיון של מחלוקת לשם שמיים.

---

11. כך, במדרש חז"ל, הקב"ה גוער בנביא הושע על כי לא יצא להגנת בני עמו. ראו פסחים פז ע"א-ע"ב.
12. **העמק דבר**, בראשית יא, ד.
13. עירובין יג ע"ב.

וארא

בשביל חופש־רצון צריך לעבוד

בפרשתנו מודיע ה׳ לראשונה שהוא יקשה את ליבו של פרעה: "וַאֲנִי אַקְשֶׁה אֶת לֵב פַּרְעֹה וְהִרְבֵּיתִי אֶת אֹתֹתַי וְאֶת מוֹפְתַי בְּאֶרֶץ מִצְרָיִם" (שמות ז, ג). ואכן, במכות שחין, ארבה ובכורות נאמר שה׳ חיזק את לב פרעה והכבידו – כלומר הכרעתו של פרעה שלא לשחרר את בני ישראל לאחר מכות אלו מיוחסת לה׳, לא לפרעה עצמו (ט, יב; י, א ו־כ; יא, י). חז"ל והמפרשים המאוחרים מהם התחבטו: אם פרעה היה רק מכשיר בידי ה׳, מה היה חטאו? אם לא הייתה לו בחירה, גם לא הייתה לו אחריות – ועל כן, גם לא אשמה.

המפרשים הציעו מגוון רחב של תשובות. האחת: פרעה איבד את חופש הבחירה בחמש המכות האחרונות כעונש על סרבנותו בחמש המכות הראשונות, שהייתה ברצונו החופשי.[1] השנייה: חיזוק הלב אינו שלילת חופש הבחירה, אלא להפך: המכות היו עלולות לגרום לפרעה לשחרר את בני ישראל באונס, כמי שכפאו שד, בלחצם של עבדיו ובני עמו, ובניגוד לבחירתו החופשית. חיזוק הלב אפשר לו לעשות כרצונו החופשי.[2] ותשובה שלישית: אלוהים הוא שותף בכל מעשה שאדם עושה, אך אנו רגילים להבחין בכך רק כאשר המעשה אינו מתאים לבני אדם. פרעה פעל בחופשיות לכל אורך הדרך, אך סרבנותו לאחר המכות האחרונות הייתה כה תמוהה שיוחסה לאלוהים.[3]

1. זוהי, בקירוב, עמדתו של הרמב"ם. לשיטתו, אחרי חמשת הסירובים הראשונים של פרעה ה׳ מנע ממנו את התשובה. ראו **משנה תורה**, הלכות תשובה ה, ב–ג; ו, א–ג.
2. זו עמדתו של ספורנו. ראו פירושו לשמות ז, ג.
3. זו עמדתו של שד"ל. ראו פירושו לשמות ז, ג.

ראו איזה מאמץ מחשבתי הקדישו המפרשים לחרוש את פני השטח הקשים של הפסוקים הללו, השוללים לכאורה את חופש הרצון; ובצדק, מפני שהאמונה ברצון חופשי היא מאבני היסוד של אמונת ישראל. הרמב"ם מסביר מדוע: אם לא היה לאדם רצון חופשי, לא היה טעם במצוות ובאיסורים, כי כולנו היינו עושים את רצונו של ה' ממילא. לא היה מקום גם לשכר ועונש, שהרי לא הצדיק ולא החוטא יכולים להיות אחרים ממה שהם.[4]

אם כן, הבעיה היא בעיה עתיקה.[5] אך בעידן המודרני היא בולטת יותר, בשל הצטברותם של ערעורים על האמונה בחופש הבחירה של האדם. מרקס אמר שההיסטוריה נוצרת במשחק בין כוחות כלכליים. פרויד טען שאנחנו פועלים על פי דחפים לא מודעים. הניאו־דרוויניסטים אומרים שגם אם אנו מוצאים הצדקה רציונלית למעשינו, בעצם אנו פועלים כפי שאנו פועלים כי אנשים שפעלו כך בעבר שרדו והעבירו את הגנים שלהם לדורות הבאים. לאחרונה הראו מדעני מוח, בעזרת סריקות fMRI, שבמקרים מסוימים המוח מקבל החלטה עד שבע שניות לפני שאנו מודעים לה.[6]

כל זה מעניין וחשוב, אך ההוגים האתיאיסטים בני זמננו נוטים להחמיץ את מה שחכמי קדם הבינו: שאם אין לנו רצון חופשי, כל האנושיות שלנו מתפוררת לאבק. בלב התרבות החילונית של זמננו בוערת סתירה לתפארת. מצד אחד, תרבות זו מתנגדת לכל מגבלה על החופש שלנו לעשות מה שרצוננו לעשות ולהיות מה שרצוננו להיות, כל עוד איננו פוגעים באחרים. האוטונומיה של הפרט היא הערך העליון שלה. מצד שני, היא טוענת שהאדם אינו באמת בעל רצון חופשי. **אם חופש הבחירה הוא על פי המדע אשליה, מדוע עלינו לראות בו ערך חשוב?**

אם הדטרמיניזם הנוקשה צודק, אין שום סיבה להגן על החירות או ליצור חברה חופשית. אדרבה: עלינו לחתור לעולם מסוג זה שתיאר אלדוס האקסלי בספרו **עולם חדש מופלא**, עולם שבו ילדים נהרים ובאים לעולם במעבדות, והמבוגרים מתוכנתים להיות מאושרים בעזרת משטר של סמים ותענוגות. עלינו ליישם את התרחיש בספרו של אנתוני ברג'ס **התפוז המכני** ולשקם פושעים באמצעות ניתוח מוח או שטיפת מוח בטכניקות של התניה. אם החופש אינו קיים, למה לנו להיות מוטרדים מהתמכרות למשחקי מחשב ולרשתות חברתיות? למה להעדיף את המציאות האמיתית על פני

4. הלכות תשובה ה, ד.
5. גם אריסטו העלה אותה.
6. Kerri Smith, "Brain makes decisions before you even know it", *Nature online*, April 11, 2008.

המציאות הווירטואלית? פרידריך ניטשה אמר, בצדק לכאורה, שככל שההישגים המדעיים גדלים כן קטן האדם בעינינו. לא עוד צלם אלוהים: אנחנו רק אלגוריתמים בעלי גוף.

האמת היא שככל שאנו מבינים יותר את המוח האנושי, כך אנו יכולים לתאר באופן מציאותי יותר מהו הרצון החופשי. כיום מבחינים המדענים, בהקשר זה, בין חלקים שונים במוח: האמיגדלה, החלק הפרימיטיבי ביותר במוח, מחדדת את רגישותנו לסכנות ומזניקה אותנו לתגובה; המערכת הלימבית, המכונה לעיתים "המוח החברתי", אחראית לחלק נכבד מהצד הרגשי בחיינו; ואילו בקליפת המוח הקדם־פרונטלית נמצאות יכולות החשיבה והניתוח שלנו, והיא המאפשרת לנו לשקול את השלכותיהן של ברירות שונות.[7] המתח בין שלוש אלו הוא הזירה שבה מתחולל הקרב על חופש הרצון.

הנתיבים העצביים המקשרים בין חלקים שונים של המוח מעצבים דפוסי התנהגות – ולא כל הדפוסים הללו טובים לנו. כך, למשל, אנו עלולים לפנות לסמים, לזלילה בולמוסית או להרפתקנות מופרזת כדי להסיח את דעתנו מהשפעתם של הנוירוטרנסמיטורים היוצרים רגשות שליליים כגון פחד וחרדה, שגם הם חלק ממוחנו. חזרות על דפוסי התנהגות מחזקות אותם: ככל שאנו חוזרים על התנהגות מסוימת, כך נעטף אותו נתיב הולכה עצבית במוחנו בעוד מְיאלין וההתנהגות נעשית אינסטינקטיבית ומיידית יותר. לכן, ככל שדפוס פעולה נעשה הרגל קבע, כך קשה יותר להשתחרר ממנו. כדי להשתחרר נדרש מאיתנו לרכוש הרגלים חדשים; לא רק להתגבר פעם אחת על ההרגל, אלא גם להתמיד בכך. מחקרים מן העת האחרונה מדברים על מינימום של שישים ושישה ימים הנדרש לרכישת הרגל חדש.[8]

הנה לנו אפוא דרך מדעית להסביר את התקשות ליבו של פרעה. לאורך חמש המכות הראשונות, עד לפני מכת שחין, התגבש אצלו דפוס תגובה קבוע – ועתה, משהיה הדבר להרגל, קשה היה לו מאוד לשנותו, קשה מכל בחינה: נוירולוגית, פסיכולוגית ופוליטית. דבר זה נכון לכל הרגל רע ולכל הכרעה פוליטית. כמעט כל המערכות שלנו, המנטליות והחברתיות כאחת, נוטות לחזק דפוסי התנהגות קודמים. וכך, החופש שלנו מצטמצם בכל פעם שאיננו משתמשים בו.

7. במינוח של ספרות הקבלה, האמיגדלה והמערכת הלימבית הן "הנפש הבהמית" שבתוכנו.
8. לספר העוסק בכך, חדש למדי וידידותי לקורא, ראו Loretta Graziano Breunin, *Habits of a Happy Brain: Retrain Your Brain to Boost Your Serotonin, Dopamine, Oxytocin, & Endorphin Levels*, Avon, MA: Adams Media, 2016.

פרשת השבוע ומדע המוח בן זמננו מספרים אפוא את אותו סיפור: החופש אינו נתון ואינו מוחלט. אנחנו צריכים לעבוד בשבילו. אנחנו רוכשים אותו לאט, בשלבים, ועלולים לאבד אותו – כמו שקרה לפרעה, וכמו שקורה לנרקומנים, לאלכוהוליסטים ולמכורים למשחקי מחשב. אחת משורות הפתיחה המפורסמות ביותר בספרות העולם היא זו שבראש **האמנה החברתית** של ז'אן־ז'אק רוסו: "האדם נולד חופשי, ובכל מקום נתון הוא בכבלים".[9] אלא שההפך הוא הנכון. האופי הראשוני שלנו נקבע בחלקו במטען הגנטי שקיבלנו מהורינו והם קיבלו מהוריהם, ובחלקים נוספים שלו בידי חברינו[10] ובידי התרבות הסובבת אותנו. איננו נולדים חופשיים. עלינו לעבוד קשה כדי להשיג לנו חופש.

לשם כך נדרשים טקסים דתיים, שביצועם החוזר ונשנה יוצר נתיבים עצביים חדשים והתנהגויות מהירות־תגובה חדשות. נדרש גם לשמור מרחק מה מהתרבות הסובבת, כדי שלא ניסחף אחר אופנות ושיגעונות חברתיים הנראים עכשיו משחררים אך בדיעבד מתגלים כהרסניים. נדרש מערך מנטלי שיגרום לנו לעצור לרגע לפני שאנו עושים מעשים של ממש ולשאול: "האם רצוי לעשות זאת? האם מותר? מהם כללי ההתנהגות שעליי להביא בחשבון?" ויש צורך, לבסוף, בנרטיב זהותי מוטמע, כזה שיאפשר לנו לשאול את עצמנו לפני מעשה: "האם המעשה הזה הולם את מי שהנני? את מה שאני מאמין בו? את מה שאני מייצג?"

אין זה מקרה שכל היסודות שמנינו בפסקה הקודמת הם ממאפייניה הבולטים של היהדות. היהדות, מתברר, היא אימון מתמיד בכוח רצון ובבקרת דחפים. כיום, כשאנו מתחילים להבין את גמישותו של המוח, אנו יודעים משהו על הביולוגיה שמאחורי היכולת שלנו להתגבר על הרגלים רעים ועל התמכרויות. שמירת השבת, לדוגמה, יכולה לשחרר אותנו ואת ילדינו מההתמכרות לסמארטפונים ומכל הכרוך בה. הדת שראשון חגיה, פסח, עניינו חופש לאומי, נותנת לנו במצוותיה את הכישורים הנדרשים לכינון חופש אישי.

החופש הוא הישג יותר מכפי שהוא מתָנה. אפילו פרעה, האיש החזק ביותר בעולם העתיק, יכול לאבד אותו. אפילו אומה של עבדים יכולה, בעזרת האל, לרכוש אותה. לעולם אל תראו את החופש כמובן מאליו. עשרות מעשים קטנים של שליטה עצמית, יום אחר יום, דרושים כדי לקיים אותו. על כך בעצם נסבה ההלכה כולה.

9. ז'אן־ז'אק רוסו, **האמנה החברתית**, מצרפתית: עידו בסוק, תל אביב: רסלינג, 2006.

10. ראו Judith Harris, *The Nurture Assumption*, New York: The Free Press, 2009.

החופש הוא שריר הזקוק לאימון: אם לא תשתמשו בו – יתנוון. זהו רעיון מִשַׁנה־חיים.

רעיון משנה־חיים 14:
החופש הוא הישג. הוא שריר הזקוק לאימון, יום אחר יום: אם לא תשתמשו בו – יתנוון.

בא

הסיפור שאנו מספרים

לא לנאומים האלה היינו מצפים ממשה ימים ספורים לפני הגאולה ממצרים. זה מאתיים ועשר שנים שבני ישראל גולים על אדמת נכר. אחרי תקופה ראשונה של שפע ונוחות הם נרמסו ושועבדו, שנים על שנים, ולאחרונה אף נגזר עליהם רצח־עם שקט של הריגת כל הבן היילוד. עכשיו, אחרי אותות ומופתים וסדרה של מכות שהורידה את האימפריה הגדולה ביותר בעולם העתיק על ברכיה, הם עומדים לצאת לחופשי. ועל מה משה מדבר איתם?

לא על החופש, ולא על ארץ זבת חלב ודבש המחכה להם, ולא על המסע המדברי העומד עתה בפניהם. לא ולא. שלוש פעמים הוא שב ומדבר איתם על העתיד הרחוק, על הימים שלאחר המסע, כשהם יהיו חופשיים בארצם; אך לא על הארץ נסבים דבריו, ולא על החברה שהם עתידים לבנות, ואפילו לא על החובות הבאות עם החופש.[1] דבר אחר מעסיק אותו.

הוא מדבר איתם על חינוך. על חובת ההורים כלפי ילדיהם. הוא מדבר איתם על השאלות שילדיהם אולי ישאלו אותם בימים רחוקים, כשהמסות הגדולות שעיניהם יראו בקרוב יהיו לכל היותר זיכרון מטושטש. הוא אומר לאחיו בני ישראל לעשות את מה שעם ישראל אכן עושה מאז ועד היום. **ספרו לילדיכם את הסיפור**. עשו זאת בדרך האפקטיבית ביותר. תנו להם לחוות שוב את הדרמה של הגלות והיציאה ממנה, העבדות והחירות. עודדו את ילדיכם לשאול שאלות. ספרו את הסיפור כאילו אתם יצאתם ממצרים, לא כדין וחשבון היסטורי יבש. אמרו להם שאורח החיים שלכם והטקסים שאתם משמרים הם כאלה מפני ש"זֶה עָשָׂה ה' לִי" – לא לאבותיי אלא לי. עֲשׂוּ זאת חי. עשו זאת חם. עשו זאת חד. עשו זאת חג.

1. על כך הוא עתיד לדבר בהרחבה בספר דברים.

ולא פעם אחת הוא אומר זאת, אלא שלוש:

וְהָיָה כִּי תָבֹאוּ אֶל הָאָרֶץ אֲשֶׁר יִתֵּן ה׳ לָכֶם כַּאֲשֶׁר דִּבֵּר, וּשְׁמַרְתֶּם אֶת הָעֲבֹדָה הַזֹּאת. וְהָיָה כִּי יֹאמְרוּ אֲלֵיכֶם בְּנֵיכֶם, ״מָה הָעֲבֹדָה הַזֹּאת לָכֶם?״ וַאֲמַרְתֶּם, ״זֶבַח פֶּסַח הוּא לַה׳, אֲשֶׁר פָּסַח עַל בָּתֵּי בְנֵי יִשְׂרָאֵל בְּמִצְרַיִם בְּנָגְפּוֹ אֶת מִצְרַיִם וְאֶת בָּתֵּינוּ הִצִּיל״. (שמות יב, כה-כז)

וְהִגַּדְתָּ לְבִנְךָ בַּיּוֹם הַהוּא לֵאמֹר, ״בַּעֲבוּר זֶה עָשָׂה ה׳ לִי בְּצֵאתִי מִמִּצְרָיִם״. (שמות יג, ח)

וְהָיָה כִּי יִשְׁאָלְךָ בִנְךָ מָחָר לֵאמֹר, ״מַה זֹּאת?״ וְאָמַרְתָּ אֵלָיו, ״בְּחֹזֶק יָד הוֹצִיאָנוּ ה׳ מִמִּצְרַיִם, מִבֵּית עֲבָדִים״. (שמות יג, יד)

מדוע סבר משה שזה הדבר החשוב ביותר שיש לומר ברגעים הגורליים של הגאולה? כי חופש הוא יצירתה של אומה, ואומה צריכה זהות, וזהות צריכה זיכרון, והזיכרון מקודד בסיפורים שאנחנו מספרים. הקשר החזק ביותר בין דורות הוא הסיפור על אלה שבאו לפנינו: סיפור ההופך לסיפורנו שלנו, ואנו מנחילים אותו כמורשת מקודשת לאלה שיבואו אחרינו. הננו הסיפור שאנו מספרים לעצמנו על עצמנו. ראשיתה של זהות היא הסיפור שהורים מספרים לילדיהם.

סיפור זה מספק את התשובה לשלוש שאלות היסוד שכל אדם חושב חייב לשאול בשלב זה או אחר בחייו: מי אני? למה אני כאן? איך ראוי אפוא שאחיה? יכולות להיות תשובות רבות לשאלות הללו. התשובות היהודיות הן אלו: אני בן, או בת, לעם שאלוהים פדה מעבדות לחירות. אני כאן כדי לבנות חברה המכבדת את החופש של אחרים ולא רק את זה שלי. וחובתי לחיות מתוך ידיעה פעילה שהחופש הוא מתת האלוהים, והדרך לכבדו היא לשמור את ברית משפטיו ואהבתו.

פעמיים בתולדות המערב נשכחה עובדה זו, או שהתעלמו ממנה, או שמרדו נגדה. במאות השבע־עשרה והשמונה־עשרה נעשה מאמץ מכוון ליצור עולם בלי זהויות. מאמץ זה היה חלק חשוב במיזם הנאורות. הנאורות הייתה חלום אצילי. לזכותה נזקפות התפתחויות רבות שערכן הוא מעל לכל ויכוח, ושאנו צריכים לעמול לשימורן. אלא שהיבט אחד בה נכשל, והוא נידון לכישלון מתחילת בריתו: הניסיון לחיות בלי זהות.

קו המחשבה היה כדלהלן. בימי הביניים הושתתה הזהות על הדת. והדת, לאורך

מאות שנים רבות, גרמה למלחמות בין נוצרים למוסלמים, ולמן הרפורמציה למלחמות בין נוצרים לנוצרים, פרוטסטנטים וקתולים. אם כן, כדי לשים קץ למלחמות יש להתקדם אל מעבר לזהויות. הזהויות הן פרטיקולריות; לפיכך, הבה נסגוד כולנו רק לדברים אוניברסליים: לשכל ולניסיון, לפילוסופיה ולמדע. הבה נבנה שיטות, לא סיפורים. כך תהיה האנושות לאחת, כמו זו שהייתה לפני מגדל בבל. כניסוחו של שילר ב"המנון לשמחה", שבטהובן הלחין סביבו את הפרק האחרון בסימפוניה התשיעית: "כל בני האדם יהיו אחים".

אלא שהדבר אינו אפשרי, לפחות לא במצבה הידוע של האנושות. התגובה, כשבאה, הייתה אכזרית והרסנית. המאה התשע־עשרה ידעה את שיבת המודחק. הזהות חזרה בסערת נקם, ועתה הושתתה לא על הדת אלא על זה או אחר משלושת תחליפיה: מדינת הלאום, הגזע (הארי), והמעמד (הפרולטרי). במאה העשרים, מדינת הלאום הולידה שתי מלחמות עולם. הגזע הוליד את השואה. המאבק המעמדי הוליד את סטלין, את הגולאג ואת הקג"ב. מאה מיליון איש נהרגו בשמם של שלושת אלילי הכזב הללו.

זה חמישים שנה שהמערב נתון בניסיון שני לבטל את הזהות, עתה בכיוון ההפוך. הפעם, המערב החילוני סוגד לא לאוניברסל אלא לאינדיבידואל: לעצמי, ל"אני". המוסר – הקוד הסמיך של הערכים המשותפים המלכדים את החברה בדאגה לטוב המשותף – התמוסס לכדי מוסר דליל שכל עניינו בזכותו של כל יחיד לעשות, או להיות, כל מה שהוא רוצה, כל עוד הוא אינו פוגע ישירות בזולת.

הזהויות נעשו למסכות שאפשר לעטות עטיית עראי לא מחייבת. בחלקים נרחבים של החברה הנישואים נחשבים מוסד שעבר זמנו, ההורות מושהית או מבוטלת, והקהילה היא המון חסר פנים. עדיין יש לנו סיפורים, מהארי פוטר דרך שר הטבעות עד מלחמות הכוכבים, אך אלה הם סרטים, מְבדים, פנטזיות – לא כלים למעורבות אלא כלים לבריחה. עולם זה הוא סובלני לעילא, עד שהוא נתקל במחזות שאינם לטעמו; כשזה קורה הוא מתקפד מייד, נעשה קנאי עד גסות, ונסחף לפוליטיקה הלינצ'אית של ההמון. זהו פופוליזם, והפופוליזם הוא מבוא לרודנות.

אינדיבידואליזם־היתר של זמננו לא יאריך ימים. אנחנו בעלי חיים חברתיים. איננו יכולים לחיות בלי זהויות, משפחות, קהילות ואחריות משותפת. פירוש הדבר שאיננו יכולים לחיות בלי הסיפורים המחברים אותנו לעבר, לעתיד, ולקבוצה גדולה שההיסטוריה שלה והייעוד שלה הם גם ההיסטוריה והייעוד שלנו. התובנה של התורה עודנה תקֵפה. כדי להקים חברה חופשית ולקיימה, צריך כל אחד לספר לילדיו כיצד הושג החופש ומה היה טעמם המר של החיים בלעדיו; להטעימם מלחם העוני ומן

המרור. המאבד את הסיפור הזה, סופו שיאבד את חירותו. כך קורה כאשר שוכחים מי אנחנו ולמה.

המתנה הגדולה ביותר שבידנו לתת לילדינו אינה כסף ואינה קניין, כי אם סיפור. סיפור אמיתי, לא פנטזיה; סיפור המחבר אותם אלינו ואל מורשת עשירה של ערכים נאצלים. איננו גרגירי אבק הנישאים אנה ואנה על פי כיוונה של האופנה הרוחנית בת הרגע. אנו יורשיו של סיפור שהדריך מאות דורות של אבותינו ושינה את העולם המערבי כולו. את אשר נשכח נאֱבַד. המערב שוכח את סיפורו. אסור לנו לשכוח את שלנו.

אנו מביטים לאחור, על פני שלושת אלפים ושלוש מאות השנים שעברו מימי משה ועד הנה, ונוכחים לראות כמה צדק משה. סיפור המסופר על פני הדורות הוא מתנת הזהות. והיודע את זהותו, היודע מי הוא ומה ולמה, יכול לנווט במדבריות הזמן באומץ ובבטחה.

רעיון משנה־חיים 15:

לִמדו את סיפורכם, שכן סיפור המסופר על פני הדורות הוא מתנה. היודע מי הוא ומה ולמה, יכול לנווט במדבריות הזמן באומץ ובבטחה.

בשלח

דרך ארוכה שהיא קצרה

בסוף ספרו החדש **שבט המֶנטורים** מצטט טימותי פֶריס שיר מאת פורשיה נלסון ושמו "אוטוביוגרפיה בחמישה פרקים קצרים". הנה הוא:

פרק א: אני הולכת ברחוב. במדרכה יש בור עמוק. אני נופלת. אני אבודה... אני חסרת אונים. זו לא אשמתי. עד שאצליח להיחלץ ממנו יעבור נצח.

פרק ב: אני הולכת באותו רחוב. במדרכה יש בור עמוק. אני מתעלמת ממנו. אני נופלת שוב. אני לא מאמינה ששוב הגעתי לאותו מקום. אבל זו לא אשמתי. עדיין נדרש לי זמן רב להיחלץ ממנו.

פרק ג: אני הולכת באותו רחוב. במדרכה יש בור עמוק. אני רואה שהוא שם. ובכל זאת אני נופלת... זה הֶרגל... אבל עיניי פקוחות. אני יודעת איפה אני. זו אשמתי. אני נחלצת מייד.

פרק ד: אני הולכת באותו רחוב. במדרכה יש בור עמוק. אני עוקפת אותו.

פרק ה: אני הולכת ברחוב אחר.

כאלה הם, מן הסתם, חיי רבים מאיתנו. כאלה היו חיי. אנחנו יוצאים לדרך, בטוחים שאנחנו יודעים לאן אנו הולכים, אך כמעט תמיד מגלים שאין זה פשוט כל כך. "החיים הם מה שקורה לנו כשאנחנו מתכננים תוכניות אחרות", אמר ג'ון לנון. אנחנו נופלים לבורות. אנחנו טועים. ואז אנחנו חוזרים על הטעויות. לבסוף אנחנו לומדים להימנע

מהן, אבל אז מכרסם בנו החשד שמלכתחילה לא הלכנו בכיוון הנכון. אם מתמזל מזלנו, אנחנו מוצאים רחוב אחר.

ראו עתה את פתיחת פרשתנו.

> וַיְהִי בְּשַׁלַּח פַּרְעֹה אֶת הָעָם, וְלֹא נָחָם אֱ־לֹהִים דֶּרֶךְ אֶרֶץ פְּלִשְׁתִּים, כִּי קָרוֹב הוּא, כִּי אָמַר אֱ־לֹהִים, "פֶּן יִנָּחֵם הָעָם בִּרְאֹתָם מִלְחָמָה וְשָׁבוּ מִצְרָיְמָה". וַיַּסֵּב אֱ־לֹהִים אֶת הָעָם דֶּרֶךְ הַמִּדְבָּר יַם סוּף... (שמות יג, יז-יח)

פסוקים אלה קשים מכפי שנדמה תחילה. כשלעצמם, הם ברורים. בני ישראל השתחררו אך זה עתה משעבוד מצרים. הם צריכים עוד לבנות את האישיות שלהם, לסגל לעצמם נפש של בני חורין העומדים על נפשם. אם יצטרכו כבר עכשיו להיכנס למלחמה עם שבעת עמי ארץ כנען, הם עלולים להיבהל ולסגת. יתרה מכך: כיום ידוע לנו שלאורך הדרך הראשית בין מצרים לארץ כנען, "דרך ארץ פלשתים", נמצאו מצודות מצריות. בני ישראל היו עלולים להיקלע לקרבות כבר בדרך.

אך הדברים אינם פשוטים כל כך. עלינו לתת את הדעת לשלוש עובדות. ראשית, בהמשך הפרשה מסופר שאלוהים הכביד את לב פרעה ומשום כך פרעה יצא מייד, עם שש מאות מרכבות, למרדף אחר בני ישראל (יד, ד-ז). הדבר החריד את העם עד ייאוש. "וַיֹּאמְרוּ אֶל מֹשֶׁה, 'הֲמִבְּלִי אֵין קְבָרִים בְּמִצְרַיִם לְקַחְתָּנוּ לָמוּת בַּמִּדְבָּר?... טוֹב לָנוּ עֲבֹד אֶת מִצְרַיִם מִמֻּתֵנוּ בַּמִּדְבָּר'" (שם, יא-יב). אם רצה אלוהים שבני ישראל לא יראו מלחמה, פן ישובו מצרימה, מדוע שילח בהם את פרעה וחילו? לכאורה צריך היה השלב הראשון במסע להיות שלֵו ככל האפשר.

שנית, בני ישראל נקלעו למלחמה ממשית הרבה לפני שהתקרבו לארץ כנען. סמוך לאחר קריעת ים סוף התנפלו עליהם העמלקים. ומוזר: בקרב הזה, שהם לחמו בו בכוחות עצמם, בלי התערבות ניסית מאת ה', הם לא ביטאו כל פחד. בהשראת ידיו המורמות של משה, ובפיקודו הצבאי של יהושע, הם נלחמו וניצחו (יז, ח-יג).

ושלישית, המסלול העוקף לא מנע את תגובתו המבוהלת של העם לדוח המרגלים. למשמע הידיעה על עוצמתם של עמי הארץ ועל עריהם הבצורות הם אמרו, "נִתְּנָה רֹאשׁ וְנָשׁוּבָה מִצְרָיְמָה" (במדבר יד, ד) – אותה תגובה שהמסלול הארוך נועד לכאורה למנוע.

נראה אפוא שהולכַת בני ישראל במסלול העוקף, דרך ים סוף והמדבר, לא נועדה למנוע מהם **לרצות** לשוב למצרים, אלא למנוע מהם **את היכולת** לעשות זאת. למעבר הפלאי דרך ים סוף היה אפקט של אל־חזור, כמו לימים בחציית הרוביקון

בידי יוליוס קיסר ובמעשהו של קורטז הספרדי, כובש מקסיקו, ששרף את האוניות שהובילו את צבאו לשם. הנסיגה נעשתה בלתי אפשרית. לבני ישראל עוד יהיו ספקות ופחדים, אבל כבר לא תהיה להם ברירה של ממש. הם יצטרכו להמשיך קדימה, גם אם יידרשו לשם כך ארבעים שנה של חילופי דורות.

וכך, כבר בשחר הולדתו למד עם ישראל **שהישג בר־קיימא נרכש בדרך ארוכה**. כמאמר שלום חנוך, מה שבא בקלות באותה הקלות ייעלם. במחקריו של אנדֶרס אריקסון (שזכו לתפוצה בציבור הרחב בזכות כתיבתו הפופולרית של מלקולם גלדוול) נמצא כי בתחומים רבים נדרשות עשרת אלפים שעות הכשרה ותרגול כדי להגיע לגדולה.[1] קורותיהן של מדינות רבות שהוקמו לאחר מלחמת העולם השנייה ופירוק האימפריות מלמדים שאין די בהחלטת או״ם כדי לכונן דמוקרטיה, ואין די בהצהרת זכויות אדם כדי לבסס חופש. אנשים המנסים להתעשר במהירות מגלים פעמים רבות שעושרם דומה לקיקיון של יונה: בן לילה היה ובן לילה אבד. מי שמחפש קיצורי דרך מוצא את עצמו, כמו המשוררת מתחילת דברינו, בתוך הבור.

התנא רבי יהושע בן חנניה סיפר:

> פעם אחת הייתי מהלך בדרך וראיתי תינוק יושב על פרשת דרכים, ואמרתי לו, ״באיזה דרך נלך לעיר?״ אמר לי, ״זו קצרה וארוכה [כלומר קצרה אבל ארוכה], וזו ארוכה וקצרה [כלומר ארוכה אבל קצרה]״. והלכתי בקצרה וארוכה. כיוָן שהגעתי לעיר מצאתי שמקיפין אותה גנות ופרדיסין. חזרתי לאחורי. אמרתי לו, ״בני, הלא אמרת לי קצרה״. אמר לי, ״ולא אמרתי לך ארוכה?״ נשקתיו על ראשו ואמרתי לו, ״אשריכם ישראל שכולכם חכמים גדולים אתם מגדולכם ועד קטנכם״.[2]

מוטב ללכת בדרך הארוכה שאנו יודעים שתוביל אותנו ליעד מלבחור בדרך קצרה ומפוקפקת, גם אם הדבר אינו נראה כך מלכתחילה.

עולמנו מלא בספרים, בסרטים ובסדנאות המבטיחים מסלול מהיר לכל דבר כמעט, מהרזיה דרך התעשרות עד הצלחה ותהילה. הרעיון משנה־החיים שאפשר ללמוד מבחירתו של אלוהים להוליך את בני ישראל דרך המדבר וים סוף הוא **שאין מסלולים מהירים**. הדרך הארוכה היא הקצרה; הדרך הקצרה היא הארוכה. מוטב

1. ראו Anders Ericsson, *Peak: Secrets from the New Science of Expertise*, Boston: Mariner, 2017; Malcolm Gladwell, *Outliers*, New York: Little, Brown, 2013. כמובן, כפי שציינו רבים, לא בכל התחומים הדבר נכון, ובכל מקרה התרגול אינו הגורם הרלוונטי היחיד.
2. עירובין נג ע״ב.

שנדע כבר בצאתנו לדרך שהיא תהיה ארוכה וקשה ושיהיו בה מהמורות ופניות שגויות. עלינו להצטייד בכוח סבל ובכוח עמידה, בנחישות ובעקשנות. באין לנו עמוד ענן שיורנו את הדרך, נזדקק לעצת מורים וחכמים ולעידוד מצד חברים. אבל המסע ימריץ אותנו, וממילא אין דרך אחרת. והדרך הקשה מחשלת.

רעיון משנה־חיים 16:

אין מסלולים מהירים. הישג בר־קיימא נרכש בדרך ארוכה, ומה שבא בקלות ייעלם בקלות. והדרך הקשה מחשלת.

יתרו

קשר של נאמנות ואהבה

בחייו של כל אדם יש רגעים של יראה ופליאה, שבהם, בלב עולה על גדותיו, הוא מודה לאלוהיו על שהחייהו וקיימהו והגיעהו לזמן הזה.

בזיכרוני שלי עולים עכשיו שני רגעים כאלה מחיי, שביניהם כמעט עשר שנים. הראשון אירע בוועידת למבת׳ בקנטרברי, אנגליה, ב־2008. ועידה זו נערכת אחת לעשר שנים, ונפגשים בה כל הבישופים השייכים ל״שיתוף האנגליקני״, כלומר לכל הכנסיות של זרם זה ברחבי העולם, שרובן נמצאות לא באנגליה אלא ברחבי יבשות אמריקה ואפריקה. זהו אירוע מכריע: כל צמתיה הגדולים של הרשת הגלובלית מתקבצים למקום אחד לדון בשאלות השעה ולהתוות דרך לעתיד. הייתי, ככל הידוע לי, הרב הראשון אי פעם שנאם בפני מושב מליאה של הוועידה. האירוע השני היה לא מזמן: באוקטובר 2017, בוושינגטון, כאשר נאמתי בפני הידידים והתומכים של מכון אנטרפרייז האמריקני, אחד ממכוני החשיבה הכלכליים הגדולים בעולם.

שתי האספות הללו היו שונות זו מזו בכל מובן. האחת דתית, נוצרית ומתמקדת בתיאולוגיה. השנייה חילונית, אמריקנית, ועל שולחנה כלכלה ופוליטיקה. ובכל זאת, על שתיהן ריחף משבר כזה או אחר. במקרה של הכנסייה האנגליקנית, על המדוכה נמצאה שאלת הבישופים ההומוסקסואלים.[1] האם הכנסייה יכולה להכיל אנשים כאלה? המחלוקת קרעה את הכנסייה. בקרב הבישופים האמריקנים רווחה תמיכה, ובקרב האפריקנים – התנגדות. לקראת הוועידה שרר חשש ממשי ש״השיתוף״ עלול להתפלג.

בוושינגטון בסתיו האחרון הסעיר את המשתתפים בכינוס עניין אחר לגמרי. תוצאות הבחירות לנשיאות שיסעו את החברה האמריקנית. ביטויים חדשים נטבעו

1. מאז נתמנה אחד כזה, ג׳ין רובינסון, ומונה לכהן בניו המפשייר.

כדי לתאר כמה מהגורמים שנכנסו לחיי האמריקנים – פוסט־אמת, פייק ניוז, מדינות flyover (מדינות ארצות הברית שאינן סמוכות לחופים), אלט־רייט, פוליטיקת זהויות, קורבניות תחרותית, ועוד ועוד – ולצידם צף ועלה מונח ישן: פופוליזם. כל אלה הצטרפו יחדיו למה שכיניתי פוליטיקה של כעס. היש דרך לשוב ולארוג יחד את החוטים הנפרמים של החברה האמריקנית?

שני המאורעות הללו מקושרים זה לזה בתודעתי משום שבשניהם דיברתי על מושג אחד; מושג בעל מעמד מרכזי בפרשתנו, וביהדות המקראית בכלל, הלוא הוא הברית. בעת החדשה, בעיקר במאה השבע־עשרה, היה לרעיון הברית המקראית מקום של כבוד בצמיחתן של החברות החופשיות במערב, בייחוד בחוגים קלוויניסטיים ופוריטניים.

נדרש כאן מבוא קצר, כוללני עד מאוד, על הרפורמציה בעולם הנוצרי. היא התפתחה בכיוונים שונים בארצות שונות, על פי מקור ההשפעה העיקרי בכל אחת מהן: מרטין לותר או ז'אן קלווין. בשביל לותר העיקר בכתבי הקודש היה הברית החדשה, ובייחוד איגרות פאולוס. לעומת זאת בעיני קלווין וממשיכיו התנ"ך שלנו, "הברית הישנה", הוא־הוא עיקרם של כתבי הקודש, בייחוד בכל הנוגע למבנים פוליטיים וחברתיים. לפיכך מילאה הברית תפקיד מרכזי בפוליטיקה שלאחר הרפורמציה בז'נבה, בהולנד, בסקוטלנד, באנגליה בימי משטרו של אוליבר קרומוול, ובייחוד בקרב "האבות המייסדים", ראשוני המתיישבים האנגלים בצפון אמריקה. רעיון הברית הוא ליבתם של "אמנת מייפלאוור" (1620) ושל נאומו המפורסם של ג'ון ווינתרופ "העיר על הגבעה" שנישא באונייה "ארבלה" ב־1630.

אלא שלאורך הזמן, ובהשפעת ז'אן־ז'אק רוסו, המילה "ברית" התחלפה בביטוי "אמנה חברתית". יש דמיון בין השתיים, אך הן אינן זהות כלל. הן פועלות על פי הגיונות שונים ומכוננות מוסדות ומערכות־יחסים שונים.[2]

באמנה, או חוזה, שני אנשים או יותר נפגשים, כל אחד מציג את האינטרסים שלו, ויחד הם מנסים להגיע לעסקה שתהיה כדאית לכולם. בברית, לעומת זאת, שני אנשים או יותר, שכל אחד מהם רואה ברעהו אדם נבדל, שלם וראוי לכבוד, מתלכדים בקשר של נאמנות ואמון לעשיית דבר־מה שאין הם יכולים לעשות כל אחד לבדו.[3] אין זו עסקה; זו מחויבות מוסרית. הברית דומה לנישואים יותר מכפי שהיא דומה

2. על ההיבטים הפילוסופיים של השוני הזה עמדתי בהרחבה רבה בספרי: *The Politics of Hope*, London: Jonathan Cape, 1997.

3. על הברית בין אלוהים לעם אפשר לשאול: היש דבר שאלוהים אינו יכול לעשות לבדו? התשובה, על פי אמונת המקרא, חיובית: אלוהים אינו יכול לשכון בלב האדם בלי שהאדם ירצה בכך.

לחוזה מסחרי. חוזים ואמנות עוסקים באינטרסים; בריתות – בזהויות. חוזים מביאים לאדם רווח; בריתות מחוללות בו תמורה. בחוזים יש אני ואתה; בבריתות – אנחנו.

המהפכנות של המקרא, מבחינת משנתו המדינית, טמונה בכך שיש בו לא רגע מכונן אחד אלא שניים. על הראשון מספר פרק ח בספר שמואל א׳. העם בא אל שמואל הנביא ומבקש ממנו מלך. ה׳ אומר לשמואל להזהיר את העם מפני התוצאות. המלך ייקח מהעם את בניו לרכבים ולפרשים, את בנותיו לרקחות ולטבחות, את רכושו למס, ועוד ועוד. העם מתעקש, ושמואל ניאות, ובפרקים הבאים מושח את שאול למלך.

הפרק היה לחידה בעיני המפרשים לאורך הדורות. האם הוא תומך במלוכה או מתנגד לה? את התשובה הטובה ביותר נתן המהר״ץ חיות. הוא הסביר ששמואל בנאומו הציע לעם אמנה חברתית, במתווה שהוא בדיוק זה שהציע לימים תומס הוֹבּס בספרו הידוע **לויתן**. אנשים מוכנים לוותר על חלק מזכויותיהם ולמוסרן לכוח מרכזי – מלך או ממשלה – ובתמורה הוא מספק להם הגנה מפני אויבים מחוץ ומפני מתנכלים מבית, בדמות צבא ומערכת חוק.[4] בספר שמואל נמצאת אפוא הגרסה המתועדת הראשונה של אמנה חברתית.

אלא שמאורע זה היה הרגע המכונן **השני** של ישראל כאומה, לא הראשון. הראשון מתואר בפרשתנו. זהו מעמד הר סיני, שבו כרת העם עם אלוהים ברית – ולא אמנה. בימי שאול נולדה ישראל כממלכה; אך בימי משה, מאות שנים קודם לכן, עוד בטרם נכנס העם לארצו, נולדה ישראל כאומה בריבונות האל.

שני המוסדות המרכזיים בדמוקרטיות המערביות המודרניות הם מוסדות חוזיים. **השוק** מיוסד על חוזים מסחריים, **והמדינה** על אמנה חברתית. השוק עוסק ביצירת עושר ובחלוקתו; המדינה עניינה יצירת כוח וחלוקתו. ברית, לעומת זאת, אינה נוגעת לא לעושר ולא לכוח, אלא לקשרי השייכות והאחריות המשותפת. אמנה חברתית מכוננת **מדינה**, ואילו ברית חברתית מכוננת **חברה**.[5] חברה היא מכלול היחסים שאינם תלויים בעסקאות של כסף ושל כוח: נישואים, משפחות, קהילות, קהלי־מתפללים, ארגוני צדקה והתאגדויות וולונטריות. השוק והמדינה הם זירות של **תחרות**. החברה היא זירה של **שיתוף פעולה**. אנו זקוקים לשני הדברים.

דבריי על רעיון הברית נפלו על אוזניים כרויות הן בוועידת הבישופים, הן בכינוס הכלכלנים. מדוע? מפני שהברית היא הדוגמה העילאית לקשר המאגד יחדיו,

4. **כל ספרי מהר״ץ חיות**, ירושלים: דברי חכמים, תשי״ח, כרך א, עמ׳ 43-49.
5. כפי שהראיתי בספרי *The Politics of Hope*.

למען מטרה משותפת, יחידים וקבוצות השונים מאוד זה מזה. הרי אין לך בעולם שוני גדול מזה שהתקיים בין הצדדים בברית סיני: אלוהים מכאן, בני ישראל מכאן. הצד האחד אינסופי ונצחי, ומשנהו מוגבל ובן תמותה.

האמת היא שהזיקה הבין־אישית הראשונה בעולם, זו שבין אדם לחוה, מתוארת בתורה בביטוי הכומס הגדרה תמציתית למהותה של הברית: "עֵזֶר כְּנֶגְדּוֹ". עזר, אך עומד בנפרד, כנגד.[6] בנישואים לא הבעל ולא הרעיה מקריבים את זהויותיהם המובחנות. בהר סיני, אלוהים נשאר אלוהים ובני ישראל נשארו בני אדם. סמלה של הברית הוא נר ההבדלה: פתילים רבים הנבדלים זה מזה לחלוטין אך יוצרים יחד שלהבת אחת.

הברית אפשרה לשיתוף האנגליקני להישאר מלוכד למרות ההבדלים העמוקים בין הכנסיות באמריקה לאלו שבאפריקה. הברית המכוננת את ארצות הברית של אמריקה ליכדה את האומה למרות מלחמת אזרחים איומה בימי לינקולן, ולמרות משברים אזרחיים וכלכליים נוספים בתקופות אחרות – וחידושה של ברית זו יבטיח את ליכוד האומה גם בעתיד. בימי משה רבנו אפשרה הברית לבני ישראל להיות "אומה אחת בריבונות האל" למרות חלוקתם לשנים־עשר שבטים. בריתות יוצרות אחדות בלי אחידות. הן מוקירות את הרבגוניות, אך מבקשות לתעל אותה למען הכלל: שהגוונים לא יכלו כוחם בהתכתשויות, אלא יתרמו כל אחד את תרומתו המיוחדת לו. מתוך ריבוי של יחידים נוצר יחד גדול.

שתי החוויות הללו, בקנטרברי ובוושינגטון, ריגשו אותי כל כך מפני שהן הוכיחו כמה מרחיקי ראות היו דברי משה רבנו כשאמר לבני ישראל שהתורה "הִוא חָכְמַתְכֶם וּבִינַתְכֶם לְעֵינֵי הָעַמִּים, אֲשֶׁר יִשְׁמְעוּן אֵת כָּל הַחֻקִּים הָאֵלֶּה וְאָמְרוּ, 'רַק עַם חָכָם וְנָבוֹן הַגּוֹי הַגָּדוֹל הַזֶּה'" (דברים ד, ו). התורה ממשיכה להאיר לא רק לנו היהודים אלא גם לכל מי שמחפש הדרכה בעת משבר.

אם אתם מוצאים את עצמכם בקונפליקט המאיים לפרק דבר־מה לגורמים – נישואים, משפחה, עסק, קהילה, מפלגה, ארגון – נסו ליצור בין כל הגורמים ברית שתלכד אותם סביב יעד משותף, באופן ששום צד לא יטען לניצחון או יחוש תבוסה. כל הנדרש הוא הכרה בכך שיש דברים שאפשר לעשותם רק ביחד, ואיש מאיתנו אינו יכול להשיגם לבדו.

הברית מרחיבה את האופק שלנו מהאינטרס העצמי אל הטוב המשותף. אין רע באינטרס העצמי. הוא הכוח המניע את הכלכלה ואת הפוליטיקה, את השוק ואת

6. בראשית ב, יח ורש"י על אתר, על פי יבמות סג ע"א.

המדינה. אך יש דברים שאי אפשר להשיג על בסיס אינטרס עצמי גרידא; דברים כגון אמון, ידידות, נאמנות ואהבה. הברית היא אפוא רעיון שבכוחו לשנות חיים ולשנות את העולם.

רעיון משנה־חיים 17:
אם אתם מוצאים את עצמכם בקונפליקט המאיים לפרק דבר־מה לגורמים, נסו ליצור בין כל הגורמים ברית שתלכד אותם סביב יעד משותף. יש דברים שאפשר לעשותם רק ביחד, ואיש מאיתנו אינו יכול להשיגם לבדו.

משפטים

כוחה של אמפתיה

ויליאם אורי, מייסד התוכנית ללימודי משא ומתן בהרווארד, מספר באחד מספריו סיפור מופלא.[1] אמריקני צעיר, שגר ביפן כדי ללמוד שם אייקידו, ישב יום אחד אחר הצוהריים ברכבת בפרברי טוקיו. הקרון היה ריק למחצה. היו שם כמה אימהות עם ילדיהן וכמה פנסיונרים שיצאו לקניות.

באחת התחנות הדלתות נפתחו, ואל תוך הקרון נכנס שיכור מתנודד: מלוכלך, צועק ותוקפני. הוא החל ליידות ביושבי הקרון את גידופיו, ואז דחף אישה שהחזיקה תינוק. מעוצמת הדחיפה היא נפלה על ברכיהם של בני זוג מבוגרים. הם זינקו ממקומם ורצו לקצה האחר של הקרון. הדבר הכעיס את השיכור והוא דלק אחריהם, ובתוך כך משך מוט מתכת וניסה לעקור אותו מתושבתו. המצב הידרדר אל סף סכנה, והסטודנט האמריקני חשב לקום ולהיאבק בשיכור.

אך לפני שהספיק לעשות זאת נשמע קול בקרון. קשיש נמוך קומה, בשנות השבעים לחייו, לבוש קימונו, קרא אל השיכור "היי!" בנימה ידידותית. ואז הוסיף: "בוא אליי ונדבר". השיכור צעד אליו כאחוז אמוק. "למה שאני אדבר איתך?" אמר. "מה שתית?" שאל הזקן. "סאקי", ענה הנוסע בגילופין, "וזה לא עניינך!"

"הו, איזה יופי!" אמר הזקן. "אתה יודע? גם אני אוהב סאקי. אני ואשתי – אתה מבין, היא בת 76 – מחממים כל ערב בקבוק סאקי, והולכים איתו לגינה. שם אנחנו יושבים על ספסל עץ ישן. אנחנו מסתכלים בשקיעה, ובודקים מה שלום עץ השזיף שלנו. אבא של סבא שלי נטע אותו..."

1. על פי William Ury, *The Power of a Positive No*, London: Hodder Mobius, 2007, pp. 77–80.

הוא המשיך לדבר, וממשפט למשפט התרככו פניו של השיכור ואגרופיו הקמוצים התרופפו. "כן", הוא אמר, "גם אני אוהב שזיפים". "ואני בטוח", אמר הזקן בחיוך, "שיש לך אישה נהדרת".

"לא", ענה השיכור. "אשתי מתה". הוא החל מתייפח חרש. "אין לי שום אישה. אין לי שום בית. אין לי שום עבודה. אני כל כך מתבייש". הדמעות התנוצצו במורד לחייו.

הרכבת הגיעה אל תחנת היעד של הסטודנט, ובעוצרה הוא עוד הספיק לשמוע את הזקן נאנח באהדה, "כן, כן. זה באמת נורא. שב לידי וספר לי". כשיצא ושלח מבט אחרון ראה את השיכור יושב וראשו על ברכיו של הזקן. הלה ליטף את שערו ברוך.

מה שחשב הסטודנט להשיג בכוח שריריו השיג הזקן במילים טובות.

הסיפור הזה ממחיש את כוחה של האמפתיה: הסתכלות בעולם דרך עיניו של אדם אחר, ניסיון להיכנס לנעליו ולחוות את רגשותיו, והתנהגות הנותנת לו לחוש שמבינים אותו, שמקשיבים לו, שחושבים שהוא חשוב.[2]

המצווה הנוגעת יותר מכל יתר המצוות לכוחה של האמפתיה ולחשיבותה נמצאת בפרשתנו: "וְגֵר לֹא תִלְחָץ, **וְאַתֶּם יְדַעְתֶּם אֶת נֶפֶשׁ הַגֵּר**: כִּי גֵרִים הֱיִיתֶם בְּאֶרֶץ מִצְרָיִם" (שמות כג, ט).

מדוע במצווה הזו דווקא מצוינת ידיעת־נפשו של הזולת, האמפתיה כלפיו? הצורך באמפתיה ודאי חורג מהיחס לגרים. נדרשת אמפתיה גם בין בני זוג, בין הורים וילדים, בין שכנים, בין עמיתים וכן הלאה. האמפתיה חיונית ביחסים בין־אישיים באופן כללי. למה דווקא לגבי הגר, הזר, מדברת התורה על ידיעת־נפש האחר?

התשובה היא שכדברי פיטר בָּזַלְגֶ'ט בספרו **אינסטינקט האמפתיה**, "האמפתיה חזקה ביותר בקבוצות שחבריהן מזדהים אלה עם אלה: משפחה, חברים, מועדונים, כנופיות, דתות וגזעים".[3] והצד השני, המתבקש, של המטבע: ככל שהקשר בתוך הקבוצה חזק, כך מחריפים החשש והחשד כלפי אלה שמחוצה לה. קל יחסית לאהוב את רענו כמונו; קשה הרבה יותר לאהוב את הזר, או אפילו לחוש כלפיו אמפתיה. כניסוחו של חוקר קופֵי־האדם פראנס דה ואל:

2. שני ספרים טובים בנושא זה הופיעו לאחרונה: Roman Krznaric, *Empathy*, London: Rider Books, 2015; Peter Bazalgette, *The Empathy Instinct*, London: John Murray, 2017. וראו גם ספרו המרתק של סיימון ברון־כהן **ההבדל המהותי** (מאנגלית: יוסי מילוא, תל אביב: עם עובד, 2006), המסביר מדוע נשים מיטיבות בדרך כלל מגברים לחוש אמפתיה.

3. Bazalgette, *The Empathy Instinct*, p. 7.

האבולוציה כיוונה אותנו לשנוא את אויבינו, להתעלם מאנשים שאיננו מכירים, ולחשוד בכל מי שאינו דומה לנו. גם אם בתוך הקהילות שלנו אנו נוטים לשיתוף פעולה, ביחסנו כלפי זרים אנו הופכים את עורנו ונעשים כמעט לבעלי חיים אחרים.[4]

הפחד מפני אלה שאינם כמונו מסוגל לנטרל את יכולת התגובה האמפתית. ומן הסיבה הזו, המצווה שציינו היא מצווה המשַׁנה חיים. היא אומרת לנו לגלות אמפתיה כלפי הגר מפני שאנו מכירים את ההרגשה של מי שנמצא במצבו; יתרה מזו, היא אפילו רומזת לנו כי פיתוח היכולת האמפתית כלפי זרים **היה מלכתחילה אחת המטרות של הגלות במצרים**. ה׳ כמו אומר לנו: סבלותיכם לימדו אתכם דבר שחשיבותו עצומה. במצרים לחצו אתכם, נגשו בכם, ועל כן אתם תבואו לעזרתם של הנלחצים והנדכאים בכל מקום. אתם סבלתם, ולכן אתם תצטיינו בהושטת עזרה לזולת הסובל.

וכך אכן היה. יהודים עזרו לגנדי במאבקו לעצמאות הודו; למרטין לותר קינג במאמציו להשיג זכויות אזרח לאפרו־אמריקנים; לנלסון מנדלה במסעו למיגור האפרטהייד בדרום אפריקה. באסונות טבע קשים בעולם, הצוותים הישראליים הם מן הראשונים שמגיעים למקום ומהמובילים בהגשת סיוע החירום. המענה הדתי לסבל הוא להיעזר בו לצורך כניסה אל הלך הנפש של סובלים אחרים. ואכן, בקרב קהילתי נוכחתי לא פעם שבני הקהילה ניצולי השואה גילו את ההזדהות החזקה ביותר עם קורבנות המלחמות האתניות בבוסניה, ברואנדה, בקוסובו ובדארפור.

בספרי **לא בשם האל** טענתי שבסיפורים מסוימים בתורה ארוגה אמפתיה עמוקה שהמספר נוטע בלב קוראיו כלפי הדמויות. כאלה הם סיפורם של הגר וישמעאל שנשלחו למדבר; סיפורו של עשו שבא להתברך מפי אביו וגילה לאסונו כי אחיו יעקב לקח את ברכתו במרמה; ודמותה של לאה המבינה שיעקב אוהב את אחותה רחל יותר מכפי שהוא אוהב אותה. סיפורים אלה **מכריחים אותנו להכיר באנושיותו של האחר**, זה שלכאורה הוא הלא־אהוב, הלא־נבחר, הדחוי.

דומה אפילו כי **זו הסיבה לכך שהתורה מספרת לנו את הסיפורים הללו**. התורה היא במהותה ספר של מצוות, ספר חוקים. אם כן, מדוע יש בה עלילות? מפני שחוקים בלי אמפתיה כמוהם כצדק בלי חמלה. רש״י מלמדנו ״שבתחילה עלה

4. Frans de Waal, "The Evolution of Empathy", in Dacher Keltner, Jason Marsh and Jeremy Adam Smith (eds.), *The Compassionate Instinct: The Science of Human Goodness*, New York: Norton, 2010, p. 23.

במחשבה לברואתו [את העולם] במידת הדין; ראה [הקב"ה] שאין העולם מתקיים, הקדים מידת רחמים ושיתפה למידת הדין".[5] כך נוהג הקב"ה, וכך הוא רוצה שננהג גם אנו. הסיפור הוא דרך רבת־עוצמה מאין כמוה לגרום לנו להיכנס בדמיוננו החי אל עולמם הפנימי של אנשים אחרים.

האמפתיה אינה תוסף תזונה קליל, חביב ועגנוג לחיי המוסר, אלא עוגן מרכזי בהם. היא רכיב יסודי ביישוב סכסוכים. רבים מן האנשים שסבלו כאב מגיבים לכך בגרימת כאב לאחרים. התוצאה היא אלימות; אלימות רגשית או גופנית, כלפי יחידים או כלפי קבוצות שלמות. החלופה הלא אלימה הכֵּנה היחידה היא להיכנס אל תוך כאבם של אחרים, בדרך שתבטיח כי הללו יֵדעו שמבינים אותם, שמכירים באנושיותם ושמכבדים אותם כבני אדם.

לא כל אחד יכול לעשות מה שעשה אותו זקן יפני – ולא כדאי לכל אחד אפילו לנסות להרגיע בדרך זו אדם שנשקפת ממנו סכנה ולפרקו מנשקו. אבל אמפתיה פעילה היא משנַת־חיים, לא רק חיינו אלא גם חיי האנשים שאנו באים איתם במגע. במקום להגיב לכעסו של מישהו בכעס, נסו לשער מאין בא הכעס הזה. כלל הוא: אם רצונכם לשנות את התנהגותו של מישהו, עליכם להיכנס אל הלך הנפש שלו, לראות את העולם בעיניו, לנסות להרגיש את אשר הוא מרגיש – ואז לומר את המילה, או לעשות את המעשה, אשר ידברו אל הרגשות שלו ולא אל הרגשות שלנו. זה לא קל. יחידי סגולה מצליחים בכך. והם משנים את העולם.

רעיון משנה־חיים 18:

אם רצונכם לשנות את התנהגותו של מישהו, עליכם להיכנס אל הלך הנפש שלו, ואז לומר את המילה, או לעשות את המעשה, אשר ידברו אל הרגשות שלו ולא אל הרגשות שלנו.

---

5. רש"י לבראשית א, א.

תרומה

המשכן ואפקט איקאה

הכלכלן ההתנהגותי דן אריאלי ערך סדרת ניסויים על התופעה המוכרת כ"אפקט איקאה": החיבה היתרה שאנו רוחשים לדברים שהם מעשה ידינו. שְׁמָהּ בא לה כמובן מרשת החנויות לריהוט בהרכבה עצמית. בשביל בעלי שתי ידיים שמאליות כמוני, הרכבה של חלקי רהיט דומה להרכבת פאזל ענק שחלק מהחלקים חסרים בו ואחרים נמצאים במקום הלא נכון. אבל בסופה של מלאכה, גם אם מדובר בהרכבה פשוטה אנו נוטים להרגיש איזו גאווה קלה. אנחנו מסוגלים לומר "אני בניתי את זה", אף כי מישהו אחר תכנן את המוצר, ייצר את החלקים וכתב את ההוראות. בדברים שהשקענו בהם עבודה יש מעין האמור בתהלים קכח, "יְגִיעַ כַּפֶּיךָ כִּי תֹאכֵל אַשְׁרֶיךָ וְטוֹב לָךְ".[1]

אריאלי רצה לבחון את הערך המוסף הזה: האם יש בו ממש? ובאיזו מידה? הוא ביקש ממתנדבים לבנות דגמים משוכללים של אוריגמי, קיפול נייר. ואז הוא שאל אותם כמה הם מוכנים לשלם כדי לקבל את מה שיצרו. התשובה הממוצעת הייתה 25 סנט. הוא שאל אנשים אחרים מאותה סביבה כמה הם מוכנים לשלם כדי לקנות את היצירות. התשובה הממוצעת הייתה 5 סנט. כלומר אנשים מוכנים לשלם על דבר שהם עשו בעצמם פי חמישה ממה שהם היו מוכנים לשלם על חפץ זהה שהם לא עשו. מסקנותיו היו: **המאמץ שאנו משקיעים בחפץ מסוים משנה לא רק אותו; הוא משנה גם אותנו** ואת האופן שאנו מעריכים בו את העצם. וכן: **ככל שעמלנו יותר, כך גדלה אהבתנו לפרי עמלנו.**[2]

1. על תענוגות העבודה הפיזית בכלל ומלאכת היד בפרט ראו Matthew Crawford, *The Case for Working with your Hands*, London: Viking, 2010 (פורסם באמריקה תחת הכותרת *Shop Class as Soulcraft*). בקרב הציונים בדורות קודמים רווחה תחושה חזקה שעבודת האדמה היא לעצמה חוויה רוחנית. היטיב לבטא זאת א"ד גורדון, שהושפע מהתנ"ך וגם מכתבי טולסטוי.
2. דן אריאלי, **לא רציונלי אבל לא נורא**, מאנגלית: לי מיכאל ברגר, אור יהודה: כנרת, זמורה

כך קורה גם בסיפור בניין המשכן המתחיל בפרשתנו ונמשך, כמעט ברציפות, עד סוף החומש. אין להשוות כמובן בשום אופן את בניין המשכן – ובו הקודש וקודש הקודשים – עם מעשה של חולין כהרכבה עצמית של רהיט. אבל ברובד האנושי יש קווים פסיכולוגיים מקבילים בין השניים.

המשכן היה הדבר הראשון שבני ישראל יצרו במדבר, ותחילת בנייתו היא נקודת מפנה בעלילת ספר שמות. עד עכשיו, הקב"ה עשה את כל העבודה. הוא היכה את המצרים. הוא הוציא את העם לחופשי. הוא קרע את הים והעביר את בני ישראל בתוכו בחרבה. הוא הוריד להם אוכל מהשמיים והוציא להם מים מסלע. אבל כמעט תמיד, לבד מן המקרה היחיד של שירת הים, העם לא הוקיר את מה שקיבל. הוא היה כפוי טובה. הוא התלונן.

והנה עתה הורה ה' למשה להוביל את העם להיפוך תפקידים. במקום שהוא יעשה דברים בשביל בני ישראל, בני ישראל נדרשים לעשות דברים בשבילו. העניין כאן איננו ה'. ה' אינו זקוק למשכן, לבית על פני האדמה, מפני שה' שוכן בכל מקום. כמאמרו בפי הנביא ישעיהו: "הַשָּׁמַיִם כִּסְאִי וְהָאָרֶץ הֲדֹם רַגְלָי; אֵי זֶה בַיִת אֲשֶׁר תִּבְנוּ לִי וְאֵי זֶה מָקוֹם מְנוּחָתִי?" (סו, א). העניין הוא בני האדם, כבודם וכבודם־העצמי.

במעשה יוצא דופן של צמצום נתן ה' לבני ישראל הזדמנות לעשות דבר־מה במו ידיהם, דבר־מה שהם יוקירו מפני **שהם עשו אותו**. כל מי שנדבו ליבו יכול היה לתרום, מכל אשר לו: "זָהָב וָכֶסֶף וּנְחֹשֶׁת, וּתְכֵלֶת וְאַרְגָּמָן וְתוֹלַעַת שָׁנִי וְשֵׁשׁ וְעִזִּים, וְעֹרֹת אֵילִם מְאָדָּמִים וְעֹרֹת תְּחָשִׁים וַעֲצֵי שִׁטִּים, שֶׁמֶן לַמָּאוֹר, בְּשָׂמִים לְשֶׁמֶן הַמִּשְׁחָה וְלִקְטֹרֶת הַסַּמִּים, אַבְנֵי שֹׁהַם וְאַבְנֵי מִלֻּאִים לָאֵפוֹד וְלַחֹשֶׁן" (שמות כה, ד–ז). היו שתרמו את עמלם ואת כישרונם. לכולם ניתנה ההזדמנות להשתתף: נשים כגברים והעם לכל שדרותיו.

זו הייתה הפעם הראשונה שה' ביקש מהעם לא רק ללכת במדבר אחר עמוד האש ועמוד הענן, או לשמוע בקולו, אלא להיות פעילים: להיעשות בונים ויוצרים. והיות שנדרשו לשם כך עמלם, מרצם וזמנם, הם שיקעו במשכן חלק מעצמם – כיחידים וכעדה. כי אכן, כדברי אריאלי, אנו מוקירים את מה שאנו יוצרים. המאמץ ששיקענו בחפץ משנה לא רק אותו, אלא גם אותנו.

פרשת המשכן מפליאה להמחיש את דבריו של רבי יוחנן על הקב"ה, "במקום

ביתן, דביר, תשע"א. להרצאת TED של אריאלי בנושא ראו /https://www.ted.com/talks dan_ariely_what_makes_us_feel_good_about_our_work.

שאתה מוצא גדלותו, שם אתה מוצא ענוותנותו".[3] ה' זיכה את בני ישראל ביכולת לומר דבר מפליא: "עָזַרתי לבנות בית לאלוהים". בורא העולם נתן לעמו הזדמנות להיעשות אף הם לבוראים – ויתרה מכך, לבוראיו של דבר רוחני ומקודש.

כמה מתאימה כאן המילה "תרומה": היא מבטאת נתינה התנדבותית, אבל גם הרמה, העלאה. בוני המשכן הרימו את תרומתם לה', **וכשהרימו גילו שהם עצמם מתרוממים.** ה' נתן להם הזדמנות להיות "שותף להקדוש ברוך הוא במעשה בראשית".[4] שותף לקב"ה במעשה בראשית! האם אפשר לצייר מעלה גבוהה מזו לאדם?

זהו רעיון משנה־חיים. המתנה הגדולה ביותר שאנו יכולים לתת לזולת היא ההזדמנות ליצור. זו המתנה היחידה ההופכת את המקבל לנותן. היא מאצילה הוד על מְקַבלה. היא מראה לו שאנו בוטחים בו, מאמינים בו, וחושבים שהוא מסוגל לגדולות.

כיום אין לנו עוד מִשכָּן בַּמרחב, אבל יש לנו "משכן בזמן": שבת.[5] באחת השבתות האחרונות שהה עימנו בבית הכנסת "מרכּל אָרץ'" בלונדון בכיר בכנסייה האנגליקנית. הוא היה איתנו לאורך כל 25 השעות, מקבלת שבת עד הבדלה. הוא התפלל איתנו, למד איתנו, סעד איתנו ושר איתנו.[6] "למה אתה עושה את זה?", שאלתי אותו. והוא השיב, "השבת היא אחת המתנות הגדולות ביותר שאתם היהודים נתתם לנו הנוצרים. אנחנו מאבדים אותה. אתם שומרים אותה. אני רוצה ללמוד מכם איך אתם עושים זאת".

התשובה פשוטה. אומנם, אלוהים הוא אשר קידש את יום השבת, עוד בשחר הזמנים.[7] אבל חכמי ישראל הם אשר "עשו סייג לתורה" והוסיפו דינים, תקנות ומנהגים להגן על השבת ולשמר את רוחה.[8] כמעט כל דור תרם משהו למורשת השבת – ולו גם זמירה אחת, או אפילו מנגינה אחת חדשה למילות זמירה ישנה. הביטוי "לעשות שבת" אינו סלנגי כפי שהוא נשמע, ואינו מקרי; התורה אומרת "וְשָׁמְרוּ בְנֵי יִשְׂרָאֵל אֶת הַשַּׁבָּת **לַעֲשׂוֹת אֶת הַשַּׁבָּת לְדֹרֹתָם** בְּרִית עוֹלָם" (שמות לא,

3. מגילה לא ע"א.
4. שבת י ע"א; קיט ע"ב.
5. ראו אברהם יהושע השל, **השבת**, מאנגלית: אלכסנדר אבן־חן, תל אביב: ידיעות אחרונות, 2003.
6. כמובן, הוא לא שמר את כל דיני השבת. היהודים והנוצרים כאחד מסכימים שהם נועדו ליהודים בלבד.
7. זאת בניגוד למועדים, שתאריכם תלוי בלוח השנה הנקבע בידי הסנהדרין. הבדל זה בין השבת למועדים משתקף בתפילות.
8. זוהי ה"שבות" ההלכתית – שלדעת הרמב"ן יסודה בתורה.

טז). אנו ממשיכים ויוצרים את השבת, דור אחר דור. עם ישראל לא ברא את קדושת השבת, אבל הוא שותף בבריאת יופייה של השבת, בעיצוב הַדְרַת הקודש שלה.

דבריו של אריאלי נכונים אפוא לגבי השבת כפי שהם נכונים לגבי המשכן: כגודל המאמץ שאנו משקיעים בדבר שאנו עושים כן גודל אהבתנו לו. זה כלל גדול בחיים: אם רצונכם שאנשים יעריכו משהו, תנו להם להשתתף ביצירתו. תנו להם אתגר, ותנו להם אחריות. הם ישנו אותו – וישתנו בעצמם; הם יתאמצו – ועל כן יאהבו את פרי ידיהם.

רעיון משנה־חיים 19:

כגודל המאמץ שאנו משקיעים בדבר שאנו עושים כן גודל אהבתנו לו. אם רצונכם שאנשים יעריכו משהו, תנו להם להשתתף ביצירתו. הם ישנו אותו – וישתנו בעצמם; הם יתאמצו – ועל כן יאהבו את פרי ידיהם.

תצוה

להימחץ כדי להאיר

יש אנשים שחייהם הם שיעור לכולם. כאלה היו חייו של הנרי קנובל ז״ל. הוא נולד בווינה ב־1932. אביו הגיע לשם בשנות העשרים מפולין. הוא עזב את פולין בגלל האנטישמיות שגאתה שם בעשור ההוא, אך כמו יעקב שברח מעשו אל לבן גם הוא גילה כי ברח מהפח אל הפחת.

אחרי האנשלוס, סיפוח אוסטריה בידי גרמניה באביב 1938, ואחרי ליל הבדולח בסתיו של אותה שנה, הבינו הוריו של הנרי שאם חפצי חיים הם עליהם לעזוב גם את אוסטריה. הם הגיעו לבריטניה ב־1939, שבועות ספורים לפני ששערי ההגירה ושערי הגיהינום היו נסגרים עליהם לו חיכו. הנרי גדל בעיר נוטינגהם שבמרכז אנגליה. שם למד את מקצועות הטקסטיל, ולאחר שירותו הצבאי הלך לעבוד באחת החברות הבריטיות הגדולות. לבסוף הקים עסק טקסטיל מצליח משלו.

הוא היה יהודי מאמין נלהב, ואהב את היהדות על כל היבטיה. הוא ואשתו רֶנָדָה היו זוג למופת: פעילים בחיי בית הכנסת ומכניסי אורחים בשבתות ובחגים. הכרתי את הנרי מפני שהוא האמין בנתינה לקהילה – לא רק כסף אלא גם זמן, מרץ והתנדבות לתפקידי מנהיגות. הוא כיהן כיושב ראש בארגונים יהודיים רבים, ובהם המגבית היהודית המאוחדת לישראל, ארגון ידידי אוניברסיטת בר־אילן בבריטניה, המועצה לנישואים יהודיים, לשכת המסחר בריטניה־ישראל ובית הכנסת ״וסטרן מרבל ארץ׳״ בלונדון.

הוא אהב ללמוד תורה וללמד תורה. הוא היה איש שיחה נעים, החזיק באמתחת בדיחות שאין לה תחתית, ואף השתמש בהומור שלו כדי לערוך, באופן סדיר, ״תֶרפיית צחוק״ לחולי סרטן, לניצולי השואה ולדיירים בבתי אבות ובתי מחסה יהודיים. כשפרש לגמלאות, ולו שלושה ילדים ונכדים רבים, ציפה לחיי שלווה ונחת עם רֶנָטה, פרק סיום נעים לחיים ארוכים וטובים.

לפני שבע שנים חזר בוקר אחד מתפילת שחרית, וגילה שרנטה עברה שבץ מוחי חמור. לזמן מה היו חייה תלויים לה מנגד. היא יצאה מכלל סכנה, אבל בני הזוג נדרשו לשנות את אורחות חייהם. הם ויתרו על דירתם המפוארת במרכז העיר, ועברו לדירה שהייתה לה גישה נוחה יותר לכיסא גלגלים. הנרי היה למטפלה הצמוד של רנטה ולתומך האישי שלה. הוא היה איתה יומם ולילה, קשוב לכל צורך.

השינוי היה מדהים. קודם לכן היה הנרי איש עסקים ומנהיג קהילתי נחוש־רצון. עתה נעשה אח־רחמן שופע עדינות ודאגה. אהבתם, שלו לרנטה ושלה כלפיו, שטפה את שניהם במין נוגַה נוגע ללב. אף שיכול היה, כאיוב, לטלטל את שערי השמיים בדרישה לדעת למה זה קרה דווקא להם, הוא עשה את ההפך. הוא הודה לה׳ מדי יום על כל הברכות שהוא והיא נתברכו בהן. הוא לא התלונן, לא נקלע לספקות, לא התערער באמונתו.

ואז, לפני שנה, אובחנה אצלו מחלה חשוכת מרפא. נותר לו רק זמן קצר לחיות, והוא ידע זאת. מה שעשה היה גילוי עילאי של כוח רצון. הוא ביקש רק דבר אחד: שיזכה לחיות כל עוד רנטה חיה, כדי שהיא לא תישאר ערירית. לפני כשלושה חודשים רנטה נפטרה. כעבור זמן קצר הצטרף אליה הנרי. ״הַנֶּאֱהָבִים וְהַנְּעִימִם, בְּחַיֵּיהֶם וּבְמוֹתָם לֹא נִפְרָדוּ״ (שמואל ב׳ א, כג). נדיר לראות אהבה שכזו בעת צרה.

באחת השיחות בסדרה זו כתבתי על כוחה של האומנות להפוך כאב ליופי. הנרי לימד אותנו את כוחה של האמונה להפוך כאב לחסד. האמונה הייתה לב מהותו. הוא האמין שה׳ הציל אותו מהיטלר לשם ייעוד מסוים. לשם ייעוד זה גם חנן אותו בהצלחה עסקית. אף פעם לא שמעתי אותו מייחס לעצמו איזה מהישגיו. על כל דבר שעלה יפה הוא הודה לה׳. ובכל פעם שדבר־מה לא עלה יפה, הוא שאל שאלה פשוטה: מה ה׳ רוצה שאלמד מכך? מה הוא רוצה שאעשה עכשיו, משקרה מה שקרה? על כנפי הלך רוח זה הוא נישא בענווה על פני השנים הטובות. עתה, על פני השנים הקשות, שוב נישא על כנפי אותה רוח – באומץ.

פרשתנו פותחת במילים ״וְאַתָּה תְּצַוֶּה אֶת בְּנֵי יִשְׂרָאֵל וְיִקְחוּ אֵלֶיךָ שֶׁמֶן זַיִת זָךְ כָּתִית לַמָּאוֹר לְהַעֲלֹת נֵר תָּמִיד״ (שמות כז, כ). חז״ל מצאו דמיון בין הזית לעם ישראל:

אמר רבי יהושע בן לוי: למה נמשלו ישראל לזית? לומר לך: מה זית אין עליו נושרין לא בימות החמה ולא בימות הגשמים, אף ישראל אין להם בטילה עולמית לא בעולם הזה ולא בעולם הבא. ואמר רבי יוחנן: למה נמשלו ישראל לזית?

לומר לך: מה זית אינו מוציא שמנו אלא על ידי כתיתה, אף ישראל אין חוזרין למוטב אלא על ידי יסורין.[1]

השמן נועד כאמור למנורה, שאור התמיד שלה מסמל את האור האלוהי המציף את העולם לעיניהם של המאמינים: המנורה במשכן ואחר כך במקדש, ובימינו, באורח מיסטי יותר, האור הרוחני הבוהק מכל מקום קדוש, חיי קדושה ומעשים של קדושה. כדי להפיק את האור הזה, משהו צריך להיכתת, להימעך, להימחץ: הזית. וכאן טמון הלקח הגדול לחיים.

הייסורים רעים. היהדות איננה מנסה להסתיר זאת. הגמרא מספרת על כמה חכמים שנפלו למשכב וכאשר נשאלו "חביבין עליך יסורין?" ענו "לא הן ולא שכרן".[2] כאשר הייסורים נופלים עלינו או על יקירינו, הם עלולים להביאנו לייאוש. לחלופין, אנו עשויים להגיב באורח סטואי; לנהוג במידת הגבורה ולגלות חוסן בעת צרה. אבל יש גם אפשרות שלישית. אנו יכולים להגיב כפי שהגיב הנרי: בחמלה, בחסד ובאהבה. אנחנו יכולים להיות כאותו זית שכאשר הוא מכותָּת הוא מפיק את השמן הטהור המזין את אור הקודש.

כאשר דברים רעים קורים לאנשים טובים, עולות שאלות אמוניות. זוהי תגובה טבעית, לא כופרנית. אברהם שאל, "הֲשֹׁפֵט כָּל הָאָרֶץ לֹא יַעֲשֶׂה מִשְׁפָּט?" (בראשית יח, כה). משה שאל, "לָמָּה הֲרֵעֹתָה לָעָם הַזֶּה?" (שמות ה, כב). אך יש שאלה אחת שטעות היא לשאול: "למה זה קרה?" – כי לעולם לא נדע. אנחנו איננו אלוהים, ומוטב שגם לא נשאף להיות אלוהים. השאלה הנכונה היא "זה קרה; מה אפוא עליי לעשות?" והתשובה לשאלה זו איננה מחשבה אלא מעשה. התשובה היא לרפא את הניתן לריפוי – את הגוף, את הנפש, את הנשמה. משימתנו היא להביא אור למקומות האפלים בחיינו ובחיי אחרים.

את זאת עשה הנרי. רנטה סבלה, וגם הוא התייסר, אבל רוחם גברה על מדווי גופם. הם נמחצו – והפיקו אור. בל נחשוב שזה קל. נדרשים לשם כך כוחות עילאיים של אמונה ורצון. אבל כאן בדיוק טמון כוחה של האמונה לשנות את חיינו. כשם שאומנות גדולה יכולה להמיר כאב ביופי, כך אמונה גדולה יכולה להמיר כאב באהבה ובאור של קדושה.

1. מנחות נג ע"ב.
2. ברכות ה ע"ב.

רעיון משנה־חיים 20:
כאשר אתם חווים סבל, השאלה הנכונה שיש לשאול היא "זה קרה; מה אפוא עליי לעשות?" והתשובה לשאלה זו איננה מחשבה אלא מעשה.

כי תשא

כעס: הוראות שימוש

השוואה בין שני אירועים בתורה, שניהם מפורסמים מאוד, תעלה ניגוד מעורר תמיהה.

האחד הוא שבירת הלוחות, והוא מופיע בפרשת השבוע שלנו. כזכור, ה׳ אמר למשה בהיותו על ההר לרדת אל העם שעשה עגל זהב. משה ירד, ובידיו החפץ הקדוש ביותר בכל הזמנים, שני לוחות הברית החרותים ביד אלוהים. בהגיעו לרגלי ההר ראה את העם רוקד סביב העגל. בכעסו השליך את הלוחות וניתץ אותם לרסיסים (שמות לב, יט). זה היה מצג פומבי של כעס, ביוזמתו הבלעדית של משה, אך מעשה זה לא עורר ביקורת עליו. בתלמוד, ריש לקיש אף דורש את דברי ה׳ למשה ״עַל הַלֻּחֹת הָרִאשֹׁנִים אֲשֶׁר שִׁבַּרְתָּ״ (שמות לד, א) כמכוונים לומר ״יישר כוחך ששיברת״:[1] ה׳ סמך ידיו על מעשהו של משה. חז״ל הרחיקו לכת אפילו יותר. פסוקי הסיום של התורה מעלים את משה על נס, עם פטירתו: ״וְלֹא קָם נָבִיא עוֹד בְּיִשְׂרָאֵל כְּמֹשֶׁה אֲשֶׁר יְדָעוֹ ה׳ פָּנִים אֶל פָּנִים... לְכׇל הַיָּד הַחֲזָקָה וּלְכֹל הַמּוֹרָא הַגָּדוֹל אֲשֶׁר עָשָׂה מֹשֶׁה לְעֵינֵי כׇּל יִשְׂרָאֵל״ (דברים לד, י-יב). המילים ״לְכֹל הַיָּד הַחֲזָקָה״ מציינות לדבריהם את שבירת הלוחות.[2] מעשה זה נתפס אפוא כאחד מגילויי האומץ והמנהיגות הנעלים ביותר של משה.

שנים רבות לאחר חטא העגל התמודד משה עם משבר נוסף. זוהי פרשת מי מריבה. בני ישראל הגיעו לקָדש. לא היו שם מים. העם התלונן. ושוב הפגין משה את כעסו. כשה׳ אמר לו לדבר אל הסלע משה היכה אותו פעמיים, והמים בקעו ממנו. והנה הפעם, במקום לשבח את משה על מה שעשה, ה׳ אמר לו ולאהרן, ״יַעַן

1. שבת פז ע״א.
2. ירושלמי, תענית ד, ה.

לֹא הֶאֱמַנְתֶּם בִּי לְהַקְדִּישֵׁנִי לְעֵינֵי בְּנֵי יִשְׂרָאֵל, לָכֵן לֹא תָבִיאוּ אֶת הַקָּהָל הַזֶּה אֶל הָאָרֶץ אֲשֶׁר נָתַתִּי לָהֶם" (במדבר כ, יב).

הקשיים בפרשת מי מריבה ידועים. מה היה חטאו של משה? והאם העונש לא חרג מכל פרופורציה? אך הקושי שאני מבקש להעלות כאן הוא אחר: זה המתגלה בהשוואה בין שתי הפרשיות. בשני המקרים העם יצא משליטה. בשני המקרים משה ביצע מחווה פומבית של כעס. מדוע האחד התקבל בהבנה ואף בהסכמה והשני בנזיפה ובעונש? מדוע מופע של כעס הָלַם אירוע אחד אך לא את השני? האם כעס מופגן של מנהיג פסול תמיד, או שלפעמים הוא נחוץ?

את התשובה מספק הרמב"ם בספרו ההלכתי הגדול **משנה תורה**. שם, בהלכות דעות, הוא אומר שבדרך כלל צריכים חיינו הרגשיים להתנהל על שביל הזהב – במקום טוב באמצע בין כל צמד רגשות קוטביים. אולם ישנם שני רגשות, שתי "דעות" בלשון הרמב"ם, החורגים מכלל זה, ויש להתרחק מהם ולסלקם לחלוטין מחיינו: הגאווה והכעס. על הכעס אומר הרמב"ם כך:

> וכן הכעס, דעה רעה היא עד למאוד; וראוי לאדם שיתרחק ממנה עד הקצה האחר, ויְלַמֵּד עצמו שלא יכעוס, ואפילו על דבר שראוי לכעוס עליו... אמרו חכמים הראשונים: כל הכועס כאילו עובד עבודה זרה. ואמרו שכָּל הכועס אם חכם הוא חכמתו מסתלקת ממנו ואם נביא הוא נבואתו מסתלקת ממנו. בעלֵי כעס, אין חייהם חיים. לפיכך ציוו להתרחק מן הכעס, עד שינהיג עצמו שלא ירגיש אפילו לדברים המכעיסים. וזו היא הדרך הטובה ודרך הצדיקים.

לדעת הרמב"ם אפוא רגש הכעס הוא תגובה שגויה. לפעמים הוא מציף אותנו ואיננו יכולים לעמוד בפניו, אבל עלינו להיות מודעים לכך שבשעה שהוא שורר בנו אין לנו שליטה בו. לכן הוא מסוכן כל כך. במונחיו של הפסיכולוג דניאל כהנמן: הכעס הוא חשיבה מהירה בעת שנצרכת חשיבה איטית. אם כן, מה עלינו לעשות? הרמב"ם, כאן ולא רק כאן, מאמץ עמדה שבימינו זכתה לאישור מדעי מפליא, בדמות גילוי הפלסטיות של המוח. מתברר שתרגול רב במשך תקופה ארוכה משנה את מעגלי הנוירונים שלנו. אנחנו יכולים לפתח דפוסי תגובה חדשים; הם דורשים תחילה שליטה עצמית חזקה, אך עם הזמן הם נעשים הרגל. קניית ההרגל להתגבר על הכעס קשה במיוחד. עבודה רבה נדרשת להסרת הכעס מהרפרטואר הרגשי שלנו.

אך הרמב"ם מסייג את דבריו. יש, הוא אומר, הבדל יסודי בין **הרגשת** כעס לבין **הפגנתו**. הוא אומר זאת בתוך דבריו שבציטטה לעיל, בקטע שדילגנו עליו קודם:

ואם רצה להטיל אימה על בניו ובני ביתו, או על הציבור אם היה פרנס, ורצה לכעוס עליהם כדי שיחזרו למוטב – יַראה עצמו בפניהם שהוא כועס כדי לייסרם, ותהיה דעתו מיושבת בינו לבין עצמו, כאדם שהוא מידמה איש בשעת כעסו והוא אינו כועס.[3]

לפעמים צריך הורה, מורה או מנהיג להפגין כעס: להיראות כועס כלפי חוץ, גם אם אינו מרגיש כעס. יש לכך אפקט של הלם. כשבעל סמכות מבטא כעס, האדם או הקבוצה שהכעס מופנה אליהם נמצאים בסכנה, והם יודעים זאת. הכעס במקרה זה דומה כמעט להלם חשמלי, ופעמים רבות הוא מכשיר יעיל להחזרת הסדר הטוב, להעמדת מושא הכעס על מקומו. אבל זו גם אסטרטגיה מסוכנת. הכעס עלול לעורר תגובת כעס, וכך להחריף את המצב במקום להרגיעו.[4] זהו נשק שיש להשתמש בו רק במקרים נדירים; אבל לפעמים הוא הדרך היחידה.

שאלת המפתח צריכה אפוא להיות: האם אנו נמצאים במצב שהפגנת כעס תועיל בו? כדי לענות עליה נדרש שיקול דעת קפדני. כשהעם רוקד סביב אליל, הכעס הוא התגובה הנכונה. אבל כשאין מים והעם צועק בצימאונו, הכעס הוא תגובה שגויה.[5] הצורך של הצמאים במים הוא צורך ממשי, גם אם אין הם מביעים אותו באופן הראוי.

נסכם: אף פעם לא טוב להרגיש כעס, אך לפעמים צריך להיראות כועסים. פעמים אלו נדירות ומעטות, אך הן ישנן. אני אומר זאת בעקבות חוויה אישית שהיא מן החוויות ששינו את חיי.

היו זמנים שעישנתי מקטרת. רע לעשן, וידעתי זאת. אנו מצווים לשמור על בריאותנו, והעישון מזיק לה מאוד בכמה וכמה אופנים. אבל אדם מתמכר, ואז קשה לו מאוד להירפא מהרגלו הרע גם אם הוא יודע היטב כמה הוא מחבל בבריאותו ובבריאות הסובבים אותו. שנים על שנים ניסיתי להיגמל, אך שוב ושוב נכשלתי. אך אז התעורר עליי, על העישון שלי, כעסו של אדם שכיבדתי מאוד. זה היה כעס קר, אך חוויתי אותו כסטירת לחי. וזה ריפא אותי. ההלם היה כה גדול, שחדלתי לעשן מאז ועד עצם היום הזה. החוויה של היות מושא ישיר לכעסו של אדם שינתה את חיי – ואולי גם הצילה אותם.

3. **משנה תורה**, הלכות דעות ב, ג.
4. דוגמה לכך ראו ב**משנה תורה**, הלכות ממרים ו, ט.
5. ראו **שמונה פרקים** לרמב"ם, פרק ד.

אדם בעמדת מנהיגות נתון פעמים רבות לכעסם של אנשים. גם אני הסכנתי לאורך שנים עם כעסים כאלה. למדתי לחיות איתם ולא לתת להם לדכדך אותי או להטות את דרכי. אבל הפעם כעס עליי אדם שידעתי היטב כי אכפת לו ממני, ושהוא כועס עליי לא מפני שאינו מסכים איתי אלא פשוט מפני שהוא רואה שאני מזיק לעצמי. וכעס מסוג זה – מעטים הם הדברים היכולים כמוהו לשנות חייו של אדם.

התקרית גם האירה לי את ההיגיון שהדריך את הרמב"ם. כעס טיפולי – אם אפשר לקרוא לו כך – בא לעולם לא מתוך רגש אלא מתוך שיפוט שקול וזהיר של המצב. זהו טיפול בהלם; והאדם הגורם את ההלם בכעסו מפגין כעס שהוא לא בהכרח מרגיש באמת. הפגנה חיצונית זו מגבירה את הזעזוע.

יש משפחות, ותרבויות שלמות, המשתמשות בכעס לעיתים קרובות מדי. זהו שימוש לרעה. הכעס רע לאדם המרגיש אותו, ובמקרים רבים גם לאדם שכועסים עליו. אבל יש לפעמים מצבים המצריכים כעס: כאשר השלמה עם התנהגותו הרעה של אדם מזיקה, וכאשר מתן תירוצים לה עלול להידרדר למעין תלות הדדית בין אדם זה לבין הסובבים אותו החסים עליו. במצבים כאלה, חברים ובני משפחה המנסים להיות סובלניים ואדיבים מקילים למעשה על האדם להישאר מכור להרגלים רעים ולשלם על כך ביוקר.

דברי הרמב"ם, בעקבות פרשיות משה, מלמדים אותנו שעלינו לכבוש את רגשות הכעס שלנו – אך לפעמים, לנוכח התנהגות פסולה, להפגין כעס כלפי חוץ. לעיתים נחוץ לאנשים טיפול בהלם כדי לשנות את חייהם.

רעיון משנה־חיים 21:

עלינו לכבוש תמיד את רגשות הכעס שלנו – אך לפעמים אנו נדרשים להפגין כעס כלפי חוץ. לעיתים נחוץ לאנשים טיפול בהלם כדי לשנות את חייהם.

ויקהל
מֵעבר לָעצמי

בחנויות הספרים באזור מגוריי בלונדון, אגפים שלמים היו מוקדשים לספרים על דת. כיום אגפים אלה התכווצו – לעיתים עד כדי היעלמות. במקומם באו ספרי עזרה עצמית. יש בשינוי הזה משהו עמוק, אבל גם משהו מביך למדי.

החברות החילוניות במערב מצאו אל חדש. אין זה אחד מן האלים הרבים של העת העתיקה. גם אין זה האל האחד של המונותיאיזם. האל הזה אפילו איננו אחד משלוש חלופות הדת שחלמה עליהן המאה התשע־עשרה: הלאומיות, הגזענות והמרקסיזם. לא ולא ולא: אלוהי זמננו הוא העצמי.

בשנת 2017 קראתי על תסמונת רפואית חדשה שנקראת "סֶלְפִּיטִיס".[1] המונח נטבע ב־2014 כבדיחה, כדי לתאר אנשים המרגישים ממש אילוץ לצלם תמונות סלפי ולהעלותן לרשתות החברתיות. כעבור שלוש שנים, חוקרים בנוטינגהם ובהודו מצאו ראיות לכך שמדובר בהפרעה של ממש. בעלי התסמונת הטיפוסיים הם, לדברי החוקרים, "רודפי תשומת לב, תכופות חסרי ביטחון עצמי", המקווים "להעצים את מיצובם החברתי".

העצמי, הסֶלְף, כובש כיום תחום אחר תחום בחיינו. הפוליטיקה מתארגנת סביב סוגיית זכויות הפרט, ומעל כולן זכות הבחירה. המוסר הרוֹוח עניינוֹ הזכות לעשות כרצונך כל עוד אינך פוגע באחרים. פעם פנו הבריות לאנשי דת בחיפושן אחר הטוב, הקדוש והנשגב. כיום, עוד ועוד אנשים משלמים למאמנים אישיים כדי שיעזרו להם לממש את היעדים וההעדפות שלהם, ובפרט כדי להשיג את הגביע הקדוש: ההערכה העצמית.

1. *The Telegraph* (London), December 15, 2017.

בני דור ה־Y, ילידי שנות השמונים והתשעים, פונים פחות אל האמונה בדבר־מה שמעבר להם עצמם, ויותר אל ספרים, מאמנים וגורואים המלמדים אותנו איך לעזור לעצמנו. הדת החדשה אומרת לנו שבכוחנו להשיג כל מה שנרצה אם נדע את "הסוד". אנחנו יכולים "להעיר את הענק שבפנים", "לרכוש ידידים והשפעה", "לחשוב ולהתעשר", "להרגיש את הפחד ובכל זאת לעשות", ולשנות את חיינו בעזרת "סוד הקסם היפני" המלמדנו "איך להיפטר מהבלגן בבית לתמיד, ולהיות מאושרים יותר". אנחנו יכולים ללמוד "לאהוב את עצמנו כאילו חיינו תלויים בכך".[2]

מבחינה מסוימת, אין בכך כל בעיה וגם לא חידוש. אלו הן המקבילות בנות המאות העשרים והעשרים ואחת למה שנקרא "ספרות החוכמה": מדריכים לחיים שכתבו אנשים בעלי ניסיון, הארה והיגיון פשוט. האמת היא שהטרנד העכשווי בספרי העזרה העצמית הוא לשוב אל כותבי החוכמה מיוון ורומא העתיקות, ובייחוד אל הסטואיקנים: סנקה, אפיקטטוס ומרקוס אאורליוס. אלא שאנשים נוטים לשכוח שהסטואיות הופיעה ביוון וברומא כאשר שתי התרבויות הגדולות הללו עברו את שיאן. אנשים איבדו אמונה באלים הישנים, וטרם מצאו חדשים. הסטואיות היא מתכון עילאי למציאת שלווה כשהעולם מתמוטט. והיא ממוקדת־עצמי מאין כמוה.[3]

וכאן מונחת הבעיה, בעייתו של עולם העזרה העצמית. כי במציאות, הדברים המשנים באמת את חייו של אדם באים כמעט תמיד מבחוץ. הגמרא מספרת על רבי יוחנן, מן האמוראים המוקדמים, שהיו לו כוחות ריפוי. הוא היה מבקר חולים, ומרפא אותם על ידי סמיכת ידיו על ראש החולה. כאשר הוא עצמו חלה פעם, ביקש שיבוא רב אחר, רבי חנינא, וירפא אותו באותו אופן. מדוע, שואלת הגמרא, לא ריפא רבי יוחנן את עצמו? והיא עונה: "אין חבוש מתיר עצמו מבית האסורים". כדי לסובב את המפתח הנועל אותנו, אנו זקוקים לאדם אחר.[4]

זהו הדבר החסר בדת העצמי החדשה. מוזר הדבר: דווקא בעידן המהלל את דרווין היא מתעלמת מהאמיתה הבולטת ביותר של הדרוויניזם – שהמייחד את בני האדם הוא היותם בעל חיים חברתי מאוד. אריסטו ידע זאת. ידע זאת גם הרמב"ם. התורה אומרת זאת בבירור, ממש בתחילתו של סיפור האנושות: "לֹא טוֹב הֱיוֹת הָאָדָם

2. כל אלה שמות ספרי עזרה עצמית, שרובם הופיעו בשנים האחרונות. למעט האחרון, ספרו של Kamal Ravikant, *Love Yourself Like Your Life Depends on It* (CreateSpace, 2012), כולם הופיעו גם בעברית.

3. ראו Thomas Joiner, "Mindfulness would be good for you. If it weren't so selfish", *Washington Post*, August 25, 2017.

4. ברכות ה ע"ב.

לְבַדּוֹ" (בראשית ב, יח). אושר, פשר, מימוש, ברכה, כל אותן מתנות של חיים הנחיים היטב, אינם מזומנים לנו בעצמי שלנו – לפחות לא אצל רובנו המכריע – אלא מעבר לעצמי: במערכות יחסים, במשפחות ובקהילות.

משום כך, הדבר הראשון שמשה עשה אחרי שהותו הממושכת במרומי הר סיני, והצלחתו להמציא מאת ה' מחילה לעם אחרי חטא העגל, היה להקהיל אותם: לשוב ולעשותם לקהילה. "ויקהל".

הוא עשה זאת, כפי שפרשתנו מספרת בהרחבה, בשתי דרכים. האחת הייתה תחילת בנייתו של המשכן. הדרך הטובה ביותר ליצור קהילה היא לגרום לקבוצת אנשים לבנות דבר־מה ביחד. אם אי פעם השתתפתם עם אחרים בהבאת מיזם חדשני לידי בשלות, אתם ודאי מכירים את החדווה הבאה עם ההתקשרות שבעבודה בצוותא. את זאת חוו בני ישראל כאשר תרמו כולם לבניית המשכן. בכל סיפורי התורה המתרחשים בשנות הנדודים במדבר, זהו הרצף הארוך ביותר שאין בו תלונות ומרי.

הדרך האחרת, המופיעה בפרשתנו עוד לפני בניית המשכן, היא השבת. שבת היא נוגדן לסלפיטיס. ביום הזה אנחנו מניחים בצד את כל מפעלותינו האישיים, את העבודה ואת הפרנסה, את ההוצאות ואת מרוץ החיים, ומתענגים יחדיו על הדברים שעניינם אינו "אני" אלא "אנחנו": משפחה, קהילה, בית כנסת, תפילה ולימוד משותפים, וסעודות וזמירות בצוותא.

היהדות היא דת חברתית מאוד. ההיקהלות, היות־קהילה, נמצאת בליבה. את התפילות הקדושות ביותר אי אפשר לומר בלי קהילה. בימים הנוראים אנו מתוודים יחד, בפומבי, "על חטא שחטאנו", לא "שחטאתי". כשאנו מתפללים על החולים אנו מונים אותם "בתוך שאר חולי ישראל", וכשאנו מנחמים אבלים אנו מוסיפים עליהם את "כל שאר אבלי ציון וירושלים". הרמב"ם כתב על "הפורש מדרכי ציבור" כי

> אף על פי שלא עבר עבירות, אלא נבדל מעדת ישראל ואינו עושה מצוות בכללן ולא נכנס בצרתן ולא מתענה בתעניתן, אלא הולך בדרכו כאחד מגויי הארץ, וכאילו אינו מהן [מעם ישראל] – אין לו חלק לעולם הבא.[5]

אם כן, היות יהודי איננו רק עניין של אמונה או של התנהגות, אלא גם עניין של השתייכות. מרטין בובר כתב ספר מפורסם על רוחניות ושמו **אני ואתה**. הייתה לו השפעה עצומה על תיאולוגים נוצרים – והשפעה פחותה מאוד על הוגים דתיים

5. **משנה תורה**, הלכות תשובה ג, יא.

יהודים. הסיבה לכך ברורה. הציר העיקרי ביהדות איננו אני־ואתה אלא אנחנו־ואתה. היא בנויה על גוף ראשון רבים, על היחד. אנחנו יודעים ידיעה מושלמת שאיננו מושלמים; שלכולנו חסר משהו. אפילו משה רבנו נזקק לאהרן ולמרים שישלימו אותו. לכן כל "דבר שבקדושה" טעון מניין אנשים:[6] את החוסרים של כל אחד ואחד אנו מקווים להשלים כציבור. "כולנו" מכיל יותר מ"כל אחד מאיתנו".

סכנה חמורה של שכחה רובצת כיום לפתחו של עניין זה, בייחוד לנוכח תפוצת הסמארטפונים והרשתות החברתיות. מצטברות במהירות ראיות לכך שמערכות יחסים וירטואליות אינן דומות ליחסי פנים אל פנים, ושקהלים יצירי־מדיה שונים לחלוטין מקהילות. כפי שכתבה סוזן פינקר בספרה **אפקט הכפר**, "בכוחן של הרשתות הדיגיטליות ותקשורת המסכים לגרום לעולם להיראות קטן יותר; אך בכל הנוגע לתמורות משנות־חיים, אין מתחרה לקשר פנים אל פנים".[7] היא, וכותבים אחרים כמותה,[8] מצביעים על מצבור נתונים המלמדים כי השתייכות לקהילה תורמת לבריאות, לאושר, ולהתמודדות מוצלחת עם אתגרי החיים.

לעזרה העצמית יש גבולות צרים. אין חבוש מתיר עצמו מבית האסורים. העצמי אינו יכול לרפא את תחלואיו. אנו זקוקים לנוכחותם של אחרים כדי להירפא, לצמוח, לצלוח זמנים קשים, ולהזכיר לנו מהי האחריות שלנו כאשר הזולת נמצא במצוקה. זהו אפוא הרעיון משנה־החיים שלנו: האושר טמון מעבר לעצמי – בחוזק מערכות היחסים שלנו, בהתחברותנו לקהילה, ובמה שאנו נותנים לאחרים ואחרים נותנים לנו.

רעיון משנה־חיים 22:

האושר טמון מעבר לעצמי – בחוזק מערכות היחסים שלנו, בהתחברותנו לקהילה, ובמה שאנו נותנים לאחרים ואחרים נותנים לנו.

---

6. ברכות כא ע"א.
7. Susan Pinker, *The Village Effect: Why Face-to-Face Contact Matters*, London: Atlantic Books, 2015, p. 8.
8. ראו גם Matthew Lieberman, *Social: Why Our Brains Are Wired to Connect*, Portland: Broadway Books, 2014; John Cacioppo and William Patrick, *Loneliness: Human Nature and the Need for Social Connection*, New York: Norton, 2009.

פקודי

חלל לחול, חלל לקודש

פרשיות המשכן הארוכות, ואיתן ספר שמות כולו, מגיעים לסיומם בשיא מרהיב: "וַיְכַס הֶעָנָן אֶת אֹהֶל מוֹעֵד וּכְבוֹד ה' מָלֵא אֶת הַמִּשְׁכָּן. וְלֹא יָכֹל מֹשֶׁה לָבוֹא אֶל אֹהֶל מוֹעֵד כִּי שָׁכַן עָלָיו הֶעָנָן וּכְבוֹד ה' מָלֵא אֶת הַמִּשְׁכָּן" (שמות מ, לד-לה). זה היה ייעודו של המפעל הגדול הזה: להוריד את ה', כביכול, מהשמיים לארץ, או לפחות מראש ההר אל רגליו; ממעמד של אל רחוק בעל עוצמה מעוררת יראה – לכדי שכינה השורה בתוכנו. ה' הוא לנו מעתה גם מעין שכן קרוב, כביכול: בתוך המחנה, בקרב העם.

זהו מהלך רב־חשיבות, ועדיין אפשר לתהות מדוע נדרשה התורה לאריכות פרטנית כזו. שלושה־עשר פרקים, ארבע פרשות וחצי, סיפור שהוא מן הארוכים בתורה כולה, מוקדשים לציווי על בניית המשכן וכליו ולביצוע של הציוויים האלה. הרי המשכן היה לכל היותר בית עראי לשכינה, המתאים לשנות הנדודים במדבר. בארץ ישראל החליף אותו המקדש – אם כי לאחר עיכובים רבים. וזה כאלפיים שנה, מאז חרב בית המקדש השני, שאין משכן ואין מקדש ובית הכנסת מתפקד כמקדש מעט. אם התורה נצחית, מדוע היא מקדישה מקום רב כל כך למבנה שמעצם מהותו נועד לפרק זמן מסוים?

התשובה עמוקה ומשַנת־חיים, אך כדי להגיע אליה עלינו להתבונן תחילה בכמה עובדות בולטות לעין. ראשית, הלשון המשמשת את התורה בפרשת פקודי מזכירה עד מאוד את זו שבסיפור הבריאה:

בראשית א-ב	שמות לט-מ
וַיַּרְא אֱ־לֹהִים אֶת כָּל אֲשֶׁר עָשָׂה **וְהִנֵּה** טוֹב מְאֹד (א, לא)	**וַיַּרְא** מֹשֶׁה אֶת כָּל הַמְּלָאכָה, **וְהִנֵּה** עָשׂוּ אֹתָהּ; כַּאֲשֶׁר צִוָּה ה' כֵּן עָשׂוּ (לט, מג)

וַיְכֻלּוּ הַשָּׁמַיִם וְהָאָרֶץ וְכָל צְבָאָם (ב, א)	**וַתֵּכֶל** כָּל עֲבֹדַת מִשְׁכַּן אֹהֶל מוֹעֵד (לט, לב)
וַיְכַל אֱ־לֹהִים בַּיּוֹם הַשְּׁבִיעִי **מְלַאכְתּוֹ** אֲשֶׁר עָשָׂה (ב, ב)	**וַיְכַל** מֹשֶׁה אֶת **הַמְּלָאכָה** (מ, לג)
וַיְבָרֶךְ אֱ־לֹהִים... (ב, ג)	**וַיְבָרֶךְ** אֹתָם מֹשֶׁה... (לט, מג)
...**וַיְקַדֵּשׁ** אֹתוֹ (ב, ג)	**וְקִדַּשְׁתָּ** אֹתוֹ וְאֶת כָּל כֵּלָיו (מ, ט)

ניכר שהתורה רוצה לחבר את בניין המשכן אל בריאת העולם. אבל איך ולמה?

המבנה המספרי של שני הקטעים מחזק את הקשר. כידוע, מספר המַפתח בסיפור הבריאה הוא 7. מתוארים בו 7 ימים, והמילה "טוב" מופיעה לאורכו 7 פעמים. בפסוק הראשון בתורה יש 7 מילים, ובפסוק הבא אחריו – 14. המילה "ארץ" מופיעה בפרשיית הבריאה 21 פעמים, המילה "א־לוהים" 35, וכן הלאה.

כך גם בפרשת פקודי. הביטוי "כַּאֲשֶׁר צִוָּה ה' אֶת מֹשֶׁה" מופיע 7 פעמים בתיאור הכנתם של בגדי הכהונה (שמות לט, א-לא), ו־7 פעמים נוספות בתיאור הקמת המשכן והצבת כליו בידי משה (מ, יז-לג).

שימו לב גם לפרט זעיר אחד, בתחילתו של ספר שמות ממש – המילית בת האות היחידה, ו' החיבור, הפותחת את הספר ולכאורה אין בה צורך: "וְאֵלֶּה שְׁמוֹת". הימצאותה של ו' החיבור רומזת כי התורה רוצה שנראה את החומשים בראשית ושמות כרצף מחובר. הם חלקים מסיפור גדול אחד.

עובדה מעניינת אחרונה: אחד הכלים הסגנוניים האופייניים לתורה הוא תבנית הכיאזמוס, סימטריית הראי. היא יכולה להופיע ברמת המילים הבודדות, כגון "שֹׁפֵךְ דַּם הָאָדָם בָּאָדָם דָּמוֹ יִשָּׁפֵךְ" (בראשית ט, ו): "שֹׁפֵךְ" ו"יִשָּׁפֵךְ" בהתחלה ובסוף, "דַּם" ו"דָּמוֹ" שנייה ושנייה־מהסוף, ו"הָאָדָם" ו"בָּאָדָם" במרכז. התבנית פה היא אבגגבא. תבנית זו מאפיינת במקרים רבים פסקאות, פרשיות, ואף יחידות בהיקף גדול יותר.

חזרה אל נקודת ההתחלה עשויה אפוא לסמל בתורה סוג של חתימה. כך קורה בסוף ספר שמות. באחת משיחותיי הקודמות לפרשת פקודי חילקתי את ספרי בראשית־שמות לעשר חוליות עלילתיות הבנויות בסימטריית ראי; השתיים שבקצוות הן סיפור הבריאה וסיפור בניית המשכן.[1] השקה זו של סיפור המשכן עם בריאת

1. "מהו הסיפור של ספר שמות", בתוך ספרי **שיג ושיח: קריאות חדשות בפרשת השבוע**, מאנגלית: צור ארליך, ירושלים: מגיד, 2017, עמ' 282-289, ובפרט בעמ' 287-288.

העולם מזכירה לנו את תחילתן של כל ההתחלות, עת ברא אלוהים את השמיים ואת הארץ. ההבדל הוא שהפעם בני אדם היו הבוראים; בני ישראל, בתרומותיהם, בכישרונותיהם ובעמלם.

במילים פשוטות: ספר בראשית מתחיל באלוהים היוצר את העולם כבית לבני האדם. ספר שמות מסתיים בבני אדם, בני ישראל, היוצרים את המשכן כבית לאלוהים. אבל ההקבלה עמוקה הרבה יותר מכך. והיא נוגעת לעצם מהותו של ההבדל בין קודש לחול.

האר"י, המקובל הגדול רבי יצחק לוריא, טבע את מושג ה"צמצום". הציקה לו שאלה: אם אלוהים קיים, איך יכול העולם להתקיים? הרי אלוהים אינסופי, ואין שום נקודה בחלל ובזמן הפנויה ממנו – וכיצד ידחק הסופי את האינסופי? עצם קיומו של אלוהים אמור לפעול כחור שחור המאיין את כל מה שבסביבתו. דבר אינו יכול לברוח מחור שחור, אפילו גלי אור: עד כדי כך אדיר כוח הכבידה שלו. באותו אופן, שום ישות פיזית או חומרית אינה אמורה לשרוד ולו לרגע בנוכחות הישות האלוהית המוחלטת והטהורה. תשובתו של האר"י הייתה שכדי לאפשר לעולם להתקיים צריך היה אלוהים להסתתר, לסנן את נוכחותו, להגביל את הווייתו. להצטמצם.

וכאן נכנסים לתמונה הקודש והחול. המילה "חול", במובנה זה, באה מן השורש חל"ל. כי אכן, החול הוא החלל הפנוי: המרחב שהתפנה בעת שהקב"ה הצטמצם כדי לאפשר את קיומו של עולם פיזי. החלל מרוקן, כביכול, מן האור האלוהי הטהור.

ואילו הקודש הוא תוצאתו של תהליך מקביל בכיוון ההפוך. אנחנו, בני האדם, מפנים חלל מסוים כדי שנוכל להרגיש את שכינת ה' בקִרבֵּנו. אנחנו מצטמצמים. אנחנו עושים זאת בכל פעם שאנו מסיטים הצידה את יצרינו ואת רצוננו כדי לפעול לפי רצון ה'.

מכאן אריכותן של פרשיות המשכן: ריבוי הפרטים נועד להראות כי המשכן על כל תגיו ודקדוקיו לא היה המצאה אנושית אלא תכתיב אלוהי. משום כך, המקבילה בפרשה זו למילה "טוֹב" שבסיפור הבריאה היא הביטוי "כַּאֲשֶׁר צִוָּה ה' אֶת מֹשֶׁה". כאשר אנחנו מבטלים את רצוננו מפני רצון ה', אנו יוצרים קודש. בתמצית: **החול הוא החלל שאלוהים יצר למען האדם. הקודש הוא המקום שהאדם יוצר למען האלוהים**. ושני החללים הללו נוצרים באותה דרך: במעשה של צמצום עצמי.

פרשיית המשכן הארוכה, התופסת את השליש האחרון בספר שמות, איננה אפוא רק סיפור על בנייה של מבנה מסוים, מקדש נייד שבני ישראל נשאו איתם בנדודיהם. זהו סיפורו של היבט יסודי עד מאוד בחיים הדתיים, הלוא הוא היחס בין קודש לחול – בין החלל שאלוהים מפנה לנו לבין החלל שאנו מפנים לו.

וכך, לאורך שישה ימים בשבוע, ימי החול, ה׳ מפנה לנו חלל כדי שניצור. ביום השביעי, בשבת קודש, אנחנו מפנים חלל לה׳, בהכריזנו שאנחנו יצוריו. ומה שנכון באשר לזמן, נכון גם במרחב. ישנם מרחבים של חול, שבהם אנחנו מקדמים את מטרותינו שלנו. וישנם מקומות קדושים שבהם אנחנו פותחים את עצמנו, את כולנו, ללא סייג, למטרותיו של אלוהים.

ואם כך הוא, לפנינו רעיון שהשלכותיו משנות־חיים. ההישג הנעלה ביותר איננו ביטוי־עצמי אלא הגבלה־עצמית: פינוי חלל לדבר־מה אחר ושונה מאיתנו. הנישואים המאושרים ביותר הם אלה שבהם כל אחד מבני הזוג מצטמצם ומותיר לרעהו את המרחב שיאפשר לו להיות הוא־עצמו והיא־עצמה. הורים טובים משאירים מרחב לילדיהם. מנהיגים דגולים משאירים מרחב למונהגיהם. מורים מוצלחים משאירים מרחב לתלמידיהם. הם נמצאים בכל עת שצריכים אותם, אבל הם אינם דוחקים את זולתם, אינם מעכבים אותם ואינם מנסים לשלוט בהם. הם מצטמצמים כך שלאחרים יהיה מרחב לצמוח בו. בדרך זו ברא ה׳ את העולם; ובדרך זו גם אנחנו מאפשרים לזולת למלא את חיינו באור הדרו.

רעיון משנה־חיים 23:

ההישג הנעלה ביותר איננו ביטוי־עצמי אלא הגבלה־עצמית: פינוי חלל לדבר־מה אחר ושונה מאיתנו.

ויקרא

ויקרא

הקריאה

בצעירותי לא שאפתי להיות רב. הלכתי לאוניברסיטה ללמוד כלכלה. עברתי לפילוסופיה. במקביל ריתקו אותי דמויותיהם של פרקליטים בריטים אגדיים כגון מרשל הול, רופוס אייזק ופ"א סמית. בשלב מאוחר למדי למדתי לימודי רבנות, אך עשיתי זאת כדי ללמוד תורה, לא מתוך מחשבה שאעבוד כרב.

מאורע אחד שינה את המסלול המקצועי שלי – ואת דרכי בחיים. מאורע זה היה פגישתי הארוכה השנייה ביחידות עם הרבי מלובביץ' בחורף תשל"ח (1978). התייעצתי איתו על בחירת מקצוע. להפתעתי הוא שלל את כל האפשרויות שהעליתי: כלכלן, עורך דין, איש אקדמיה, ואפילו עבודה כרב בארצות הברית. המשימה שלי, הוא אמר, היא להכשיר רבנים. בבריטניה מעטים מדי הלומדים לרבנות, ושליחותי היא לשנות מצב זה.

הוא הוסיף ואמר שעליי להיעשות רב קהילה. לא כמטרה לעצמה, אלא כדי שתלמידיי יוכלו לבוא ולראות איך אני נושא דרשות (עדיין מהדהדת בזיכרוני מילה אנגלית זו, sermons, בקולו, במבטא רוסי: sirmons). הוא אף נקב במקום המדויק שעליי לעבוד בו: ג'וז קולג' (כיום "בית הספר ללימודים יהודיים בלונדון"), המוסד להכשרת רבנים הוותיק ביותר הפועל היום בעולם דובר האנגלית.

שמעתי בקולו. נעשיתי מורה בקולג' הזה, ולימים מנהלו. לבסוף נעשיתי – שוב לאחר התייעצות עם הרבי – רב ראשי לקהילות בריטניה. על כל זאת עליי להודות לא רק לרבי אלא גם לאשתי אילֵיין. כשהתחתנו, היא לא חשבה שאל חיים כאלה מועדות פניה. הכיוון הרבני אפילו לא נראה באופק. אבל היא הלכה באשר הלכתי, ובלי תמיכתה המתמדת לא הייתי יכול לעשות דבר מכל זאת.

אני מספר זאת מסיבה מסוימת: כדי להמחיש את ההבדל בין **כישרון** לבין **שליחות**, בין מה שאנחנו טובים בו לבין מה שאנו נקראים לעשות. אלה הם שני

דברים שונים מאוד. הכרתי שופטים דגולים שהיו גם פסנתרנים מעולים. ויטגנשטיין הוכשר כמהנדס אווירונאוטיקה אך לבסוף הקדיש את חייו לפילוסופיה. רונלד חפץ התמחה ברפואה ובמוזיקה אך סופו שייסד את בית הספר למנהיגות ציבורית בבית הספר לממשל על שם קנדי בהרווארד. אנחנו יכולים להיות מוכשרים בתחומים רבים, אך את הכיוון בחיים ואת המשמעות בחיים נותנת לנו תחושה של שליחות, של דבר־מה **שאנחנו נקראים לעשות**.

כאן חשיבותה של המילה הראשונה בפרשה ובחומש, הנותנת להם את שמם: ויקרא. המעיין בפסוק יתפלא על מבנהו. "וַיִּקְרָא אֶל מֹשֶׁה וַיְדַבֵּר ה׳ אֵלָיו מֵאֹהֶל מוֹעֵד לֵאמֹר". הנושא, ה׳, מוסב על הפועל "וידבר", ואילו הפועל "ויקרא" נטול נושא ולכאורה גם מיותר. אם מספר לנו הכתוב כי ה׳ דיבר אל משה, מדוע יש צורך להוסיף "ויקרא"?

התשובה היא שקריאת ה׳ אל משה הייתה שונה מדיבורו אליו. הדיבור היה על הפרטים, על הדינים המפורטים בפסוקים הבאים. אך קדמה להם עצם הקריאה, שעניינה הוא הזימון, השליחות; קריאה נוספת על זו שקרא ה׳ אל משה בסנה, כאשר הטיל עליו את המשימה המכוננת של חייו, להוציא את העם מעבדות לחירות ולהובילו אל ארצו.

מדוע נדרשת קריאה שנייה זו? כנראה, מפני שספר ויקרא נראה בעיקרו כספר שאינו נוגע למשה. שמו של חומש זה בפי חז"ל היה תורת כוהנים, שכן רובו מפרט דינים שהכוהנים אמונים עליהם. משה לא היה כוהן. תפקיד זה ניתן לאחיו אהרן. על כן אומר ה׳ למשה: גם זה חלק מהשליחות שלך. אינך כוהן, אבל אתה הצינור שדרכו אני מוריד לעם ישראל את כל מצוותיי, ובתוכן אלו המיועדות לכוהנים.

אנחנו נוטים לראות את רעיון השליחות כמובן מאליו. אך אין הוא כזה. לא בכל תרבות הוא קיים. הסוציולוג הדגול מקס ובר הראה שרעיון השליחות, המרכזי כל כך באתיקה החברתית של תרבות המערב, הוא ביסודו "רעיון דתי בדבר משימה שאלוהים מטיל".[1] רעיון זה נולד בתורת ישראל. בשאר תרבויות הימים ההם לא הייתה תקשורת מרובה בין האלים לבין בני האדם. הרעיון שאלוהים עשוי להזמין בני אדם להיות שותפיו ושליחיו היה מהפכני. אבל הוא־הוא הרעיון היהודי.

תולדות ישראל החלו בקריאת ה׳ לאברהם ללכת מארצו וממולדתו ומבית אביו. ה׳ קרא אל משה ואל הנביאים. תיאור חי במיוחד של קריאה כזו יש בחזון המיסטי

1. מצוטט אצל Michael Novak, *Business as a Calling: Work and the Examined Life*, New York: The Free Press, 1996, p. 17.

של ישעיהו, שראה את ה׳ "יֹשֵׁב עַל כִּסֵּא רָם וְנִשָּׂא וְשׁוּלָיו מְלֵאִים אֶת הַהֵיכָל, שְׂרָפִים עֹמְדִים מִמַּעַל לוֹ", והגיב בבהלה על כי אדם טְמֵא שְׂפָתַיִם כמוהו ראה את הַמֶּלֶךְ ה׳ צְבָאוֹת; ואז –

> וָאֶשְׁמַע אֶת קוֹל אֲ־דֹנָי אֹמֵר, "אֶת מִי אֶשְׁלַח וּמִי יֵלֶךְ לָנוּ?" וָאֹמַר, "הִנְנִי. שְׁלָחֵנִי!"
> (ו, א–ח)

המרגש מכולם הוא סיפורו של שמואל הנביא. אימו חנה הקדישה אותו בילדותו לשרת במקדש ה׳ בשילה, והוא שימש עוזרו של עלי הכוהן. על משכבו בלילה שמע קול קורא בשמו. הוא חשב שעלי קורא לו ורץ אליו, ועלי אמר לו שלא קרא לו. כך קרה שוב – ושוב שלח אותו עלי לחזור למיטתו. כשזה קרה בשלישית הבין עלי כי ה׳ קורא לנער. הוא הורה לו כי בפעם הבאה שישמע את שמו יענה כך: "דַּבֵּר, ה׳, כִּי שֹׁמֵעַ עַבְדֶּךָ" (שמואל א׳, פרק ג). הנער לא העלה על דעתו שה׳ יקרא אותו לשליחות, אבל כך היה. בזאת החלו חייו כנביא, כשופט וכמושחם של שני מלכי ישראל הראשונים, שאול ודוד.

כל אלו היו קריאות נבואיות, והנבואה חדלה מישראל בראשית ימי בית שני. אך רעיון השליחות לא חדל מן העולם. הוא עדיין נוגע לכל המאמינים בהשגחת ה׳. כולנו שונים זה מזה, וכיוון שכך לכל אחד מאיתנו יש כישורים וכישרונות ייחודיים להביא אל העולם. העובדה שאני נמצא כאן, במקום הזה, בזמן הזה, ויש לי היכולות המסוימות שיש לי, אינה מקרית. יש משימה למלא, ואלוהים קורא לי אליה.

בדורותינו, האיש שעשה יותר מכל אדם אחר להחזיר רעיון זה למודעות היה ויקטור פראנקל, הפסיכותרפיסט ששרד באושוויץ. שם, במחנה המוות, התמסר לשליחות מיוחדת: לנטוע בזולת רצון לחיות. הוא עשה זאת על ידי כך שגרם לחבריו האסירים להבין שחייהם אינם גמורים: שעדיין יש להם משימה לבצע, ולכן יש להם אופק לחתור אליו ולהחזיק את עצמם, ככל האפשר, בחיים עד שהמלחמה תיגמר.

לשיטתו של פראנקל, הקריאה באה מחוץ לעצמי. הוא היה אומר שהשאלה הנכונה איננה "מה אני רוצה מהחיים?" אלא "מה החיים רוצים ממני?" הוא מצטט את עדותו של אחד מתלמידיו, שבעברו אושפז בבית חולים פסיכיאטרי. במכתבו לפראנקל כתב שורות אלו:

> בתוך האפלה הזו התגבשה אצלי תחושה בדבר שליחות ייחודית שיש לי בעולם. ידעתי אז, ואני יודע עכשיו, שהחזקתי מעמד למען מטרה מסוימת, קטנה ככל

> שתהיה; משהו שרק אני יכול לעשות, ושיש חשיבות חיונית לכך שאעשה אותו... באפלה המבודדת של ה"בור" שבני אדם נטשוני בו, היה מי שנמצא לי. לא ידעתי את שמו, אבל הוא היה שם; אלוהים היה שם.[2]

נתן שרנסקי מספר על חוויה דומה שהייתה לו בכלא הסובייטי: הקריאה בספר תהלים נתנה לו תחושת ייעוד ואופק.[3]

פראנקל האמין כי "כל אדם בעולם הוא ברייה ייחודית שאין שנייה לה; כל מצב בחיים קורה רק פעם אחת. המשימה הקונקרטית של כל אדם קשורה לייחודיות ולחד־פעמיות הללו".[4] משימה זו, מעצם טיבה, מרוממת את האדם. היא באה אלינו מבחוץ, וקוראת לנו לחיות לא רק על פי האינטרס האישי. לגלות משימה כזו הוא לגלות שלַחיים, חיַי, יש משמעות ותכלית.

איך מגלה אדם את שליחותו? מייקל נוֹבַק המנוח טען[5] שלקריאה של אדם אל ייעודו יש ארבעה מאפיינים. ראשית, היא ייחודית לו. שנית, יש לו הכישרון לממש אותה. שלישית, זהו דבר שעשייתו מסיבה לאדם הזה הנאה ותחושת מרץ מתחדש. רביעית, בדרך כלל היא אינה מתגלה לאדם מייד. עד שאדם מוצא את שליחותו האמיתית, הוא הולך לא פעם לכמה וכמה כיוונים המתגלים לו כשגויים.

נובק מצטט את המסאי הבריטי לוֹגן פּירסל סמית שאמר, "אדם יודע שמשימה מסוימת היא שליחותו בחייו אם הוא אוהב את העבודה השחורה הכרוכה בה". כל הישג של ממש דורש הכנות מפרכות. רווחת ההערכה כי כדי להצטיין בתחום מסוים דרושות עשרת אלפים שעות אימון ותרגול. האם אתם באמת רוצים לשלם את המחיר הזה? לא מקרה הוא שספר ויקרא מתחיל בקריאה לשליחות: הרי הספר הזה עוסק בקורבנות, ושליחות דורשת הקְרבה. אנחנו מוכנים להקריב כשאנחנו מרגישים שתפקיד מסוים או משימה מסוימת הם מה שנקראנו לעשות.

זהו רעיון משנה־חיים. לכל אחד מאיתנו נתן ה' משימה: מלאכה שעליו לבצע, חסד שעליו לעשות, מתנה שעליו לתת, אהבה שעליו לחלוק, משא־בדידות שעליו להקל, מכאוב שעליו לרפא, חיים מרוסקים שעליו לעזור לתקן. זיהוי המשימה

2. Viktor Frankl, *The Unconscious God*, New York: Simon & Schuster, 1975, p. 11. הספר הופיע בעברית (ויקטור א' פראנקל, **האל הלא מודע: פסיכותרפיה ודת**, מגרמנית: שמעון לוי, ירושלים: דביר, תשמ"ה), אך תורגם ממהדורה שקטע זה אינו כלול בה.
3. בספרו **לא אירא רע**, מאנגלית: אביעזר גולן, תל אביב: עידנים, 1989.
4. Viktor Frankl, *The Doctor and the Soul*, London: Souvenir Press, 1969, p. 57.
5. Novak, *Business as a Calling*, pp. 17–40.

הזאת, שמיעת קריאתו של אלוהים, הוא הנותן לחיים משמעות ותכלית. המקום שבו נפגשים יחדיו הדבר שרצוננו לעשות והדבר שצריך להיעשות – הוא המקום שה׳ רוצה שנהיה בו.

רעיון משנה־חיים 24:

לכל אחד מאיתנו נתן ה׳ משימה. זיהוי המשימה הזאת, שמיעת קריאתו של אלוהים, הוא הנותן לחיים משמעות ותכלית.

צו

יהדות היא הודיה

המילים הראשונות שלְמַדנו לומר בכל בוקר, עם ההתעוררות ממש, הן "מודה אני". **עוד לפני התודעה – באה התודה.** הפועל "מודה" בא אפילו לפני ה"אני", שלא כרגיל בעברית. **היהדות** כרוכה בעקבה **בהודיה.** ההודיה כתפיסת עולם היא רעיון שבכוחו לרומם את חיינו; והמחקר המדעי מן העת האחרונה מספק לכך תימוכין מפתיעים.

המקור למצוות ההודיה נמצא בפרשתנו. אחד הקורבנות המפורטים בה הוא קורבן תודה: "אִם עַל תּוֹדָה יַקְרִיבֶנּוּ וְהִקְרִיב עַל זֶבַח הַתּוֹדָה חַלּוֹת מַצּוֹת בְּלוּלֹת בַּשֶּׁמֶן וּרְקִיקֵי מַצּוֹת מְשֻׁחִים בַּשָּׁמֶן וְסֹלֶת מֻרְבֶּכֶת חַלֹּת בְּלוּלֹת בַּשָּׁמֶן" (ויקרא ז, יב).

זה כמעט אלפיים שנה שאיננו מקריבים קורבנות, אך עקבות קורבן התודה נמצאות בחיינו גם היום, בדמות ברכת הגומל. מי שהיה נתון בסכנה ויצא ממנה מברך בבית הכנסת, בעלותו לתורה או לאחר קריאת התורה, את ה' "הגומל לחייבים טובות", כלומר גומל טובות למי שאינו ראוי להן. חז"ל הגדירו את החייבים בברכה זו על פי מזמור תהלים קז: "ארבעה צריכים להודות – יורדי ים, הולכי מדבריות, מי שהיה חולה ונתרפא, ומי שהיה חבוש בבית האסורים ויצא".[1]

בעיניי, הדחף הכמעט אוניברסלי להודות הוא מסימני השגב בחוויה האנושית.[2] לא רק לטַיָּס אנו רוצים להודות כשאנו נוחתים בשלום לאחר טיסה מסוכנת; ולא רק למנתח, משעברנו ניתוח קשה; ולא רק לשופט או לפוליטיקאי משהשתחררנו מהכלא או נפדינו מן השבי. בכל המקרים הללו אנו מרגישים כי לא רק יד אדם הייתה בדבר; שהיד המניעה את חיילי השחמט האנושיים על לוח המשבצות של המציאות חשבה עלינו; שהשמיים עצמם ירדו ארצה ובאו לעזרתנו.

1. ברכות נד ע"ב.
2. על רעיון זה ראו Peter Berger, *A Rumor of Angels*, New York: Doubleday, 1990.

חברות ביטוח מכנות לפעמים אסונות טבע "כוח עליון", ובחו"ל תשמעו מפיהן אפילו את הכינוי "מעשי אלוהים". אבל הרגש האנושי נוטה אל ההפך.[3] אלוהים משויך לחדשות הטובות, לַפְּדוּת הפלאית, למנוס מאסון. האינסטינקט הזה – להביע את תודתנו למהות הנמצאת מעל ומעבר לנסיבות הטבעיות ולפעולת אנוש – הוא עצמו סימן לשגב. הדחף הזה המקנן בנו אומנם אין בו כדי להוכיח את מציאות האל, אך הוא רומז לנו בבירור להימצאות יסוד רוחני עמוק בלב האדם. דחף זה אומר לנו שאין אנו אוסף שרשורים אקראיים של גֶנים אנוכיים המשתכפלים בחשכה. גופנו הוא אולי תוצר של הטבע ("כִּי עָפָר אַתָּה וְאֶל עָפָר תָּשׁוּב"), אבל יש משהו בתוכֵנוּ השואף אל מישהו שמעבר לנו: אל נשמת העולם, אל ה"אתה" האלוהי שאנו שוטחים אליו את תודתנו. זוהי הכמיהה שביטא קורבן התודה, ושברכת הגומל מבטאת עד היום.

השפעתה הגופנית הדרמטית של ההודיה נחשפה לראשונה במחקר רפואי גדול רק בפרוס המאה הנוכחית. המחקר נודע בשם מחקר הנזירות. כ־700 נזירות ממסדר "אחיות בית הספר של גבִרתנו" בארצות הברית הסכימו להנגיש את הרישומים האישיים והרפואיים שלהן לצוות של חוקרי תהליכי הזדקנות ואלצהיימר. בתחילת המחקר, בראשית שנות התשעים של המאה הקודמת, היו המשתתפות בנות 75 עד 102.[4] המחקר נערך במשך כעשור, אולם יריעת הזמן שנגולה בו הייתה ארוכה הרבה יותר: מימי בחרותן של הנזירות. את זאת אפשרה עובדה מיוחדת. בסביבות שנות השלושים, כאשר היו הנזירות הללו בשנות העשרים לחייהן, ביקשה מהן ראשת המסדר לכתוב דין וחשבון אוטוביוגרפי קצר על חייהן ועל הסיבות שגרמו להן להצטרף למנזר. מסמכים אלה נותחו בידי החוקרים בעזרת קידוד שפותח במיוחד לצורך זה, המאפשר בין היתר לציין רגשות חיוביים ושליליים. בתקופת המחקר נבדק מדי שנה מצבה הרפואי של כל נזירה. כך יכלו החוקרים לבדוק אם יש מתאם בין מצבן הרגשי של הנזירות בצעירותן לבין מצב בריאותן בזקנתן. העובדה שכל הנזירות ניהלו כל אותן עשרות שנים שמאז הצטרפותן למנזר אורח חיים דומה מאוד הפכה אותן לקבוצה אידיאלית לבחינת השערות בדבר הקשר בין עמדות רגשיות לבין בריאות גופנית.

3. לא תמיד, כמובן. בפרק בלתי נשכח ב"משפחת סימפסון" נושא בארט סימפסון את עיניו כלפי מעלה לפני סעודת חג ההודיה, ובמקום ברכה אומר, "שילמנו על כל האוכל הזה בעצמנו, אז תודָה על שום דבר".

4. ראו רוברט א' אמונס, **תודה!: מחקר מדעי חדש מוכיח: הכרת תודה תגרום לכם להיות מאושרים יותר**, מאנגלית: מרינה גרוסלרנר, תל אביב: מטר, 2008.

התוצאות, שפורסמו בשנת 2001, היו מדהימות.[5] ככל שהנזירה ביטאה בצעירותה רגשות חיוביים יותר – שביעות רצון, הכרת תודה, אושר, אהבה ותקווה – כך גדלה הסבירות שכעבור שישים שנה ויותר תהיה חיה ובריאה. בין בעלות הרגשות החיוביים הרבים לבין אלו שנטו לרגשות שליליים יותר נמצא פער בן כשבע שנים בתוחלת החיים. ממצא זה היה כה מרשים, שהוא בישר את הולדתו של תחום מחקר חדש, חקר הכרת התודה, והיה אבן דרך בהעמקת ההבנה של השפעת הרגש על הבריאות.

בזכות מחקר הנזירות, ושפע המחקרים שבאו בעקבותיו, אנו מכירים כיום את דרכי ההשפעה הרבות של פיתוח רגש הכרת הטוב. הוא משפר את הבריאות הגופנית ואת החיסון מפני מחלות. אנשים מכירי־טוב נוטים יותר להתעמל דרך קבע ולהקפיד על בדיקות רפואיות שגרתיות. רגש ההודיה מפחית רגשות מכאיבים כגון טינה, תסכול וחרטה, ואת ההסתברות לדיכאון. הוא עוזר להימנע מרגשות נקמניים מוגזמים לאחר חוויות שליליות. הוא אפילו נוטה להיטיב את השינה. הוא מעודד את הכרת הערך העצמי, ומצמצם את הסיכויים שאדם יקנא בזולתו על הישגיו והצלחותיו. למכירי־טוב גם יש, בממוצע, מערכות יחסים מוצלחות יותר. אמירת "תודה" היא שֶׁמן בגלגליה של החברות, והיא גם גורמת לעובדים להפיק יותר. כן היא משמשת רכיב מרכזי בחיזוק החוסן. מחקר שנעשה בקרב ותיקי מלחמת וייטנאם מצא כי אלה מהם שנטו להכרת הטוב סבלו משיעור מופחת של תסמינים פוסט־טראומטיים. הידיעה כמה רבים הם הדברים שראוי כי נודה עליהם עוזרת לנו לעבור בשלום חוויות קשות, מפיטורין עד שכול.[6]

התפילה היהודית היא סמינר מתמשך בהכרת הטוב. ברכות השחר הנאמרות בתחילתו של כל יום הן שיר הודיה על החיים: על גופנו, על עולמנו הגשמי, על הקרקע שאנו עומדים עליה ועל העיניים שניתנו לנו לראות בהן. הכרת הטוב אחראית גם למאפיין מרתק של תפילת העמידה. בחזרת הש"ץ, החזן חוזר בקול על תפילת העמידה שהקהל אמר קודם בלחש. לקהל אין חלק פעיל בחזרת הש"ץ, לבד מאמירת אמן ומהשתתפות בקדושה – אך יש בה ברכה אחת שהקהל פעיל בה לכל אורך הדרך. זוהי ברכת ההודיה. כשהחזן מגיע למילים "מודים אנחנו לך" שבראש הברכה, הקהל מתחיל לומר במקביל ברכת הודיה אחרת, הידועה בשם "מודים דרבנן". זו

5. Deborah D. Danner, David A. Snowdon and Wallace V. Friesen, "Positive Emotions in Early Life and Longevity: Findings from the Nun Study", *Journal of Personality and Social Psychology,* 80, 5 (2001), pp. 804–813.

6. חלק נכבד מהמידע בפסקה זו שאוב מהאתר Greater Good: The Science of a Meaningful Life, http://greatergood.berkeley.edu.

הברכה היחידה בחזרת הש"ץ שהקהל אינו מסתפק בה באמירת אמן. הרב אליהו שפירא (1712-1660) מסביר בספרו **אליהו רבה** שהסיבה לכך היא שאמירת תודה היא דבר שאי אפשר להשאיר לאחרים לעשות בשמנו. התודה צריכה לבוא ישירות מאיתנו.[7]

הכרת התודה מיטיבה אפוא עם הנפש וגם עם הגוף. היא תורמת לאושר – ולבריאות. זהו גם רגש המגשים את עצמו: ככל שאנו משבחים יותר את הטוב שבחיינו, כך אנו מגלים בחיינו יותר טוב הראוי לשבח.

הדבר אינו קל ואינו טבעי. נטייתנו התורשתית היא להתמקד יותר ברע ופחות בטוב.[8] מטעמים ביולוגיים ברורים, יש לנו רגישות־יתר לאיומים וסכנות פוטנציאליים. אם רצוננו להיות מודעים לטוב הרב שעלינו להכיר תודה עליו, עלינו למקד אליו קשב מיוחד. כדי לעוררנו לכך קיבלנו מצוות רבות הגורמות לנו, באופן זה או אחר, להכיר תודה: התפילה, ברכות הנהנין, השבת, ועוד ועוד.

כה מרכזית היא ההודיה בחיינו ובאמונתנו, שאנו אפילו נושאים את ההודיה בשמנו הקיבוצי. יהודה, שבעקבותיו אנו נקראים יהודים ואמונתנו יהדות, שמו בא מן ההודיה: "הַפַּעַם אוֹדֶה אֶת ה'", אמרה לאה בקוראה לבנה הרביעי בשם יהודה (בראשית כט, לה). **היהדות היא הודיה.** זו איננה ההגדרה הראשונה שעולה בדעתנו לזהות היהודית, אבל היא מרוממת־הנפש מכולן.

רעיון משנה־חיים 25:

ככל שאנו משבחים יותר את הטוב שבחיינו, כך אנו מגלים בחיינו יותר טוב הראוי לשבח.

---

7. **אליהו רבה**, אורח חיים קכז, א.
8. המחקר הקלאסי בנושא זה הוא של רוי באומייסטר ועמיתיו: Roy Baumeister et al., "Bad is Stronger than Good", *Review of General Psychology*, 5, 4 (2001), pp. 323–370.

שמיני

יתרונו הגדול של החיסרון

האם הרגשתם פעם שאינכם מתאימים למשימה שהוטלה עליכם או לעבודה שקיבלתם? האם אתם מרגישים לפעמים שאנשים אחרים מעריכים את יכולותיכם יתר על המידה? האם היה רגע שהרגשתם כאילו אתם זייפנים, רמאים, ויגיע היום שתיחשפו ברבים כבני האדם החלשים, הפגומים והשברירִיים שאתם יודעים בסתר לבבכם שהנכם? אם כן, על פי רש״י לפרשתנו אתם בחברה טובה מאוד.

המשכן הושלם. במשך שבעה ימים קידש משה את אהרן ואת בניו למלאכת הכהונה. עכשיו, ביום השמיני, הגיע הזמן שיתחילו לשמש בקודש. משה נותן להם הנחיות רבות, ואז אומר לאהרן: ״**קְרַב אֶל הַמִּזְבֵּחַ** וַעֲשֵׂה אֶת חַטָּאתְךָ וְאֶת עֹלָתֶךָ וְכַפֵּר בַּעַדְךָ וּבְעַד הָעָם וַעֲשֵׂה אֶת קָרְבַּן הָעָם וְכַפֵּר בַּעֲדָם כַּאֲשֶׁר צִוָּה ה׳״ (ויקרא ט, ז). חכמינו תמהו על הציווי ״קְרַב״, שכן משתמע ממנו שעד כה רחק אהרן מהמזבח. מדוע רחק? מסביר רש״י: ״שהיה אהרן **בוש וירא** לגשת. אמר לו משה, ׳למה אתה בוש? לכך נבחרתָ׳״.

יש לתסמונת הזאת שֵׁם. טבעו אותו ב־1978 שתי פסיכולוגיות קליניות, פאולין קְלאנס וסוזן איימס. הן קראו לה ״תסמונת המתחזה״.[1] הלוקים בתסמונת זו מרגישים שאינם ראויים להצלחה שלהם. הם מייחסים אותה לא למאמץ וליכולת שלהם, אלא למזל, לתזמון, או לכך שגרמו לאחרים לחשוב עליהם טובות שאין להן אחיזה במציאות. התסמונת נפוצה עד להפתיע, בייחוד בקרב בעלי הישגים גבוהים. מחקר

1. Pauline Rose Clance and Suzanne Ament Imes, “The Imposter Phenomenon in High Achieving Women: Dynamics and Therapeutic Intervention”, *Psychotherapy: Theory, Research & Practice*, 15, 3 (1978), pp. 241–247.

הראה שכ־40 אחוזים מהאנשים המצליחים אינם מאמינים שהם ראויים להצלחה הזו, ו־70 אחוזים מהם הרגישו כך בהזדמנות זו או אחרת.

אך רש״י אומר לנו דבר עמוק יותר. אהרן לא היה סתם חסר ביטחון עצמי. יש משהו מסוים שבוודאי הטריד אותו ביום הימשחו לתפקיד הכוהן הגדול: תפקודו הלקוי בפרשת חטא העגל. החטא אירע, כזכור, זמן לא רב לפני חנוכת המשכן – והוא אירע במשמרת של אהרן, כאשר משה נמצא על הר סיני. למקרא סיפור חטא העגל קשה להימלט מהמסקנה שרפיון ידיו של אהרן הוא שאִפשֵׁר לַדָּבָר לקרות. אהרן הוא שהציע לעם לאסוף את תכשיטי הזהב, הוא שצר אותם לעגל מסכה, והוא אשר בנה לפניו מזבח (שמות לב, א-ו). כשראה משה את העגל והטיח באהרן ״מֶה עָשָׂה לְךָ הָעָם הַזֶּה כִּי הֵבֵאתָ עָלָיו חֲטָאָה גְדֹלָה?״ מסר אהרן גרסה משתמטת מעט: ״וָאֹמַר לָהֶם ׳לְמִי זָהָב – הִתְפָּרָקוּ׳, וַיִּתְּנוּ לִי, וָאַשְׁלִכֵהוּ בָאֵשׁ וַיֵּצֵא הָעֵגֶל הַזֶּה״ (שם, כא-כד).

אם כן, לפנינו אדם החש אי־נוחות רבה (ומוצדקת) על חלקו בפרשייה עגומה, מבישה והרסנית, והנה עתה הוא נקרא לכפר לא רק בעדו אלא גם בעד העם כולו. הוא מתייסר ושואל את עצמו – האין זו צביעות? האין אני עצמי חוטא? איך אהין לעמוד לפני ה׳ ולפני העם באצטלה של הקדוש בבני האדם? אין פלא אפוא שאהרן הרגיש כמתחזה, והיה בוש וירא לגשת אל המזבח.

משה, מצידו, לא בחר לומר לאהרן משהו שפשוט יגדיל את ביטחונו העצמי. הוא אמר דבר רדיקלי הרבה יותר, דבר משנה־חיים: ״**לכך נבחרתָ**״. משימתו של כוהן גדול היא לכפר על חטאי העם. ביום הכיפורים עליו להתוודות על העוונות, הפשעים והחטאים שלו, ואז על אלה של אנשי ביתו, ולבסוף על חטאי העם כולו (ויקרא טז, יא-יז). אחריותו היא לבקש מה׳ כפרה וסליחה.

לכך נבחרת, אומר משה לאהרן. ובשתי מילים אלו הוא רומז לו – ״אתה כבר יודע מהו חטא. אתה כבר יודע מהו להרגיש אשמה. יותר מכולנו אתה מבין את הצורך בחרטה ובכפרה. אתה שמעת את נשמתך משוועת להתנקות, להיטהר ולהתכבס מכתם העוון. **מה שבעיניך הוא חולשתך הגדולה ביותר יהפוך, בתפקיד שאתה עומד למלא, לנקודת החוזקה הגדולה שלך**״.

איך ידע זאת משה? הוא ידע זאת **מפני שהוא חווה חוויה דומה**. כאשר אמר לו אלוהים להתעמת עם פרעה ולהוביל את בני ישראל אל החירות, הוא אמר שוב ושוב שאיננו מסוגל. קראו שוב את תשובותיו לקריאתו של ה׳ להוציא את בני ישראל ממצרים (בפרקים ג-ד בספר שמות); הן נשמעות כדבריו של אדם המשוכנע עד עמקי נשמתו שאינו מתאים. ״מִי אָנֹכִי?״; ״וְהֵן לֹא יַאֲמִינוּ לִי״.

יותר מכול חזר משה על חששו שלא יוכל לדבר בפני קהל – מן הכישורים

הנחוצים ביותר למנהיג. משה לא היה טיפוס של נואם כיכרות, ולא הצטיין בקול רועם: "וַיֹּאמֶר מֹשֶׁה אֶל ה׳, ׳בִּי אֲ־דֹנָי, **לֹא אִישׁ דְּבָרִים אָנֹכִי**, גַּם מִתְּמוֹל גַּם מִשִּׁלְשֹׁם גַּם מֵאָז דַּבֶּרְךָ אֶל עַבְדֶּךָ. **כִּי כְבַד פֶּה וּכְבַד לָשׁוֹן אָנֹכִי**׳" (שמות ד, י); "וַיְדַבֵּר מֹשֶׁה לִפְנֵי ה׳ לֵאמֹר, ׳הֵן בְּנֵי יִשְׂרָאֵל לֹא שָׁמְעוּ אֵלַי, וְאֵיךְ יִשְׁמָעֵנִי פַרְעֹה? **וַאֲנִי עֲרַל שְׂפָתָיִם**׳" (שם ו, יב). משה סבל מלקות דיבור, וסבר שבמצבו זה הוא רחוק מלהיות ראוי לשמש פֶּה לדבְרֵי ה׳. הוא לא הבין כי דווקא בעיה זו הייתה אחת הסיבות לכך שה׳ בחר בו. **כאשר אמר משה את דברי ה׳, שומעיו ידעו שהוא אינו אומר את מילותיו שלו בקולו שלו.** הם ידעו כי ישות אחרת מדברת מגרונו. כך היה כנראה גם אצל ישעיהו וירמיהו; שניהם פקפקו ביכולתם לדבר בציבור – והיו לנביאים רהוטים מאין כמותם.[2]

האנשים היודעים לסחוף המונים באומנות הנאום שלהם, בדרך כלל אינם נביאים. לא פעם הם רודנים ועריצים, או שהם נעשים כאלה עם הזמן. הם משתמשים בכוח הדיבור שלהם להשגת צורות מסוכנות יותר של שליטה. אלוהים איננו בוחר אנשים המדברים בקולם שלהם ואומרים להמון את מה שהוא רוצה לשמוע. הוא בוחר אנשים המודעים לקוצר יכולותיהם, המגמגמים ממש או מגמגמים מטפורית; אנשים המדברים לא מפני שהם רוצים לדבר אלא מפני שהם מוכרחים, ואומרים לציבור לא את מה שהוא רוצה לשמוע אלא את מה שהוא חייב לשמוע אם חפץ חיים הוא. מה שמשה החשיב לחולשתו הגדולה היה בעצם אחת הגדולות בנקודות החוזק שלו.

איננו מדברים כאן על קבלה סתמית של חולשות, בנוסח "אני בסדר, הכול בסדר". לא על כך מדברת היהדות. העניין פה הוא המאבק. משה ואהרן, בדרכיהם השונות, צריכים להיאבק עם עצמם. משה לא היה מנהיג טבעי. אהרן לא היה כוהן טבעי. משה נדרש להשלים עם כך שאחד הדברים העיקריים המכשירים אותו להנהגה הוא דווקא מה שהיינו מכנים היום דימוי עצמי נמוך, אך התורה, מתוך הסתכלות אחרת לגמרי, מכנה ענווה. אהרן נדרש להבין שחוויית החטא והכישלון האישית שלו הופכת אותו לנציגו האידיאלי של עם המודע לחטאיו ולכישלונותיו. התחושה שאיננו

2. דוגמה מודרנית מופלאה לכך היא וינסטון צ׳רצ׳יל. הוא סבל מגמגום וגם מקושי להגות הגאים שורקים, ואף כי נאבק בשני הקשיים הללו הם ליוו אותו גם בבגרותו. משום כך נדרשה ממנו הכנה נמרצת לפני נאומים חשובים. הוא הקפיד לכתוב או להכתיב אותם מראש, ושִׁכְתב משפטי מפתח עד הרגע האחרון. הוא השתמש במילים קצרות היכן שרק אפשר, תיבל את דיבורו בשתיקות דרמטיות, ופיתח מקצב דיבור כמעט שירי. על ידי כך נעשה נואם דגול, ולא רק זאת: נאומיו, ובראשם נאומי הרדיו שלו במלחמת העולם השנייה, היו גורם מרכזי בהרמת רוחו של העם. כדברי העיתונאי אד מורו, הוא "גייס את השפה האנגלית ושלח אותה לשדה הקרב".

ראויים לתפקידנו ולהצלחתנו, תסמונת המתחזה, יכולה להיות קללה ויכולה להיות ברכה – תלוי מה אנחנו עושים בה. האם היא מובילה אותנו לדכדוך וייאוש – או שמא היא מובילה אותנו לטפל בחולשותינו ולהופכן ליתרונות?

המפתח, על פי רש"י לפרשתנו, הוא התפקיד שמשה מילא בפרשת דרכים זו בחיי אהרן. **הוא האמין באהרן גם כשאהרן לא האמין בעצמו.** זה אותו תפקיד עצמו שהקב"ה מילא, יותר מפעם אחת, בחייו של משה. וזהו גם התפקיד שהקב"ה ממלא בחיי כולנו, כל מי מאיתנו שלבבו פתוח אליו באמת. כבר כתבתי בהזדמנויות רבות שהמסתורין שבלב היהדות איננו אמונתנו באלוהים, כי אם אמונתו של אלוהים בָּנוּ.

זהו אפוא הרעיון משנה־החיים בפרשתנו: הנקודה שבעינינו היא חולשתנו הגדולה יכולה להפוך, אם נִשְׂרֶה עימה, ליתרוננו הגדול. חשבו על אלה שחוו אסון ומאז הקדישו את חייהם להקלת סבלותיהם של אחרים. חשבו על אלה המודעים לחסרונותיהם ומנווטים מודעות זו לעזרה לאחרים להתגבר על תחושת הכישלון שלהם.

כנותו הגמורה של התנ"ך כלפי האנושיות היא העושה אותו מיוחד כל כך. גיבוריו – משה, אהרן, ישעיהו, ירמיהו – הרגישו לאורך תקופה שאינם ראויים, שהם "מתחזים". היו להם רגעים של ייאוש קודר. אבל הם המשיכו לצעוד. הם סירבו לתבוסה. הם ידעו שההרגשה שאינם ראויים יכולה לקרב אותם אל ה' – כדברי דוד, "זִבְחֵי אֱ־לֹהִים רוּחַ נִשְׁבָּרָה; לֵב נִשְׁבָּר וְנִדְכֶּה, אֱ־לֹהִים, לֹא תִבְזֶה" (תהלים נא, יט).

טוב שֶׁבְּעִתַּיִים לדעת שאיננו מושלמים מלחשוב שאנחנו כליל המעלות. ה' אוהב אותנו ומאמין בנו למרות הפגמים שבנו, ושמא אפילו בגללם. חולשותינו עושות אותנו לאנושיים; והמאבק שלנו בהן עושה אותנו לחזקים.

רעיון משנה־חיים 26:

הנקודה שבעיניכם היא חולשתכם הגדולה יכולה להפוך, אם תִּשְׂרוּ עימה, ליתרונכם הגדול.

תזריע

כוחו של הרע

בספרם שהופיע לאחרונה, **כוחו של הרע**, מספרים ג'ון טיירני ורוי באומייסטר סיפור.[1] צעירה ושמה אלייזה בֵּיינגטון עבדה בחברת הפקת סרטים בחוף המערבי של ארצות הברית. המשרד עוצב כחלל פתוח ובו עמדות עבודה אישיות, מתוך כוונה ברורה לעודד קשרי גומלין ושיתופי פעולה; אך דומה היה שהדבר אינו קורה. אנשי המכירות שעבדו בתאים הללו לא דיברו זה עם זה. המנהלים, שקיבלו משרדים אישיים, סגרו את הדלתות. לארוחות הצוהריים היו העובדים יוצאים לבדם, או שאכלו בעמדות העבודה שלהם – אך לא השתמשו במרחב המשותף שהוקצה לשם כך. סביבת העבודה הזאת, חשבה אלייזה, אינה נעימה כלל.

ואז לקה אחד העובדים במחלת לב והחל לעבוד בבית ברוב ימי השבוע. פתאום השתנתה האווירה במשרד. אנשי המכירות התחילו לקפוץ איש לעמדת רעהו ולדון בהישגים ובשיטות מכירה. מנהלים התחילו להשאיר את הדלתות פתוחות. ישיבות העבודה נעשו יצירתיות יותר. אנשים תרמו יותר רעיונות חדשים. מישהי הביאה עוגיות מאפה בית וחילקה לכולם. מישהי אחרת הביאה רדיו, להשמיע מוזיקה קלאסית. אנשים החלו לסעוד בצוהריים ביחד, בחדר המשותף. לפעמים, בתום יום העבודה, היו יוצאות חבורות לשתות יחד לפני ההתפזרות לבתים. כל זה קרה רק בימים שאותו איש מכירות עבד בביתו. בימים שהוא הגיע, היה המשרד חוזר אל עכירותו הקרירה.

האיש, אם לשפוט לפי תיאורם של טיירני ובאומייסטר, לא היה אנטי־חברתי. הוא היה מעורב בדעת עם הבריות ופטפט עם עובדים אחרים; אבל דיבוריו היו שליליים מאוד. כשדיברו על לקוחות, הוא הגחיך אותם ותיארם כטיפשים או

1. John Tierney and Roy Baumeister, *The Power of Bad,* Allen Lane, 2019, p. 135.

משעממים. בישיבות הוא היה לועג לאחרים על שגיאות שעשו או על חוסר ניסיונם. הוא ביקר והתלונן. למרות כל זאת, אלייזה ביינגטון לא החשיבה אותו לאדם בעייתי – עד שראתה כמה שונה התפקוד של הצוות בימים שהוא נמצא מתפקודו בימים שהוא נעדר. אדם יחיד, רק בגלל השליליות שבדיבוריו, מסוגל לבלום קבוצת אנשים גדולה ממימוש היכולות שלה ולשלול ממנה את השמחה והשגשוג שמימוש זה מביא בכנפיו.

הקשר בין סיפור זה לבין פרשת תזריע ברור. פרשות תזריע ומצורע עוסקות שתיהן בנגע עור הקרוי צרעת, שקרוב לוודאי איננו המחלה הקרויה כך בימינו. חז״ל תהו על המתואר בפרשיות הללו. ראשית, התסמינים המוצגים בתורה אינם דומים לשום מחלה מוכרת. איננו מכירים שום מחלה הפוגעת לא רק בבני אדם אלא גם בבגדים ובקירות בתים. שנית, התורה איננה ספר רפואה. אם היא עוסקת במחלה אחת, מדוע לא באחרות? שלישית, התורה מתייחסת למחלה זו לא במונחים של חולי ובריאות, אלא במונחי טומאה וטהרה, שהם עניין שונה לחלוטין.

משום כך, הם ניסו לקבל תשובות בעזרת לימוד המקרה הבולט ביותר של צרעת בתורה: הצרעת שמִרים לקתה בה, למשך שבעה ימים, אחרי שדיברה סרה באחיה משה (במדבר יב). הצרעת שלה לא הייתה מחלה אלא עונש. בתלמוד נדרשת המילה צרעת כנוטריקון לביטוי ״מוציא שם רע״.[2] אומנם, חכמים מנו עבירות נוספות שעונשן צרעת. הגמרא ממשיכה ומציינת, נוסף על לשון הרע, גם שפיכות דמים, שבועת שווא, גילוי עריות, גסות רוח, גזל וצרות עין.[3]

ועדיין, דווקא קישורו של לשון הרע לצרעת נותן פשר לכמה תופעות הנוגעות לצרעת. ראשית, הסימן העיקרי של צרעת הוא הלבנת העור. על הדעת עולה מייד המונח מלשון חז״ל ״הלבנת פנים״, העלבה הגורמת לאדם להחוויר.[4] זהו אפוא עונש של מידה כנגד מידה. המלבין פני חברו ברבים – עורו שלו ילבין. ועוד: לשון הרע נאמר בדרך כלל בסתר, לבל ישמע מי שלא צריך לשמוע. אולם העונש הוא העונש הפומבי ביותר האפשרי. מי שרואה מצורע, אין לו ספק שראה. זהו אות קלון הניכר היטב.

אחד מן הקשים בדיני המצורע, המובאים בפרשתנו, אומר: ״כָּל יְמֵי אֲשֶׁר הַנֶּגַע בּוֹ יִטְמָא. טָמֵא הוּא, בָּדָד יֵשֵׁב; מִחוּץ לַמַּחֲנֶה מוֹשָׁבוֹ״ (ויקרא יג, מו). לו הייתה

2. ערכין טו ע״ב.
3. ערכין טז ע״א.
4. משנה, אבות ג, יא.

הצרעת מחלה, מדובר היה כאן במין הסגר. אך הגמרא, הרואה את הצרעת כעונש, מציעה הסבר אחר, פשוט: לשון הרע יוצר חיץ בין איש לאשתו ובין אדם לחברו. על כן, האומר לשון הרע מורחק משאר החברה, וחיץ ניצב בינו לבינה כל עוד הוא נושא בעונשו.[5]

אף כי הצרעת חדלה להיות מציאות ממשית עוד זמן רב לפני ימי התלמוד, התובנות העולות ממנה באשר לכוחו ההרסני של הדיבור השלילי מומחשות גם בסיפורה של אלייזה ביינגטון. אדם אחד שדיבורו מזלזל וציני עלול לחבל בתפקודו של צוות שלם, יצירתי ומצליח. כשהוא נעדר מהמשרד יכולה הקבוצה לשוב ולפרוח – ממש כמו בעת הרחקתו של מדבר לשון הרע מן המחנה, בעת צרעתו.

לא בכדי מחשיבה התורה מאוד את הנושא הזה. עם ישראל היה תמיד עם קטן ופגיע: גם בארצו, כאומה קטנה מוקפת אימפריות, וגם בהיותו בגלות, מפוזר כמיעוט בתוך אוכלוסיות רוב השונות ממנו בדתן ובתרבותן ולא פעם עוינות אותו. כדי לשרוד נחוצה משמעת פנימית חזקה. התורה ממחישה זאת בסיפור המלחמה בעמלק בפרשת בשלח: כאשר משה הרים את ידו והעם נשא עיניו למעלה, גָבר ישראל; אך כאשר לא עשו כן גבר עמלק. כזה הוא גם הדיבור השלילי, המפורר את המשמעת ואת המורל ופוגע בכלל.

טיירני ובאומייסטר מוסיפים ומספרים על חברת הלבשה שפיטרה אחד מאנשי המכירות המוצלחים ביותר שלה. הישגיו היו מעולים, אבל הוא הרבה להסתייג מחבריו לעבודה, סירב לעזור להם, ולפעמים אפילו ניסה לקחת מהם לקוחות. אחרי שסולק מהחברה, איש מעמיתיו לא הצליח להשתוות להישגיו, ובכל זאת כלל המכירות של החברה עלו בכ־30 אחוזים.

אלה הם עניינים עסקיים, אבל הם ממחישים עניין עקרוני יותר: שהרע משפיע יותר מהטוב. נטועה בנו הנטייה להבחין בתופעות שליליות יותר מאשר בתופעות חיוביות. האינסטינקטים שלנו מנחים אותנו להגיב על מצבים שליליים במהירות ובעוצמה רבה – אנו קופאים במקומנו, או נלחמים, או בורחים. איומים מושכים את תשומת ליבנו יותר מחיזוקים. חדשות רעות מפעילות אותנו יותר מחדשות טובות. האמת היא שלא תמיד חדשות טובות נחשבות בעינינו לחדשות בכלל. קל יותר לגרום לאנשים להאמין לסיפור שלילי על זולתם מאשר לסיפור חיובי. ג'ון גוטמן, חוקר נישואים ותיק, טוען כי כדי שנישואים יצליחו צריך זוג לחוות חוויות חיוביות במספר העולה פי חמישה על מספרן של אלו השליליות – שכן עוצמת הרגשתן של

5. ערכין טז ע"ב.

החוויות השליליות רבה יותר. זהו ה"רע" שב"מצורע", ה"רע" שבלשון הרע. למילים יש כוח, אך למילים רעות יש כוח רב יותר. הן כוח הרסני ממש.

הדיבור הרע היה הרסני תמיד. אבל כוחו להרע גדל בסדרה הנדסית עם התפתחות האינטרנט, הטלפון החכם והרשתות החברתיות. הללו שינו מן היסוד את מהות התקשורת הבין־אישית. כשהתקשורת בינינו אלקטרונית קל לנו לאין ערוך להיות גסי רוח, שליליים, ביקורתיים, תוקפניים, פוגעניים והרסניים, מפני שהחיץ הדיגיטלי, היעדרו של קשר פנים אל פנים, מחולל את מה שמכונה "אפקט הסרת העכבות". למגע האישי יש השפעה מאנישה. ברשתות אפשר להתחבא מאחורי צורה זו או אחרת של אנונימיות. האדם אינו רואה את ההשפעה המיידית של המילים שלו. אנחנו נגישים ופגיעים ברשתות הללו, וכל אדם יכול להטיח בנו עלבונות אכזריים בלי מחשבה תחילה ובלי בושה. צומח לעינינו עולם חדש ולא חביב, מוצף בבריונות רשת, בדיכאון, בחרדה, בהפרעות שינה, בהערכה עצמית נמוכה, בבדידות ובהתרחקות מהחברה.

כך, למשל, סקר שנערך בארצות הברית ב־2018 הראה כי 59 אחוזים מהמתבגרים חוו התעללות ברשת, 42 אחוזים כונו בשמות גנאי, על 32 אחוזים הופצו שמועות כוזבות, ו־63 אחוזים סברו שהטרדה מקוונת היא בעיה רחבת היקף.[6]

נתונים שאספה הלשכה המרכזית לסטטיסטיקה של בריטניה בשנה ההיא הראו כי שיעור ההתאבדות במדינה זו בקרב ילדים ובקרב מתבגרים כמעט שהוכפל במהלך שמונה שנים. דיים סאלי דייוויס, ראש שירותי הבריאות באנגליה באותה תקופה, ייחסה עלייה זו להשפעתם של אמצעי תקשורת כגון פייסבוק, אינסטגרם וסנפצ'ט.[7] נתון מבהיל במיוחד מלמד כי 22 אחוזים מבנות הארבע־עשרה בבריטניה פגעו בעצמן.[8]

דמיינו עולם שבו מי שמעלה לרשת אמירות שליליות, מכאיבות או זדוניות על אחרים נחשף בפומבי, נושא אות קלון, ולמשך זמן מה מורחק ממקומות ציבוריים

6. Pew Research Center: Internet and Technology, "A Majority of Teens Have Experienced Some Form of Cyberbullying", https://www.pewresearch.org/internet/2018/09/27/a-majority-of-teens-have-experienced-some-form-of-cyberbullying/.

7. "Suicide rate almost doubles among teenagers", https://inews.co.uk/news/health/suicide-rates-teenagers-young-people-social-media-141803.

8. NHS, "Nearly a quarter of 14-year-old girls in UK 'self-harming', charity reports", https://www.nicswell.co.uk/health-news/nearly-a-quarter-of-14-year-old-girls-in-uk-self-harming-charity-reports.

ומחברתם של אחרים – בקיצור, עובר את מה שעובר המצורע. בעולם כזה, אנשים יחשבו פעמיים לפני שישתמשו ביכולת הדיבור שלהם לשם פגיעה בזולת. ההשפעות השליליות של הרשת החברתית, שכבר תועדו היטב, הבהירו לנו באיזו קלות עלולים אנשים להשתמש בדיבור נגוע כאשר הם סבורים שלא ישלמו על כך מחיר – וכמה חמורים נזקיו של מצב עניינים זה.

מכאן הרעיון משנה־החיים: אופן השימוש שלנו במילים מעצב את סביבתנו החברתית. דיבור שלילי על אחרים פוגע בהם, פוגע בנו, וקורע את הנימים העדינים של היחסים בין אדם לחברו, שחיינו המשותפים ארוגים מהם.

רעיון משנה־חיים 27:

אופן השימוש שלנו במילים מעצב את סביבתנו החברתית.

מצורע

כוחו של שבח

מפעם לפעם באים אליי זוגות העומדים להינשא. לפעמים הם שואלים אותי אם יש לי עצה לחיזוק הנישואים. אני מציע להם הצעה פשוטה. תוצאותיה הן על גבול הקסם. היא תבצר את מערכת היחסים שלהם, ותשנה את חייהם בדרכים נוספות ומפתיעות.

עליהם להתחייב לטקס יומי. פעם ביום, סביר שבערב, על כל אחד מהם לשבח את השני באוזניו על דבר־מה שהוא עשה היום, ולו גם דבר פעוט: על מעשה, אמירה או מחווה אדיבים או רגישים או נדיבים או נבונים. השבח צריך להיות ממוקד באותו מעשה מסוים, לא מוכלל. עליו להיות כן: לבוא מהלב. ומקבל השבח חייב ללמוד לקבל אותו.

זה כל מה שהם צריכים לעשות. זה דורש דקה או שתיים. אבל זה חייב להיעשות, לא לפעמים אלא **מדי יום**. אני עצמי למדתי זאת בדרך מפתיעה מאוד.

כתבתי כבר על לנה רסטין המנוחה, מן המרשימים באנשים שפגשתי בימי חיי. היא הייתה קלינאית תקשורת שהתמחתה בעזרה לילדים מגמגמים. היא הקימה את מרכז מייקל פיילין לגמגום בלונדון, והייתה לה גישה ייחודית לטיפול. רוב קלינאי התקשורת מתמקדים בטכניקות של דיבור ונשימה, ובמטופל עצמו. לנה האמינה שאת המגמגמים הצעירים שהיא טיפלה בהם – בני חמש שנים בממוצע – יש להבין בתוך ההקשר המשפחתי שלהם. היא התמקדה במערכות יחסים ועבדה עם ההורים, לא רק עם הילדים.

תפיסתה הייתה שכדי לרפא גמגום אין די בעזרה לילד לדבר ברהיטות. יש לשנות את הסביבה המשפחתית כולה. משפחות נוטות לפתח שיווי משקל. אם ילד מגמגם, כל בני המשפחה מסתגלים לכך. לכן, אם הילד יאבד את הגמגום, יהיה צורך לאזן מחדש את כל מערכות היחסים במשפחה. לא רק הילד צריך להשתנות, כי אם כל המשפחה.

אלא ששינוי ברובד הבסיסי הזה אינו קל. הנטייה הטבעית שלנו היא לשקוע בתבניות התנהגות עד שהן נעשות נוחות כמו כורסה בלויה שהתעצבה במידות גופנו. איך יוצרים בתוך המשפחה אווירה המעודדת שינוי ונוטלת ממנו את עוקץ האיום? התשובה שלֶנה גילתה היא: עליכם לשַבֵּח. היא הורתה למשפחות שעבדה איתן, שבכל יום כל אחד "יתפוס" כל אחד מבני המשפחה האחרים עושה מעשה טוב, ויפרט לו את מעשהו הטוב בנועם ובהכרת תודה. כל בני המשפחה, אך במיוחד ההורים, הצטרכו ללמוד לשבח ולקבל שבחים.

כשצפיתי בה בפעולה התחלתי להבין את מה שעשתה. היא יצרה בתוך כל בית אווירה של אכפתיות הדדית ושל חיזוק חיובי מתמשך. היא האמינה שבדרך זו ייבנה ביטחון עצמי לא רק אצל הילד המגמגם אלא אצל כל אחד ואחת מבני המשפחה – כדי שהאווירה הכללית בבית תנסוך בכל אחד ביטחון בכוחו להשתנות ולעזור לאחרים לעשות כמוהו.

צילמתי את עבודתה של לנה לצורך סדרת טלוויזיה תיעודית שהכנתי לבי־בי־סי על מצב המשפחה בבריטניה. ראיינתי גם כמה הורים שהיא עבדה עם ילדיהם. כששאלתי אותם אם לנה עזרה לילדם, לא רק שכל אחד מהם ענה בחיוב, אלא שהם הוסיפו ואמרו **שהיא עזרה להם לשמור על נישואיהם**. זו הייתה אמירה יוצאת דופן. הרי לנה לא הייתה יועצת נישואים אלא קלינאית תקשורת. אך ההרגל הפשוט שהיא הטמיעה במשפחות, חלוקת השבחים היומית, היה אפקטיבי עד כדי כך שהוא חולל גם תוצאות לוואי ברוכות. אחת מהן הייתה תמורה ביחסים בין ההורים.

אני מספר על כך בשיחה לפרשת מצורע משני טעמים הקשורים ללשון הרע, האחד מתבקש והשני פחות. חז"ל תהו על עיסוקן הנרחב והתמוה לכאורה של פרשות תזריע ומצורע בנגע עור מסוים, צרעת. הרי התורה אינה ספר רפואה, אלא ספר של חוקים ומשפטים, מוסר ורוח. תשובתם הייתה שהצרעת היא עונש על לשון הרע. כי אכן, התורה מספרת שמרים לקתה בצרעת אחרי שדיברה סרה באחיה משה (במדבר יב), וידו של משה עצמו נעשתה מצורעת כשלג כאשר דיבר רעות על בני ישראל (שמות ד, א–ז).

דברי חכמינו על לשון הרע חריפים מדבריהם על כל עבירה אחרת. הם אמרו שהיא חמורה כמו שלוש העבירות החמורות גם יחד: עבודה זרה, גילוי עריות ושפיכות דמים. הם אמרו שהיא גורמת למותם של שלושה: המספר לשון הרע, מי שמספרים עליו, ומי שמאזין לו.[1] עונש הצרעת, אמרו, הולם את החטא הזה: מי

1. רמב"ם, **משנה תורה**, הלכות דעות ז, ג.

שמדבר לשון הרע יוצר מחלוקת בתוך המחנה, וכשהוא לוקה בצרעת הוא מוצא מן המחנה לשבעה ימים.[2]

אל תלכו רכיל, תובעת מאיתנו התורה (ויקרא יט, טז). אל תכפישו. אל תדברו רעות על אנשים. ליהדות יש אתיקת דיבור נוקשה ומפורטת משום שלתפיסתה "מָוֶת וְחַיִּים בְּיַד לָשׁוֹן" (משלי יח, כא). האוזן מרכזית ביהדות מהעין; המילים חשובות בה מן המראות. אלוהים ברא את העולם הטבעי במילים, ואנחנו בוראים את העולם החברתי במילים – או הורסים אותו במילים. מילים יכולות לגרום פצעים רגשיים המכאיבים כמו פצעים גופניים ואולי אף יותר מכך.

חוק השבח של לנה רסטין הוא אפוא ההפך מלשון הרע. זהו לשון הטוב. דיבור חיובי ומעודד. לדעת הרמב"ם, הדיבור בשבחם של אנשים הוא חלק ממצוות "ואהבת לרעך כמוך".[3]

אבל לשיטתה של לנה יש גם קשר עמוק יותר לעניין לשון הרע. מדוע קשה כל כך לרפא אנשים מההרגל לדבר לשון הרע, ולרכל באופן כללי? הסוציולוג היהודי־אמריקני שמואל היילמן כתב ספר מאלף, **חיי בית כנסת**, על קהילה אורתודוקסית מודרנית שהוא היה חבר בה במשך כמה שנים.[4] פרק ארוך בו מוקדש לרכילות בבית הכנסת. פעילות זו, הוא אומר, היא מן הדברים העושים אדם לחלק מהקהילה. הנמנע מרכילות נתפס כזר.

הרכילות, הוא אומר, היא חלק מ"מערכת הדוקה של חובות תן־וקח". מי שפוסל את הרכילות לגמרי, אינו מספר ואינו שומע, במקרה הטוב "מסתכן בתיוג חברתי" ובמקרה הגרוע "מוציא את עצמו מפעילות מרכזית של חיי הציבור והחברה". בקיצור, הרכילות היא לשד עצמותיה של הקהילה.

כל חברי הקהילה יודעים שהתורה אוסרת ללכת רכיל, ושלשון הרע הוא עבירה חמורה ומגונה ביותר. הם יודעים גם מה הנזק שגורם אדם המנדב רכילות רבה יותר מזו שהוא מקבל. לאדם כזה הם קוראים בכינוי היידישאי "ינטה". אך למרות כל זאת, טען היילמן, בית הכנסת היה במידה לא מועטה מערכת לייצור רכילות והפצתה.

2. ערכין טז ע"ב.
3. הלכות דעות ו, ג. במקום אחר דיברתי על הסוגיה בערכין טז ע"א האומרת שאין לדבר בשבחם של אחרים אם הדבר מעורר מחלוקת, ועל דעותיהם השונות של רש"י והרמב"ם: ראו ספרי *Covenant and Conversation, Leviticus: The Book of Holiness*, Jerusalem: Maggid, 2015, pp. 223–227.
4. Samuel Heilman, *Synagogue Life: A Study in Symbolic Interaction*, Chicago: University of Chicago Press, 1976, pp. 151–192.

חיי בית כנסת יצא לאור עשרים שנה לפני ספרו המפורסם של האנתרופולוג הבריטי רובין דאנבר **גרומינג, רכילות והתפתחות הלשון**.[5] דאנבר טען כי קבוצות בטבע שומרות על ליכודן באמצעות הקדשת זמן רב לבניית מערכות יחסים ושותפויות. קופי־אדם עושים זאת באמצעות "גרוּמינג", פעילויות הדדיות של ליטוף, סירוק, פליית כינים וניקוי העור. אלא שפעילות זאת תובעת זמן רב ומגבילה את גודלה האפשרי של הקבוצה.

בני האדם פיתחו את השפה כצורה יעילה יותר של גרומינג. לסרק וללטף ולפלות כינים אפשר רק לאדם אחד בזמן נתון, אך לדבר אפשר אל כמה אנשים ביחד. מכלל השימושים בשפה, זה המלכד את הקבוצה הוא לדברי דאנבר הרכילות, מפני שזו דרכם של חברי הקבוצה ללמוד על מי הם יכולים לסמוך ועל מי לא. אם כן, הרכילות איננה סתם אחת מצורות רבות של דיבור, אלא הראשונית מכולן: בשבילה התפתחה השפה מלכתחילה. דיווחו של היילמן על חיי בית הכנסת מתיישב היטב בתבנית זו. הרכילות יוצרת קהילה, וקהילה אינה אפשרית בלי רכילות.

אם הדבר נכון, הוא מסביר מדוע איסורי הרכילות ולשון הרע מופרים יותר מכפי שהם נשמרים. לשון הרע נפוץ כל כך, שאחד מענקי התורה בעת החדשה, רבי ישראל מאיר הכהן מראדין, ה"חפץ חיים", הקדיש את רוב זמנו למלחמה בו. דבר לא עוזר. יעיד על כך כל מי שהיה חלק מקבוצה אנושית. אתם יודעים שזה לא בסדר, ובכל זאת אתם ואחרים עוסקים בכך.

משום כך ראיתי ערך רוחני כה רב בעבודתה של לנה רסטין. רכילות לא הייתה הנושא שלה, אבל שלא במתכוון היא גילתה נוגדן מעולה ללשון הרע. היא לימדה אנשים לפתח את ההרגל לדבר טובות זה על זה. היא לימדה אותם לשבח, מדי יום, בפירוט ובכנות. מי שמשתמש בטכניקה של לנה תקופה ממושכת יירפא מלשון הרע. הנוגדן הזה הוא היעיל ביותר המוכר לי.

הטכניקה הזו, כאמור, גם מחוללת תמורה במערכות יחסים ומצילה נישואים. היא מרפאת את מה שלשון הרע משחית. לשון הרע הורס יחסים. לשון הטוב מתקן אותם. זה נכון לא רק בזוגיות ובמשפחה אלא גם בקהילות, בארגונים ובעסקים. על כן: בכל מערכת יחסים החשובה לכם, חלקו שבח מדי יום. ראיית הטוב בזולת, ואמירת שבחים על כך, הופכות אתכם וגם אותו לאנשים טובים יותר, ומחזקת את הקשר ביניכם. זהו רעיון משנה־חיים ממש.

5. Robin Dunbar, *Grooming, Gossip and the Evolution of Language*, London: Faber, 1997.

רעיון משנה־חיים 28:
בכל מערכת יחסים החשובה לכם, חלקו שבח מדי יום. ראיית הטוב בזולת, ואמירת שבחים על כך, הופכות אתכם וגם אותו לאנשים טובים יותר, ומחזקת את הקשר ביניכם.

אחרי מות

טהרה וכפרה – או שיבה וחזרה

בשנת תשכ"ח (1968) פגשתי לראשונה את הרבי מלובביץ' בביתו שברחוב איסטרן פארקוויי 770 בברוקלין. המפגש שינה את חיי. הייתי סטודנט בשנה השנייה ללימודיי, חופשת הקיץ שלי התקרבה לסיומה, ועמדתי לחזור לבריטניה ביום א' שלפני ראש השנה. בשבת שלפני נסיעתי המתוכננת ערך הרבי התוועדות: התכנסות ענק של אלפי חסידים, שבה הרבי מדבר במשך כמה שעות, עם הפסקות לניגון, מפי כל החסידים, אחת לעשרים דקות.

באחת מהפסקות הזמרה הללו ניגשתי לרבי להודות לו ולהיפרד ממנו, אך הוא הביט בי בפתיעה, אמר לי שאינני צריך לחזור עכשיו שהרי שנת הלימודים בקיימברידג' תתחיל רק בעוד כמה שבועות, והפציר בי להישאר לראש השנה. באותם ימים ממש הגעתי למסקנה שאם אדמו"ר מציע לך לעשות משהו, כדאי שתעשה אותו. כך קרה שביליתי את ראש השנה עם האדם הדגול הזה ושמעתי אותו תוקע בשופר, חוויה מעולם אחר כמעט.

אחד החסידים תושבי השכונה הזמין אותי לסעודת היום הראשון של החג, ושם פגשתי אורח אחר ובפיו סיפור מרתק. התברר שהוא היה מלחין פופ מצליח – הכרתי כמה משיריו – שעזב את היהדות כמה עשורים קודם לכן. מה הביא אותו לכאן? יום אחד, סיפר, הוא נהג לבדו בכביש נידח במערב התיכון, וחשב פתאום שראש השנה ודאי מתקרב. באותו רגע קפץ לראשו ניגון חסידי שהוא למד בילדותו. הלחן עורר בו נקודה יהודית שהייתה רדומה שנים ארוכות. בלי שהיות הוא עשה סיבוב פרסה ונסע היישר לאיסטרן פארקוויי 770. דומה היה שקלט פתאום שהוא הלך לאיבוד, ושהמוזיקה מילדותו קוראת לו לשוב הביתה.

הוא ואני, איש איש בדרכו, היינו דוגמאות לתופעה שפרצה לתודעה בימים ההם. המונח שתיאר אותה הוא עתיק יומין, אך עד אז היה לו מובן אחר: היינו "בעלי

תשובה". לאורך הדורות, בעל תשובה היה מי שעשה חטא מסוים, וחזר בו. אולם בשלהי שנות השישים החל המונח לתאר יהודי שהיה רחוק מהאמונה או מהחיים הדתיים, ושב אליהם.

זו לא הייתה תופעה חדשה לגמרי, אבל עד אז היא הייתה נדירה. קודם לכן היה כיוון התנועה מהמחנה הדתי החוצה. אנשים דתיים, חלקם נשארו כאלה ואחרים נטשו את המחנה – ולעיתים התרחקו עד כדי התבוללות או אף המרת דת. בכיוון ההפוך, מחילוניות לדתיות, הייתה התנועה דלילה ביותר. אנשים כמו פרנץ רוזנצווייג ומרדכי גיאורגו לנגר, ששבו אל שורשיהם היהודיים, היו חריגים. ב־1967 קרה משהו ששינה זאת. ניצחונה של ישראל במלחמת ששת הימים, לאחר החרדות מפני שואה שנייה שצפו על פני השטח בשבועות ההמתנה למלחמה, חבר אל תחייתה הכללית של הזהות הדתית בתקופה ההיא. פתאום נעשה מקובל להיות שונה, ולעטות את הזהות היהודית הדתית בגלוי ובגאווה.

בשנים ההן נוסדה הישיבה הראשונה של בעלי התשובה. מפעלות הקירוב של חסידות חב"ד, בהדרכת הרבי, שנתקיימו כבר שנים קודם לכן, זכו להערכה מחודשת וקבוצות אחרות החלו לחקותם. קם דור של בעלי תשובה, שמכרי החדש, מלחין הפופ, היה אחד מהם. תופעה דומה, בהיקף כזה, לא נראתה מאות שנים. אפשר לומר שלא הייתה כמוה מאז ימי עזרא הסופר. הכינוי העתיק שניתן לה, תנועת התשובה, הסתיר מהעין את החדשנות שבה – אף כי נוצק בו עתה מובן חדש.

הדבר התברר לי כעבור כשנה. הייתי אז תלמיד ישיבה בכפר חב"ד – אותו מקום שתיארתי אז כרחוק מתל אביב עשרה קילומטרים ומאתיים שנים. ביקרתי אצל הדיין הרב יחזקאל אברמסקי – שקודם לכן היה אב בית דין בלונדון – לבקשת נכדו. הוא שאל אותי מה אני לומד. "תשובה", עניתי. הוא, שהיה "מתנגד", החזיר לי מיניה וביה: "זה ההבדל בין חב"ד לביני. בעיניי, תשובה היא מה שצריך כשהמכונה מתקלקלת. אצלם, היא חלק מהמכונה עצמה".

בדיוק כך. הרב אברמסקי השתמש במונח "תשובה" במובנו הקלאסי: חרטה וכפרה על חטאים ספציפיים. זוהי צורה של תיקון. התשובה במובנה החדש היא דבר אחר לגמרי. היא שיבה אל הזהות היהודית, לאמונה ולאורח החיים, לאחר ניכור כלפיהם או חוסר היכרות איתם. זוהי התארגנות מחודשת של האישיות כולה.

אבל המובן החדש הזה הוא לאמיתו של דבר תחייה של דבר עתיק מאוד.

בפרשת אחרי מות מופיע תיאור מפורט של עבודת אהרן הכוהן ביום הכיפורים, כאשר כיפר על חטאיו, על חטאי "ביתו" ועל חטאי כל ישראל. מתיאור זה נגזרה עבודת הכוהן הגדול במקדש. זה היה מאורע נוסך מורא. ביום הקדוש ביותר בשנה,

האיש הקדוש ביותר בעם ישראל נכנס לקודש הקודשים וערך טקסים ששיקמו את מערכת היחסים בין עם ישראל לאביו שבשמיים.

אך אם נתבונן במכלול המקרא נגלה שני מודלים של כפרה, לא רק אחד. כל אחד מהם רואה אחרת את החטא ואת תיקונו, ומשתמש באוצר מילים שונה לגמרי. האחד הוא כוהני, והאחר – נבואי.

פסוק המפתח בפרשתנו הוא זה המגדיר את השפעת עבודתו של הכוהן הגדול: "כִּי בַיּוֹם הַזֶּה יְכַפֵּר עֲלֵיכֶם לְטַהֵר אֶתְכֶם מִכֹּל חַטֹּאתֵיכֶם; לִפְנֵי ה' תִּטְהָרוּ" (ויקרא טז, ל). שני פעלים חשובים מופיעים כאן, לכפר ולטהור.

בעולמו של הכוהן, חטא דומה לכתם. השורש כפ"ר מופיע בתורה לראשונה בציווי בנייתה של תיבת נח: "עֲשֵׂה לְךָ תֵּבַת עֲצֵי גֹפֶר, קִנִּים תַּעֲשֶׂה אֶת הַתֵּבָה; וְכָפַרְתָּ אֹתָהּ מִבַּיִת וּמִחוּץ בַּכֹּפֶר" (בראשית ו, יד). "לכפור" כאן הוא לצַפות, לכסות את פניו של דבר־מה. דרך אחת לטפל בבד מוכתם היא לכסות את הכתם באריג נקי. אבל הכתם נשאר, גם אם אין הוא נראה מבחוץ. כאן מגיע הפועל השני, "לטהר". הטהרה היא הסרה של הכתם עצמו.

שני שורשים אלה אינם מפוזרים בתורה, ובתנ"ך בכלל, באופן אחיד. כך למשל השורש כפ"ר מופיע שלוש פעמים בספר בראשית, שלוש פעמים בספר דברים – ו־59 פעמים בספר ויקרא. השורש טה"ר מופיע שבע פעמים בספר בראשית, שבע בספר דברים – ו־74 בספר ויקרא. בספרי הנביאים כולם גם יחד, כפ"ר מופיע 24 פעמים, וטה"ר 26; בספרים אלה השורש הנפוץ כשמדברים על תיקון החטא הוא שו"ב, המופיע 480 פעם.

בעיני הנביאים, יותר ממה שהחטא הוא כתם, החטא הוא הליכה לאיבוד, סטייה מהנתיב, הימצאות במקום הלא נכון. בהתאם לכך, העונש על החטא הוא מידה כנגד מידה: גלות, אובדן הבית. כך קרה כבר לאדם וחוה, שנענשו על חטא עץ הדעת: הם גלו מגן עדן. זה היה גם דינו של קין, עונשו על רצח אחיו: להיות נע ונד כל חייו. גלות היא העונש שמשה מנבא שיבוא על בני ישראל אם יסורו מהברית עם ה'; עונש שבא בגלות בבל. משום כך, כאמור, דיברו כמעט כל הנביאים על שיבה ותשובה:

שׁוּבָה יִשְׂרָאֵל עַד ה' אֱ־לֹהֶיךָ כִּי כָשַׁלְתָּ בַּעֲוֹנֶךָ. (הושע יד, ב)

מָחִיתִי כָעָב פְּשָׁעֶיךָ וְכֶעָנָן חַטֹּאותֶיךָ; שׁוּבָה אֵלַי כִּי גְאַלְתִּיךָ. (ישעיהו מד, כב)

שׁוּבוּ בָנִים שׁוֹבָבִים, אֶרְפָּה מְשׁוּבֹתֵיכֶם. (ירמיהו ג, יד)

אֱמֹר אֲלֵיהֶם: חַי אָנִי, נְאֻם אֲ־דֹנָי ה׳, אִם אֶחְפֹּץ בְּמוֹת הָרָשָׁע – כִּי אִם בְּשׁוּב רָשָׁע מִדַּרְכּוֹ וְחָיָה. שׁוּבוּ שׁוּבוּ מִדַּרְכֵיכֶם הָרָעִים, וְלָמָּה תָמוּתוּ, בֵּית יִשְׂרָאֵל! (יחזקאל לג, יא)

לְמִימֵי אֲבֹתֵיכֶם סַרְתֶּם מֵחֻקַּי וְלֹא שְׁמַרְתֶּם. שׁוּבוּ אֵלַי וְאָשׁוּבָה אֲלֵיכֶם, אָמַר ה׳ צְבָאוֹת. (מלאכי ג, ז)

שכיחותו של השורש שו״ב מדברת בעד עצמה. הנביאים כמעט שלא דיברו על כפרה ועל טהרה. הם דיברו על שיבה, על חזרה הביתה. נבואת היסוד שכל הנבואות האלו נגזרות ממנה היא נאומו של משה בערוב ימיו, באוזני הדור הצעיר:

וְהָיָה כִי יָבֹאוּ עָלֶיךָ כָּל הַדְּבָרִים הָאֵלֶּה, הַבְּרָכָה וְהַקְּלָלָה אֲשֶׁר נָתַתִּי לְפָנֶיךָ. וַהֲשֵׁבֹתָ אֶל לְבָבֶךָ בְּכָל הַגּוֹיִם אֲשֶׁר הִדִּיחֲךָ ה׳ אֱ־לֹהֶיךָ שָׁמָּה, וְשַׁבְתָּ עַד ה׳ אֱ־לֹהֶיךָ וְשָׁמַעְתָּ בְקֹלוֹ כְּכֹל אֲשֶׁר אָנֹכִי מְצַוְּךָ הַיּוֹם, אַתָּה וּבָנֶיךָ, בְּכָל לְבָבְךָ וּבְכָל נַפְשֶׁךָ – וְשָׁב ה׳ אֱ־לֹהֶיךָ אֶת שְׁבוּתְךָ וְרִחֲמֶךָ, וְשָׁב וְקִבֶּצְךָ מִכָּל הָעַמִּים אֲשֶׁר הֱפִיצְךָ ה׳ אֱ־לֹהֶיךָ שָׁמָּה. (דברים ל, א–ג)

בפסקה כולה (דברים ל, א–יד) מופיע השורש שו״ב שבע פעמים. לדעת הרמב״ן, זהו מקורה של מצוות התשובה.

המובן החדש של ״תשובה״ ו״בעל תשובה״ שהתפתח אחרי מלחמת ששת הימים לא היה אפוא חסר תקדים. זו הייתה השבה של מסורת עתיקה מאוד, המסורת הנבואית של התשובה. לא ״חטאתי ואכפר״ אלא ״רחקתי ואשוב״. לא במקרה שב והתחדש מובן עתיק זה דווקא בעקבות הולדתה המחודשת של מדינת ישראל, ובעקבות התרוממות הרוח של מלחמת ששת הימים בפרט. הנביאים, ממשה עד מלאכי, קשרו בין שיבת ישראל לארצו לשיבתו לאלוהיו, כפי שניכר למשל בפסקה שציטטנו מחומש דברים. השיבה הפיזית הביתה קשורה לשיבה הרוחנית אליו.

מכאן הרעיון משנה־החיים שלנו: יש שאנו מבינים שחיינו אינם נוסעים במסלול הנכון, לא בגלל חטא מסוים אלא כהרגשה כללית של אובדן דרך. התשובה פירושה חזרה הביתה, אל האלוהים.

רעיון משנה־חיים 29:

יש שאנו מבינים שחיינו אינם נוסעים במסלול הנכון, לא בגלל חטא מסוים אלא כהרגשה כללית של אובדן דרך. התשובה פירושה חזרה הביתה, אל האלוהים.

קדושים

האהבה משוועת לסדר

בפרק הפותח את פרשת קדושים יש שתי מצוות מרשימות במיוחד: אהבת הרֵעַ ואהבת הגֵר. את שניהם אנו מצווים לאהוב "כמונו". "וְאָהַבְתָּ לְרֵעֲךָ כָּמוֹךָ, אֲנִי ה'", מורה המצווה הראשונה (ויקרא יט, יח). "וְכִי יָגוּר אִתְּךָ גֵּר בְּאַרְצְכֶם, לֹא תוֹנוּ אֹתוֹ", אומרת המצווה השנייה, וממשיכה: "כְּאֶזְרָח מִכֶּם יִהְיֶה לָכֶם הַגֵּר הַגָּר אִתְּכֶם. וְאָהַבְתָּ לוֹ כָּמוֹךָ, כִּי גֵרִים הֱיִיתֶם בְּאֶרֶץ מִצְרָיִם. אֲנִי ה' אֱ־לֹהֵיכֶם" (שם, לג-לד).[1]

המצווה הראשונה מזוהה לפעמים עם "כלל הזהב", המשותף לכל התרבויות. זו טעות. כלל הזהב שונה ממצוות אהבת הרע שבתורה. בניסוחו החיובי הוא קובע "נהג בזולת כפי שאתה רוצה שהוא ינהג בך"; ובניסוח השלילי, בלשונו של הלל, "מה ששנוא עליך לא תעשה לחברך". כללים אלה, אין עניינם אהבה. הם עוסקים בצדק, או ליתר דיוק במה שהפסיכולוגים האבולוציוניים מכנים "אלטרואיזם הדדי". התורה אינה אומרת "היה נחמד כלפי שכנך, למען יהיה הוא נחמד כלפיך". היא אומרת "**ואהבת** לרעך". זהו דבר שונה, חזק הרבה יותר.

המצווה השנייה רדיקלית אפילו יותר. הגר־התושב אינו מבני ישראל. הוא זר. רוב האנשים ברוב התרבויות ברוב התקופות פחדו מהזר, שנאו אותו ולא פעם פגעו בו. יש מונח המציין זאת: קְסֶנוֹפוֹבִּיה. כמה פעמים שמעתם את המונח המציין את ההפך, קְסֶנוֹפִילִיה? הניחוש שלי: אפס. בדרך כלל אנשים אינם אוהבים זרים. על שום כך, כמעט בכל פעם שהתורה חוזרת על ציווי זה – 36 פעמים, לדברי חז"ל – היא מוסיפה הסבר: "כִּי גֵרִים הֱיִיתֶם בְּאֶרֶץ מִצְרָיִם". אינני מכיר שום אומה

1. יש שפירשו כאן "גר" כ"גר צדק", כמובנה הרווח כיום של המילה "גר"; אך מקובל יותר הפירוש שהמדובר בגר־תושב שלא הצטרף לעם ישראל. כי אכן, לוז המצווה הזו הוא הדרישה להתעלות מעל הבדלים אתניים ודתיים.

אחרת שהולדתה כאומה הייתה בשעבוד ובגלות. אנחנו יודעים מבשרנו מהו להיות מיעוט פגיע. לכן אהבת הגר מרכזית כל כך ביהדות ושולית כל כך במערכות אתיות אחרות.[2] אבל גם כאן, במצווה הזאת, התורה אינה מדברת על "צדק". ישנה מצווה לנהוג בגרים בצדק, אך זו מצווה אחרת: "וְגֵר לֹא תוֹנֶה וְלֹא תִלְחָצֶנּוּ כִּי גֵרִים הֱיִיתֶם בְּאֶרֶץ מִצְרָיִם" (שמות כב, כ). אבל כאן התורה מדברת לא על צדק אלא על אהבה.

שתי מצוות אלו מגדירות את היהדות כדת של אהבה – לא רק אהבת האל ("בְּכָל לְבָבְךָ וּבְכָל נַפְשְׁךָ וּבְכָל מְאֹדֶךָ"), אלא גם אהבת האנושות. כשהעמידה היהדות את העיקרון הזה, היה בכך חידוש שבכוחו לשנות עולם.

אך ישנו עניין תמוה המעורר מחשבות עמוקות, והוא **מיקומן של המצוות הללו בתורה.** הן מופיעות בפרשת קדושים, ולמתבונן בן זמננו הופעתן בין מצוות הקדושה ודאי נראית כאחת התופעות המשונות בתורה.

פרק יט בספר ויקרא מציג בחבורה אחת שורה של מצוות ממינים שונים לגמרי. חלקן שייכות לחיי המוסר: לא ללכת רכיל, לא לשנוא, לא לנקום, לא לנטור. אחרות עוסקות בצדק חברתי: להשאיר לעניים חלקים מהיבול, לא לסלף את הדין, לא להלין שכר, לא להונות במידות ובמשקולות. רחוקות מהן בעניינן, אך קרובות להן ומשובצות ביניהן, מצוות כגון איסור זריעת כלאיים, איסור הכלאת בעלי חיים, איסור לבישת צמר ופשתים יחדיו, איסור אכילת פירות בשלוש השנים הראשונות של העץ, איסור אכילת דם, איסור כישוף ואיסור חיתוך עצמי.

במבט ראשון, אין מכנה משותף לאוסף המצוות הזה: חלקן מצוות מצפוניות, אחרות נוגעות לחברה וכלכלה, ועוד אחרות לטהרה ולטאבו. אולם ברור שהתורה אומרת לנו פה דבר־מה. יש למצוות הללו מכנה משותף. **כולן עוסקות בסדר, במגבלות ובגבולות.** הן אומרות לנו שלמציאות יש מבנה יסוד שחייבים לכבדו. מי ששונא או נוקם הורס מערכת יחסים. מי שעושה עוול במשפט מפורר את האמון שהחברה תלויה בו. מי שמחלל את סדרי הטבע (מערבב זרעים, מערבב מינים וכן הלאה) עושה צעד ראשון בנתיב שסופו אסון סביבתי.

יש סדר לעולם, מוסרי ופוליטי וסביבתי. כשהסדר הזה מופר, העולם גולש לתוהו. כשהסדר הזה נשמר ומשומר, אנו נעשים שותפים בבריאתן של ההרמוניה הנשגבת והרבגוניות העשויה רקמה אחת: של מה שהתורה מכנה "קדוש".

2. לו הייתה אהבת הגר ערך מרכזי בתרבויות אירופה, לא היו מתחוללות בה אלף שנות רדיפת יהודים, ולא הייתה נולדת מהן האנטישמיות הגזענית, וקל וחומר שלא היו הדברים מגיעים לידי ההשמדה השיטתית של היהודים בשואה.

מדוע אפוא דווקא בפרק הזה מופיעות שתי המצוות הגדולות שהזכרנו, אהבת הרע ואהבת הגר? התשובה עמוקה, ורחוקה מלהיות מתבקשת. התשובה היא **שהאהבה שייכת דווקא לכאן: לעולם שיש בו סדר.**

ג׳ורדן פיטרסון, פרופסור לפסיכולוגיה מקנדה, נעשה לאחרונה אחד האינטלקטואלים הציבוריים הבולטים של זמננו. ספרו החדש, **12 כללים לחיים**, הוא רב־מכר ענק בבריטניה ובאמריקה.[3] פיטרסון הוא איש אמיץ שאינו ירא ללכת נגד הזרמים החזקים של הזמן ולהצביע על הפגמים שבאופנות הרוחניות במערב. בספר הזה, מדהים במיוחד הוא כלל 5: ״אל תיתנו לילדיכם לעשות דברים שיגרמו לכם לא לחבב אותם״.

הרעיון מורכב מכפי שהוא נשמע. הורים רבים מאוד, אומר פיטרסון, אינם מצליחים בימינו לחבֵּרת את ילדיהם. הם מפנקים אותם. הם אינם מעמידים בפניהם כללים. יש לכך, הוא טוען, סיבות סבוכות. חלקן קשורות להיעדר קשב. ההורים עסוקים ואין להם זמן למשימה התובענית של הנחלת משמעת. סיבות אחרות קשורות לרעיון רב־ההשפעה אך המוליך־שולל של ז׳אן ז׳אק רוסו שהילדים טובים מטבעם, ורק החברה וחוקיה מקלקלים אותם; ואם כך, הדרך המוצלחת ביותר לגדל ילדים מאושרים ויצירתיים היא להניח להם להחליט בעצמם מה יעשו.

סיבה נוספת, הוא אומר, היא ש״הורים מודרניים פשוט משותקים מפחד לאבד את אהבת ילדיהם אם ינזפו בהם או יענישו אותם״. הם מפחדים שאם יגידו לילד ״לא״ יתקלקלו היחסים איתו. הם מפחדים מאובדן אהבתו של הילד.

התוצאה היא שהילדים נותרים לא מוכנים, עד כדי סכנה, לחיים בעולם שאינו רוקד לפי חלילם ואינו משתחווה להם אפיים; עולם שעלול להיות קשוח, תובעני ולפעמים גם אכזרי. ילדים הגדלים ללא כללים, ללא טיפוח כישורים חברתיים, בלי דרישות לאיפוק ובלי יכולת לדחות סיפוקים, נפלטים אל המציאות בלי ההכשרה הנדרשת לכך. מסקנתו מאלפת:

> עקרונות ברורים יוצרים עולם בטוח לילדים והופכים את הוריהם לשלווים ושקולים. עקרונות משמעת ועונש ברורים מאזנים בין חסד לצדק ומבטיחים קידום של בשלותו הנפשית והחברתית של הילד. כללים ברורים ומשמעת נכונה

3. ג׳ורדן ב׳ פיטרסון, **12 כללים לחיים**, מאנגלית: דלית לאוב־סוטר, תל אביב: סלע מאיר, 2018.

מסייעים לילד, למשפחה ולחברה לכונן, לסדר ולהרחיב את הסדר: את כל אשר מגן עלינו מפני הכאוס.[4]

בזאת עוסק פרק יט, תחילת פרשת קדושים: כללים ברורים היוצרים סדר חברתי ומקיימים אותו. ואל המקום הזה שייכת האהבה הממשית – לא התחליף הסנטימנטלי שלה, זה שאנו מרמים בו את עצמנו. בלי סדר, האהבה רק מוסיפה לכאוס. אהבה המוחקת גבולות עלולה להוביל להזנחה הורית ולייצר ילדים מפונקים בעלי תחושת מגיע־לי הנידונים בבגרותם לחיים ללא אושר, ללא הצלחה וללא מימוש עצמי.

ספרו של פיטרסון, שכותרת המשנה שלו היא "תרופת־נגד לכאוס", איננו עוסק רק בגידול ילדים. הוא מדבר על הערבוביה השוררת במערב מאז שרו הביטלס ב־1967 "כל מה שאתה צריך הוא אהבה". בעבודתו כפסיכולוג קליני ראה פיטרסון איזה מחיר רגשי משלמת חברה שאין לה קוד מוסרי משותף. אנשים, הוא כותב, צריכים עקרונות מארגנים, כי בלעדיהם הם טובעים בתוהו. "אנחנו זקוקים לכללים, מוסכמות, חוקים, ערכים – ברמת הפרט והחברה... אנחנו זקוקים לשגרה ולמסורת. בעינינו, זהו סדר". סדר מופרז עלול להיות רע, אך האי־סדר גרוע ממנו. המקום הנכון לחיות את החיים, הוא אומר, הוא על הקו המפריד בין השניים. "זהו המקום שבו אנו מוצאים משמעות שמצדיקה את החיים ואת הסבל הבלתי נמנע הנלווה אליהם". לו חיינו כך, הוא מוסיף, היינו אולי יכולים "לסבול את ידיעת שברירויותנו והיותנו בני תמותה בלי תחושת קורבנות מתרעמת היוצרת טינה וקנאה ובעקבותיהן רצון בנקמה ובהרס".[5]

זהו ההסבר החריף ביותר ששמעתי בחיי למבנהו הייחודי של פרק יט בחומש ויקרא. השילוב שיש בו בין חוקים מוסריים, חברתיים, כלכליים וסביבתיים הוא הכרזה מגבוה על סדר עולמי, מעשה ידי ה׳, שאנו המופקדים על שמירתו. אבל הפרק אינו עוסק רק בסדר. הוא גם נופח בסדר הזה נשמה אנושית באמצעות האהבה – אהבת הרע ואהבת הגר. וכשהפרק מוסיף על כל אלה את "לֹא תִשְׂנָא" ו"לֹא תִקֹּם וְלֹא תִטֹּר" אנו מזהים בו בתדהמה את הבחנתו העכשווית של ג׳ורדן פיטרסון בדבר תוצריו של היעדר הסדר – הטינה והקנאה ותשוקת הנקם וההרס.

מכאן הרעיון משנה־החיים, ששכחנו לאורך שנים רבות מדי: באהבה אין די. יחסים זקוקים לכללים.

4. שם, עמ׳ 168.
5. שם, עמ׳ 24.

רעיון משנה־חיים 30:

עקרונות ברורים ומשמעת נכונה מסייעים לכונן ולהרחיב את הסדר למען רווחתם של הילד, המשפחה והחברה. באהבה אין די. יחסים זקוקים לכללים.

אמור

יומן המשימות השנתי

ניהול זמן הוא יותר מניהול, ולא רק של זמן. ניהול זמן הוא דרך חיים. חיינו הם הגדולה במתנות שה' נתן לנו. ואת המתנה הזו הוא מודד לכולנו באותה מידה. גם לעשירים שבעשירים יש רק עשרים וארבע שעות ביממה, שבע יממות בשבוע, וקצבת שנות חיים שאומנם אינה קבועה, אך ארוכה ככל שתהיה היא תמיד קצרה מדי. נהיה מי שנהיה, נעשה מה שנעשה, יהיו כישורינו אשר יהיו – הדבר החשוב ביותר בחיינו, הדבר שכל יתר הדברים תלויים בו, הוא האופן שאנו מבלים בו את זמננו.[1]

"יְמֵי שְׁנוֹתֵינוּ בָהֶם שִׁבְעִים שָׁנָה, וְאִם בִּגְבוּרֹת – שְׁמוֹנִים שָׁנָה", אומר משורר תהלים במזמור צ (פסוק י); ולמרות ההפחתה הדרסטית במקרי המוות בטרם עת במאה האחרונה, על פי נתוני האו"ם מהשנים 2015-2010 תוחלת החיים הממוצעת בעולם היא 70.5 שנים.[2] המזמור ממשיך ומבקש, "לִמְנוֹת יָמֵינוּ כֵּן הוֹדַע וְנָבִא לְבַב חָכְמָה" (שם, יב) – להזכירנו שניהול זמן אינו רק מכשיר לשיפור היצרנות. חוכמת הלב טמונה בו. הוא מעין תרגול רוחני.

הלקח המעשי מכך נשמע פשוט, אבל אין הוא כזה. **אל תסמכו רק על רשימת מטלות; השתמשו ביומן.** האנשים המצליחים בעולם רושמים את המשימות החשובות שלהם ביומנם, בתאריך מוגדר.[3] הם יודעים שמה שאינו כלול ביומן, ספק רב אם יקרה. רשימות של מטלות הן דבר שימושי אך בלתי מספיק. הן מזכירות לנו מה עלינו לעשות, אבל אינן אומרות מתי. הן אינן מבחינות בין מה שחשוב לבין מה

1. על האופן שבו הזמן מושל בהתנהגותנו אפשר לקרוא בספר מצוין שהופיע לאחרונה: Daniel Pink, *When: The Scientific Secrets of Perfect Timing*, New York: Riverhead Books, 2018.
2. הנתונים מופיעים בערך List of countries by life expectancy בוויקיפדיה. אפשר למצוא בו גם פירוט מלא על פי מדינות ומינים.
3. ראו Kevin Kruse, *15 Secrets Successful People Know about Time Management*, 2017.

שהוא רק דחוף. הן מעמיסות על התודעה פרטים משניים ומפריעות לנו להתמקד בדברים החשובים לטווח הארוך. רק יומן, הקובע למשימותינו עיתים וזמנים, קושר את הַמָּה עם הַמָּתַי. דבר זה נכון לאדם היחיד – וגם לקהילות ולתרבויות שלמות.

זה עניינו של לוח השנה העברי. וזו הסיבה שפרק כג בספר ויקרא, פרק המועדות שבפרשתנו, הוא מיסודות חיותו המתמשכת של עם ישראל. הוא קובע לוח שבועי, חודשי ושנתי של זמנים מקודשים; מהלך שבפרשת בהר יורחב גם למעגלים של שבע שנים ושל חמישים שנה. התורה מכריחה אותנו לזכור את מה שהתרבות בת זמננו אוהבת לשכוח: **דרושים לנו זמנים קבועים להתמקדות בדברים הנותנים לחיינו משמעות**. והיות שאנו יצורים חברתיים, הזמנים החשובים ביותר הם הזמנים שאנחנו חולקים עם אחרים. כזה ממש הוא הלוח העברי על מועדיו: מערכת של זמן משותף.

כולנו צריכים זהות, וכל זהות באה עם סיפור. לכן דרושים לנו מועדים שנזכיר בהם לעצמנו את הסיפור המספר מאין באנו ולאן אנו הולכים. זה קורה בפסח, כאשר אנו מחיים את הרגע המכונן של עמנו, את צאתו לדרך הארוכה אל החירות.

אנחנו צריכים קוד מוסרי, מערכת ניווט לוויינית המופנמת בתוכנו ומורה לנו את הדרך במִדבר הזמן. את זאת אנו חוגגים בשבועות, כשאנו חווים שוב את הרגע שאבותינו עמדו לרגלי הר סיני, כרתו ברית עם אלוהים ושמעו מן השמיים את עשרת הדיברות.

אנחנו צריכים תזכורת קבועה על קוצר החיים, ועל הצורך הנובע מכך להשתמש בזמן בתבונה. את זאת אנחנו עושים בראש השנה, בעומדנו לפני ה׳ למשפט ובהתפללנו אליו שיכתבנו בספר החיים.

אנחנו צריכים מועד להתעמת בו עם כישלונותינו, להתנצל על העוולות שעשינו, לתקן את דרכנו, להחליט לשנות, לבקש סליחה. זוהי משימתנו ביום הכיפורים.

אנחנו צריכים להזכיר לעצמנו שאנחנו במסע, שאנחנו ״גרים ותושבים״ על פני האדמה, ושמגורינו בעולם הם מגורי עראי. את זאת אנחנו חווים בחג הסוכות.

ואנחנו צריכים, מעת לעת, לסגת צעד לאחור ממהומת מלאכת החולין ולמצוא לנו מנוחה כדי לשמוח בטוב שזכינו לו, לרענן את קשרינו עם היקרים לנו ולחדש את כוחות הגוף והנפש. זוהי השבת.

רוב האנשים, או לפחות רוב האנשים החושבים, יודעים כמובן שהדברים הללו חשובים. אבל בידיעה אין די. יש בחיינו רכיבים הנעשים ממשיים כאשר אנו **חיים** אותם, ולא כאשר אנו רק **יודעים** אותם. ומשום כך הם צריכים להופיע ביומן שלנו, לא רק ברשימת המטלות.

כפי שכתב אלן דה בוטון בספרו **דת לאתיאיסטים**, כולנו יודעים שחשוב לתקן

מערכות יחסים מקולקלות, אבל אלמלא יום הכיפורים היינו עלולים לדחות את התיקון הזה עד אין קץ, בשל כל העכבות הפסיכולוגיות.[4] אם אנחנו הצד הנפגע, אולי איננו רוצים להראות את כאבנו לאנשים אחרים. איננו רוצים להיראות שבירים ופגיעים. ואם אנחנו הצד הפוגע, ודאי קשה לנו להודות באשמתנו – וזאת, בין היתר, דווקא בשל רגשי האשמה שלנו. כדבריו של דה בוטון, "אנו יכולים להצטער עד כדי אובדן היכולת לומר 'אני מצטער'". יום הכיפורים הוא היום המסומן ביומננו כיום שאנו צריכים לעשות בו את התיקון; והידיעה שביום הזה כולם עושים כך מקילה את הביצוע. במילותיו של דה בוטון –

> עצם היום הזה גורם לנו לשבת כאן ולדבר על התקרית ההיא מלפני שישה חודשים, כששיקרת לי והתלהמתי כלפייך והאשמת אותי בחוסר כנות ואני גרמתי לך לבכות – תקרית שלא את ולא אני יכולים לשכוח, אבל גם איננו יכולים להזכיר; תקרית ששחקה אט אט את האמון והאהבה שרחשנו זה לזו. עצם היום הזה הוא הנותן לנו את ההזדמנות, את האחריות בעצם, להפסיק לדבר על עסקי היומיום ולפתוח שוב את התיק שהעמדנו פנים כאילו פרח מזיכרוננו. אנחנו עושים את זה לא כי מתחשק לנו; אנחנו מצייתים לכללים.[5]

כך בדיוק: אנחנו מצייתים לכללים. אנחנו הולכים אחר הלוח העברי, המעלה רבות מן החשובות שבאמיתות חיינו ובמקום לשבץ אותן ברשימת מטלות כותב לנו אותן ביומן.

מה קורה כשאין לנו יומן מהסוג הזה? החברה המערבית החילונית של זמננו היא מקרה מבחן לכך. הבריות חדלו לספר את סיפורן הלאומי. מתוך כך, בעיקר באירופה, הזהויות הלאומיות מוצגות כשרידים היסטוריים. וזו אחת הסיבות לשובו של הימין הקיצוני במדינות כגון אוסטריה, הולנד וצרפת.

הבריות חדלו גם לחלוק קוד מוסרי משותף – ומן הטעם הזה מנסים היום סטודנטים בקמפוסים לאסור על הופעתם של דוברים בעלי דעות שאינן שלהם. כאשר אין קוד מוסרי משותף לא יכול להתקיים דיון מושכל, ועוברים לנחת הזרוע ולסתימת הפה.

4. כמובן, יום הכיפורים מכפר רק על עבירות שבין אדם למקום, לא על אלו שבין אדם לחברו. כפרה על אלו טעונה קבלת סליחה מהנפגע – אך בקשת הסליחה, והתשובה גם על חטאים שבין אדם לחברו, הן חלק בלתי נפרד מיום הכיפורים. למעשה, רוב החטאים המפורטים בווידוי הארוך "על חטא" הם חטאים שבין אדם לחברו.

5. Alain De Botton, *Religion for Atheists*, London: Hamish Hamilton, 2012, pp. 55–56.

אשר לזכירת קוצר החיים, הוגה הדעות בן זמננו רומן קְרְזְנָרִיק מציין שהחברה המודרנית "מכוונת להסחת הדעת מהמוות. הפרסומות יוצרות עולם שכולם בו צעירים לנצח. את הקשישים אנו מסלקים למוסדות סיעודיים, רחוק מן העין ורחוק מן הלב". המוות, הוא כותב, נעשה "נושא טאבו, כפי שהיה המין בתקופה הוויקטוריאנית".[6]

הכפרה והסליחה הושעו מהחיים הציבוריים, ומחליפן, באדיבות הרשתות החברתיות, הוא הביוש הפומבי, השיימינג. ואשר לשַׁבָּת, כמעט בכל מקום במערב הומר יום המנוחה ביום קדושת הקניות, ואת המנוחה עצמה החליפה רודנותו הבלתי נלאית של הסמארטפון.

לפני חמישים שנה רווחה התחזית שבימינו הכול יהיה אוטומטי. שבוע העבודה יתכווץ לכדי עשרים שעות, והבעיה הגדולה ביותר שלנו תהיה מה לעשות עם כל הפנאי. אך לא כך קרה. רובם של בני זמננו מוצאים עצמם עובדים קשה יותר מבעבר, וברשותם פחות ופחות זמן לעסוק בדברים המקנים לחיים משמעות. כניסוחו של ליאון קאס בפתח ספרו החדש, אנשים "עדיין מקווים למצוא משמעות בחייהם", אך הם נבוכים במידה גוברת והולכת "באשר לשאלות מָהם חיים ראויים וכיצד נצליח לזכות בהם".[7]

זהו הפלא משנה־החיים של הלוח העברי. הפילוסופיה מבקשת אמיתות נצחיות העומדות מעל לזמן. היהדות, לעומת זאת, נוטלת אמיתות ומתרגמת אותן לשפת הזמן, ביוצרה רגעים קדושים משותפים שאנו חיים בהם את האמיתות הללו. נמצאנו למדים: אם אתם רוצים להשיג משהו, קבעו לכם תאריך לעשותו וכתבו ביומן – אחרת הוא לא יקרה. ואם רצונכם לחוות את הדברים הנותנים לחיים משמעות, ולא רק לחשוב עליהם באורח מזדמן, חיו את חגיה ומועדיה ושבתותיה של השנה העברית.

רעיון משנה־חיים 31:

אל תסמכו רק על רשימת מטלות; השתמשו ביומן. ואם רצונכם לחוות את הדברים הנותנים לחיים משמעות, חיו את חגיה ומועדיה ושבתותיה של השנה העברית.

---

6. Roman Krznaric, *Carpe Diem Regained*, London: Unbound, 2017, p. 22.
7. Leon Kass, *Leading a Worthy Life: Finding Meaning in Modern Times*, New York: Encounter Books, 2018, p. 9.

בהר

אנחנו מה שאין לנו

ויוויאן ומוריס וואהל ז״ל היו זוג מן המרשימים שהכרתי מימיי. הם היו צמד הפכים. מוריס היה שקט, מופנם, מהורהר ומאופק. ויוויאן הייתה חברותית ומלאת חיים, אשת רעים להתרועע במובן המעולה של המושג. הם השלימו זה את זו להפליא: שני חצאים של שלם.

ייחודם הבולט היה ההיקף המונומנטלי של הנתינה שלהם. בישראל, למשל, הם תרמו את גן הוורדים הגדול הסמוך לכנסת ואת מרכז הכנסים בעיצובו המדהים של דניאל ליבסקינד מול אוניברסיטת בר־אילן. הם נידבו מתקנים רפואיים בתל אביב ובירושלים, כמו גם בקינגס קולג׳ וביוניברסיטי קולג׳ בלונדון. הם תמכו בבתי ספר יהודיים בבריטניה ובישיבות בישראל. וכל זה רק מגרד את פני השטח של מפעלם הפילנתרופי.

אך המרגש באמת הוא דרך היכרותם זה עם זו – שכן ויוויאן הייתה צעירה ממוריס בשלושים שנה. כשהם נפגשו מוריס התקרב לשנתו החמישים: איש עסקים ברמ״ח איבריו שדומה היה כי נידון לחיי רווקות. ויוויאן, שעוד לא מלאו לה עשרים, הייתה בתם של חבריו, והיא מצאה אצלו עבודה לימי חופשת לימודים.

יום אחד הציע לה מוריס לבוא איתו לארוחת צוהריים. בדרכם אל המסעדה הם חלפו על פני קבצן. מוריס נתן לו מטבע והמשיך. ויוויאן עצרה ושאלה את מוריס אם ייאות לתת לה את משכורתה השבועית לפני הזמן. מוריס הושיט לה את הסכום. היא חזרה אל הקבצן ונתנה לו את כל הכסף. ״למה עשית את זה?״ שאל מוריס. ״כי מה שנתת לו לא מספיק כדי להשפיע על החיים שלו. הוא צריך יותר מזה״.

בסוף השבוע אמר מוריס לוויוויאן, ״לא אתן לך כסף נוסף על המשכורת השבועית שכבר קיבלת, כדי שלא לקלקל לך את המצווה שעשית״. אבל זה היה הרגע שבו החליט שהוא רוצה להתחתן איתה, משום שכפי שאמר לי זמן קצר לפני מותו, ״הלב שלה היה גדול מהלב שלי״.

אני מספר את הסיפור הזה כי הוא ממחיש ממד של פרשת בהר שאנו נוטים להחמיץ. פרק כה בספר ויקרא עוסק בבעיה שחריפותה לא קהתה גם כיום, כעבור 3,300 שנה. הוא עוסק באי־שוויון הבלתי נמנע המתקיים בכל משק חופשי. כלכלת השוק מיטיבה ליצור עושר, אך בחלוקתו היא מוצלחת הרבה פחות. יהיה קו הזינוק אשר יהיה, עד מהרה יופיעו פערים בין המצליחים יותר למצליחים פחות, והם מתרחבים ככל שעובר הזמן.[1]

אי־שוויון כלכלי מוביל לאי־שוויון בכוח, והתוצאה היא במקרים רבים ניצול החלשים בידי החזקים. נביאי ישראל מדברים על כך כבפזמון חוזר. עמוס מנה את פשעי ישראל – "עַל מִכְרָם בַּכֶּסֶף צַדִּיק וְאֶבְיוֹן בַּעֲבוּר נַעֲלָיִם, הַשֹּׁאֲפִים עַל עֲפַר אֶרֶץ בְּרֹאשׁ דַּלִּים וְדֶרֶךְ עֲנָוִים יַטּוּ" (ב, ו-ז). ישעיהו קרא, "הוֹי הַחֹקְקִים חִקְקֵי אָוֶן וּמְכַתְּבִים עָמָל כִּתֵּבוּ, לְהַטּוֹת מִדִּין דַּלִּים וְלִגְזֹל מִשְׁפַּט עֲנִיֵּי עַמִּי לִהְיוֹת אַלְמָנוֹת שְׁלָלָם וְאֶת יְתוֹמִים יָבֹזּוּ" (י, א-ב). מיכה מזדעק על "חֹשְׁבֵי אָוֶן וּפֹעֲלֵי רָע, עַל מִשְׁכְּבוֹתָם בְּאוֹר הַבֹּקֶר יַעֲשׂוּהָ כִּי יֶשׁ לְאֵל יָדָם, וְחָמְדוּ שָׂדוֹת וְגָזָלוּ וּבָתִּים וְנָשָׂאוּ, וְעָשְׁקוּ גֶּבֶר וּבֵיתוֹ וְאִישׁ וְנַחֲלָתוֹ" (ב, א-ב).

בעיה זו מתקיימת כמעט בכל חברה ובכל זמן. המיוחד בהתייחסותה של התורה לבעיה מורכבת זו הוא שהתורה מסרבת לתת לה תשובה חד־ממדית. השוויון הוא ערך, אבל גם החופש. הקומוניזם והסוציאליזם ניסו לאכוף שוויון גם על חשבון החופש – ונכשלו; אבל גם לכלכלה החופשית בעיות משלה. עיקרון אחד שאפשר להסיק מהמקרא הוא כי **השוק נועד לשרת את האדם, ולא האדם את השוק**. שאלת היסוד היא אפוא: מה משרת על הצד הטוב ביותר את האנושות שבריבונות האל? קריאה קפדנית בפרשת בהר תגלה שגישתה של התורה לסוגיה זו פועלת בשלושה רבדים נבדלים לגמרי: **הפוליטי, הפסיכולוגי והתיאולוגי**.

הרובד הראשון, הפוליטי, פשוט. הפרשה מציעה שני מחזורים של חלוקה מחודשת של העושר, מחזור שבע השנים של השמיטה ומחזור חמישים השנים של היובל. הכוונה כאן היא ליישור־קו כלכלי תקופתי, הנעשה באמצעות שילוב של שמיטת חובות, שחרור עבדים, והחזרת נחלות אבות לבעליהן המקוריים. זו דרך לטפל בפערים כלכליים מצטברים בלי להתערב במשק באופן קבוע. עד כאן הממד הפוליטי.

הממד הפסיכולוגי הוא מה שהמהפכנים הצרפתים כינו "אחווה". המילה "אח" מופיעה בדינים שבפרשה עשר פעמים, למשל: "אַל תּוֹנוּ אִישׁ אֶת אָחִיו" (כה, יד); "וְכִי יָמוּךְ אָחִיךָ" (כה, לה; לט); "גְּאֻלָּה תִּהְיֶה לּוֹ, אֶחָד מֵאֶחָיו יִגְאָלֶנּוּ" (כה, מח). זוהי חשיבה התפתחותית, לא מהפכנית. אנו יודעים ממחקריהם של ויליאם המילטון ואחרים על

1. זהו הטיעון בספרו של תומס פיקטי: Thomas Piketty, *Capital in the 21st Century*, Harvard: Harvard University Press, 2014.

ברירת השארים כי הדחף האלטרואיסטי הבסיסי ביותר הוא כלפי המשפחה. מידת הנכונות שלנו להַקְרָבה למען מישהו היא כמידת הַקִּרְבה המשפחתית שבינינו לבינו.

וזוהי מן הסיבות המרכזיות לכך שמתחילת הסיפור היהודי עד היום, היהודים ראו את עצמם כמשפחה אחת, צאצאי שלושת האבות וארבע האימהות. חקיקה אלטרואיסטית, באמצעות מוסדות כגון השמיטה והיובל, אין די בה; יש צורך בחברה שבניה מרגישים מחוברים יחדיו בעבותות של אחריות משותפת. לכן נדרשת התורה לסיפורי האבות בספר בראשית, המתמקדים בבני ישראל לא כאומה אלא **כמשפחה**. המצוות והסיפורים כרוכים כאן יחדיו. עם ישראל כולו הוא משפחה אחת מורחבת מאוד, **ולכן** עלינו לעזור לאחינו ולאחיותינו כשהם מתרוששים. האתניות משרתת פה את המוסר.

ולבסוף, עמוק מכולם, הממד התיאולוגי. בפרק שלנו אנו שומעים בבירור שאין דומה לו את מה שבעיניי הוא העיקרון היסודי ביותר במצוות התורה. ראו את הנאמר בפרקנו על הארץ ועל עבדים עברים:

וְהָאָרֶץ לֹא תִמָּכֵר לִצְמִתֻת **כִּי לִי הָאָרֶץ** כִּי גֵרִים וְתוֹשָׁבִים אַתֶּם עִמָּדִי. (כה, כג)

וְכִי יָמוּךְ אָחִיךָ עִמָּךְ וְנִמְכַּר לָךְ לֹא תַעֲבֹד בּוֹ עֲבֹדַת עָבֶד... **כִּי עֲבָדַי הֵם** אֲשֶׁר הוֹצֵאתִי אֹתָם מֵאֶרֶץ מִצְרָיִם, לֹא יִמָּכְרוּ מִמְכֶּרֶת עָבֶד. לֹא תִרְדֶּה בוֹ בְּפָרֶךְ וְיָרֵאתָ מֵאֱ-לֹהֶיךָ. (כה, לט-מג)

התורה קובעת כאן עיקרון רדיקלי. **אין בעלות מוחלטת**. בארץ ישראל לא תהיה בעלות מלאה ומתמדת על קרקע, מפני שבסופו של דבר אדמתה שייכת לקב״ה. ובאותו אופן, אדם מבני ישראל לא יהיה בעליו של אדם אחר מבני ישראל, כי כולנו שייכים לה׳, עוד מזמן שהוא הוציא את אבותינו מעבדות במצרים.

העיקרון הזה נותן פשר לסיפור בריאת העולם. התורה איננה ספר מדע. היא ספר של חוקים, של הוראות. לכן היא נקראת תורה. מכאן, שהפרק הראשון בה איננו מדעי אלא משפטי. הוא איננו עונה על השאלה ״איך נברא העולם?״ אלא על שאלה אחרת לגמרי: ״באיזו זכות מְצַווה אלוהים על בני האדם?״ התשובה היא: הוא ברא את העולם; לפיכך הוא בעליו של העולם; לפיכך הוא זכאי לקבוע באילו תנאים הוא מתיר לנו לגור בעולם הזה. זהו הבסיס למצוות התורה. אלוהים מושל לא בזכות הכוח אלא בכוח הזכות – זכותו על הבריאה באשר הוא בוראה.

הדבר בולט במיוחד בפרשת בהר, במצוות הנוגעות לבעלות על קרקעות ועבדים. ההלכה היהודית מושתתת על העיקרון שרק ה׳ הוא בעליהם של דברים. איננו הבעלים

של קניננו, אלא אנו מחזיקים בו כפיקדון. זה פשר גזירתה של המילה "צדקה" מן המילה "צדק" (במקרא מובנן של השתיים אף זהה). בלשונות אחרות צדק וצדקה הם מושגים שונים בתכלית; צדקה היא נדבה ואין לה קשר לצדק. צדק מוכרחים לעשות – ואילו צדקה תלויה ברצוננו הטוב. אם אני נותן לך אלף שקל כי אני חייב לך סכום זה, זהו צדק. ואילו אם אני נותן לך אלף שקל לא כי אני חייב לך אלא כי אני חושב שהסכום נחוץ לך – זו צדקה. השקפת התורה אחרת: כספנו שייך לה׳, והוא הפקיד אותו בידינו למשמר. אחד מתנאי הפיקדון הוא שאם יש לנו יותר מכפי צורכנו, עלינו לחלוק אותו עם מי שיש לו פחות מכפי צורכו. זוהי הצדקה: נדבה שהיא צדק.

כך חיו ויוויאן ומוריס וואהל. ה׳ חנן את מוריס בהצלחה כלכלית, והוא ידע שהעושר שצבר אינו באמת שלו. ה׳ נתן לו לטפל בכסף הזה, ביודעו שהוא ישתמש בו בתבונה לשיפור חייהם של אחרים. אך מוריס היה ישר דיו להבין כי הוא כנראה מיטיב להרוויח כסף מלתרום אותו, וכי כל עוד אין הוא מיטיב בעושרו עם האנשים והמטרות הזקוקים לו, הוא אינו ממלא את חובותיו לה׳ ולזולת. משום כך, כאשר פגש את ויוויאן וראה באיזו רגישות היא מבינה את צורכי הזולת ומה רבה נכונותה להקריב למענו, הוא ידע שאיתה הוא צריך להתחתן. וכך, לאורך כמעט ארבעים שנה של חיים משותפים, הם השתמשו בברכה שה׳ נתן להם להביא ברכה לחייהם של אחרים. זכות גדולה הייתה לי להכירם.

פרשת בהר מלמדת אותנו שאי אפשר ליצור חברה צודקת באמצעים פוליטיים בלבד (שמיטת חובות, החזרת נחלות משפחתיות לבעליהן הקודמים וכן הלאה). ישנם ממדים פסיכולוגיים ותיאולוגיים, וגם הם חיוניים. אבל גם ברמה האישית הפשוטה יש בה רעיון שיכול באמת לשנות את חיינו. חשבו על מה שיש לכם כעל פיקדון שניתן לכם לרווחתכם ולרווחת משפחתכם, אך גם לרווחתם של אחרים. אל תשאלו "מה אני יכול להרוויח?" אלא "מה אני יכול לתרום?" אדם החי מתוך נקודת המוצא הזו, חייו שמחים יותר. הוא מרומם את חייהם של אחרים, ומרגיש שחייו אינם עוברים לריק. כמעט איש מאיתנו אינו יכול לתת בהיקף הנתינה של בני הזוג וואהל, אבל בנתינה ההיקף אינו העיקר. הֱיוּ ברכה לאחרים – ותגלו שחייכם הם ברכה לכם.

רעיון משנה־חיים 32:

אל תשאלו "מה אני יכול להרוויח?" אלא "מה אני יכול לתרום?" הֱיוּ ברכה לאחרים – ותגלו שחייכם הם ברכה לכם.

בחוקותי

בחיפוש אחר ה"למה"

המשפט המצוטט ביותר של פרידריך ניטשה, אחד המשפטים המצוטטים ביותר בספרות ובהגות המודרניות בכלל, הוא הפתגם "מי שיש לחייו לָמָּה יוכל לשאת כמעט כל איך".[1] אם יש לחיים משמעות, אם לחיינו שלנו יש תכלית, אם ישנה משימה המחכה שנגשים אותה, כי אז משהו בתוכנו נוסך בנו כוחות לעמוד בסבל ובאבל. הקריאה שקורא לנו העתיד עוזרת לנו להתגבר על כאב ההווה ועל טראומת העבר.

אירוני הוא כי דווקא ניטשה ראה במרב הבהירות שאובדן האמונה באלוהים יוביל למות המשמעות. הנה הדברים שהוא שם בפי האיש המטורף בספר **המדע העליז**:

> לאן פנה האלוהים?... אנכי אגידנו! אנחנו הרגנוהו – אתם ואני! כולנו רוצחיו! אך איככה ביצענו את הדבר הזה? איככה יכולנו את האוקיינוס לשתות עד כלה? מי נתן לנו את הספוג למחות בו את האופק עד תום? מה המעשה אשר עשינו בהתירנו ארץ זאת ממעגלי שמשה? ולאן זה תנוע עכשיו? לאן אנחנו נעים? הלאה־הלאה מן השמשות כולן? האם אין אנו נופלים בלי־הרף? אחורה, קדימה,

1. הניסוח המקורי אחר. מדובר בפתגם מס' 12 מתוך הפרק "פתגמים וחיצים" בספרו של ניטשה **שקיעת האלילים**. הנה הוא בתרגומו של ישראל אלדד: "אם יש עמך ה'למה?' של החיים, אתה משלים כמעט עם כל 'איך?'" (בתוך הכרך **שקיעת האלילים**, ירושלים ותל אביב: שוקן, 1978, עמ' 52). מפיצו הגדול של פתגם זה הוא למרבה האירוניה ויקטור פראנקל, ניצול מחנה אושוויץ; על האנטישמיות של ניטשה ראו Robert C. Holub, *Nietzsche's Jewish Problem*, Princeton: Princeton University Press, 2016. לספר ישראלי בנושא זה, המציע הסתכלות אחרת על יחסו של ניטשה לאנטישמיות, ראו ירמיהו יובל, **חידה אפלה: הגל, ניטשה והיהודים**, ירושלים ותל אביב: שוקן, 1996.

> לצדדים, לכל עבר? וכי קיים עוד מעלה ומטה? וכי אין אנו ניתעים כְּלוּ באפס אינסופי? האם לא נושף עלינו החלל הריק? האם לא גבר הקור? האם לא קרב ובא בלי הרף הלילה, ויֶתר־לילה?[2]

אפס אינסופי. החלל הריק. עולם שאין בו אלוהים הוא, בסופו של דבר, עולם בלי "למה". יש בו אולי יופי, תפארת, גדולה ורחבות – אך לא משמעות.

הבחנה דומה, ומסקנה הפוכה, היו כמעט מאתיים שנה קודם לכן מנת חלקו של אחד המתמטיקאים המבריקים ביותר של המאה השבע־עשרה, בלז פסקל. "הדומייה הנצחית של חללים אינסופיים אלה מבעיתה אותי", כתב. בליל 23 בנובמבר 1654 חווה פסקל בן השלושים ואחת חוויה דתית ששינתה את חייו. את תיאורה כתב על פתק: "אש. אלוהי אברהם, אלוהי יצחק, אלוהי יעקב, לא אלוהי הפילוסופים והמלומדים..." והוא סיים בציטוט מתהלים קיט, טז: "לֹא אֶשְׁכַּח דְּבָרֶךָ", והוסיף "אמֵן". את הפתק הזה תפר אל מעילו, שיהיו הדברים על לבבו בשוכבו ובקומו ובלכתו בדרך. ואת שארית חייו הקדיש לעיון באמונה באל.

אלוהי אברהם, יצחק ויעקב הוא האל המדבר אלינו, הקורא לנו, המקשיב לנו. החללים האינסופיים אינם דוממים. בהם ומעבר להם נשמע קול הדממה הדקה של אלוהים, והוא אשר נותן משמעות להיסטוריה ולחייו של כל יחיד. כפי שכתב ההיסטוריון הבריטי ג'ון ה' פְּלַאם, "נראה כי אצל היהודים הופיע הביטוי הראשון לרעיון כי בהיסטוריה האנושית מתחולל תהליך העתיד לעצב את עתידה". אצל היהודים, אמר, "העבר הוא יותר מאוסף של סיפורים". הוא "חלק בלתי נפרד מהייעוד; טמונה בו פרשנות של העתיד שהיא ודאית יותר, מוחלטת יותר וכוללת יותר ממה שמציעה כל התנבאות מסוג אחר, מקריאה בכוכבים עד שאלת אורַקל".[3] היהודים היו הראשונים שמצאו משמעות בהיסטוריה. הם גילו את ה"למה"; ועל כן יכלו לשאת כמעט כל איך. היהדות היא הביטוי הקדום ביותר והעמוק ביותר להיותו של האדם חיה המחפשת משמעות ומוצאת אותה.

אלו הן מחשבות מודרניות יחסית. אך הן מצויות בלב פרשת בחוקותי על פי פרשנותו של הרמב"ם. הפרשה פותחת בברכות שיבואו על ראשם של בני ישראל אם ישמרו אמונים לייעודם ולבריתם עם הקב"ה. אחריהן מפורטות הקללות שיתגשמו

2. פרידריך ניטשה, **המדע העליז**, ספר שלישי, סעיף 125, בתוך ניטשה, **הולדתה של הטרגדיה; המדע העליז**, מגרמנית: ישראל אלדד, ירושלים ותל אביב: שוקן, 1985, עמ' 274.

3. J. H. Plumb, *The Death of the Past*, London: Pelican, 1973, pp. 56–57.

אם יעשו את ההפך. רשימת הקללות ארוכה, מבהילה ואיומה, אף כי חתימתן בשמץ נחמה: "וְאַף גַּם זֹאת בִּהְיוֹתָם בְּאֶרֶץ אֹיְבֵיהֶם לֹא מְאַסְתִּים וְלֹא גְעַלְתִּים לְכַלֹּתָם לְהָפֵר בְּרִיתִי אִתָּם; כִּי אֲנִי ה' אֱ-לֹהֵיהֶם" (ויקרא כו, מד). מה פשר הברכות והקללות?

מילת המפתח בקללות היא "קֶרִי". היא מופיעה שבע פעמים בפרשה הזו, ולא בשום מקום אחר במקרא. הופעותיה כאן הן בנוסחאות כגון זו: "וְאִם בְּזֹאת לֹא תִשְׁמְעוּ לִי וַהֲלַכְתֶּם עִמִּי בְּקֶרִי – וְהָלַכְתִּי עִמָּכֶם בַּחֲמַת קֶרִי וְיִסַּרְתִּי אֶתְכֶם אַף אָנִי שֶׁבַע עַל חַטֹּאתֵיכֶם" (פסוקים כז-כח). אך מובנה של המילה "קרי" אינו ברור. בין יתר המובנים שניתנו לה בפירושים ובתרגומים – מרדנות, עקשנות, אדישות, הקשיית הלב וסרבנות.

הרמב"ם,[4] לעומת זאת, מפרש את המילה על פי שורשה. קרי – כלומר במקרה. המסר של הפסוקים שציטטנו ודומיהם הוא, לשיטתו, זה: אם תתנהגו כאילו ההיסטוריה היא רק מקרה, ולא מעשה ידי ההשגחה, אלך אני ה' על פי השקפתכם ואמסור אתכם לידי המקרה. התוצאה תהיה שעם ישראל, שכאז כן עתה הוא עם קטן היושב בסביבה עוינת מאוד, יובס במלחמה, ארצו תהיה לשממה, והוא עצמו יהיה קרוב לאבדון.

קריאה מעניינת זו מזכירה לנו הבחנה שאנו שוכחים לפעמים: ההבחנה בין ענישה בידי שמיים לבין הסתלקות של ההשגחה, שהתורה מכנה "הסתר פנים".[5] כשאלוהים מעניש, הוא מעניש את האשם. אבל כשהוא מסתיר את פניו, גם החפים מחטא עלולים לסבול.

ה' מסתיר את פניו מהאדם כשהאדם מסתיר את פניו מה'. כך מבין הרמב"ם את הפרשה, ולהבנה זו יש זיקה מפתיעה לאמירתו של ניטשה כי "אלוהים מת". כאשר פניו של אלוהים מוסתרות, נשאר רק "אפס אינסופי" ו"חלל ריק". אך המת כאן, מי שחדל להיות, איננו אלוהים חלילה אלא האדם כחיה־המחפשת־משמעות. במקומו באה, כפי שניטשה ידע היטב, האדם כחיה־הרוצה־עוצמה. ומשם קצרה הדרך לניהיליזם ולברבריות.

להיות יהודי הוא להאמין שיש משמעות לחיינו הפרטיים ולהיסטוריה המשותפת שלנו. אלוהים נמצא גם כאשר איננו יכולים להרגיש אותו. הוא שומע אותנו גם כשאנו איננו שומעים אותו. זוהי הברכה. בברכה זו, ה' נתן לעַמו עוז לעמוד בכמה מן המכות האיומות ביותר שנפלו על עם מן העמים. ולנו, כיחידים, היא נותנת את

4. *משנה תורה*, הלכות תעניות א, ג.
5. ראו דברים לא, יח.

העוז להתגבר על "חיצי גורל אכזר, אבני מרגמותיו".[6] אם נאבד את האמונה, נאבד את העוז הזה. נישאר עזובים לידי המקרה. זוהי הקללה. המקרה הוא לא חבֵר; המקרה הוא עיוור. הקללה איננה עונש אלא תוצאה.

מכאן הרעיון משנה־החיים שבפרשתנו: **חפשו משמעות – ותמצאו כוחות.** החיים אינם מקרה. הם סיפור שאתם חלק ממנו, שאלה שאתם התשובה לה, שיחה נכנסת לסמארטפון של נשמתכם. כזה הוא הייעוד הלאומי שלנו, שלכל אחד ואחת מאיתנו יש בתוכו תפקיד ייחודי לו. מצאו אותו – וה"למה" הזה יישא אתכם על פני כל "איך" כמעט. או בניסוחו של ג'ורדן פיטרסון, "משמעות היא הדרך, הנתיב לחיים גדושים יותר, שופעים יותר. משמעות היא מקום. היא המקום שבו גרים דוברי האמת המונעים מאהבה. היא המקום שבהימצאכם בו אתם מודרכים בידי אהבה ואמת ושרויים בטוב שרב ממנו לא תרצו".[7] מכאן נגזר הכלל השביעי בתריסר "הכללים לחיים" שלו: בקשו את המשמעותי, לא את הדחוף.

לכל דבר יש משמעות. לא תמיד היא אומרת "זאת הסיבה לכך שקרה כך וכך"; לפעמים היא אומרת "היות שכך וכך קרה, זה הדבר שאתם צריכים לעשות". כשאנו מוצאים את ה"למה", גם קללה יכולה להיות לברכה. ובלי ה"למה", גם ברכה עלולה להיות לקללה. חפשו אפוא את ה"למה", והשאר יבוא בעקבותיו: הכוחות והעוז, ההגשמה והשלום.

רעיון משנה־חיים 33:

חפשו משמעות – ותגלו בעקבותיה את הכוחות והעוז, ההגשמה והשלום.

---

6. מן המונולוג "להיות או לא להיות" במחזהו של שייקספיר **המלט**, בתרגומו של אברהם שלונסקי.
7. פיטרסון, **12 כללים לחיים**, עמ' 222.

במדבר

במדבר

שני המסעות

בין חומש שמות לחומש במדבר יש קווי דמיון מפליאים. שניהם עוסקים במסעות. שניהם מציגים את בני ישראל ככפויי טובה וקשי עורף. בשניהם סיפורים על תלונות העם בענייני מאכל ומשקה. בכל אחד מהם חוטאים בני ישראל חטא גדול: חטא העגל בחומש שמות, חטא המרגלים בחומש במדבר. בשני החטאים הללו ה׳ מאיים לכלות את העם ולהתחיל מחדש עם משה. ובשתי הפעמים תחינותיו הכנות של משה משכנעות את ה׳ לסלוח לעם. הקורא בחומש במדבר עלול להרגיש בקלות דז׳ה־וו. כבר היינו שם פעם.

אבל יש הבדל חשוב ביניהם. חומש שמות עוסק במסע מ־. חומש במדבר – במסע אל־. שמות הוא סיפורה של בריחה משעבוד. בלשונות אחרות הוא אף נקרא "אקסודוס", חומש היציאה, העזיבה. בספר במדבר, לעומת זאת, מצרים היא כבר זיכרון ישן. העם שהה במדבר תקופה ממושכת. הוא כבר קיבל את התורה ובנה את המשכן. עכשיו הוא מוכן להמשיך הלאה. בני ישראל מביטים קדימה, לא לאחור. הם חושבים לא על הסכנות שבבריחה ממצרים, אלא על הסכנות והאפשרויות ביעד שהם נוסעים אליו, בארץ המובטחת.

לו היינו קוראים את התורה לראשונה, היינו מניחים שחלק זה של המסע יהיה נינוח יותר, שהעם יהיה אופטימי יותר, שהתקווה תנשוב כרוח בענפיו. הרי הסכנות הגדולות כבר חלפו. סרבנותו הממושכת של פרעה פינתה את מקומה לשילוח העם. בים סוף העם ניצל בדרך נס. לאחר מכן העמלקים תקפו אותו – והוא ניצח אותם. מה עוד יכול להדאיג אותם עכשיו? הם יודעים מניסיונם שכאשר ה׳ איתם, שום כוח שבעולם לא יוכל להם.

ובכל זאת קורה ההפך. מצב הרוח הלאומי בספר במדבר קודר במידה ניכרת מזה שבספר שמות. המרידות חמורות יותר. מנהיגותו של משה בוטחת פחות. אנו

צופים בו נכנע לפעמים לכעס ולייאוש. התורה, בריאליזם מרשים, מספרת לנו דבר הנוגד את האינטואיציה שלנו, דבר בעל חשיבות רבה. **המסע מ־ תמיד קל יותר מהמסע אל־.**

כך הוא הדבר בפוליטיקה. כדי להדיח שליט עריץ נדרשת לפעמים מהפכה, אך קל יותר לחולל מהפכה מליצור חברה חופשית באמת, שיש בה שלטון חוק ויחס מכבד לזכויות אדם. האביב הערבי – על התקוות הגדולות שעורר ועל מורשת המדינות הכושלות, מלחמות האזרחים והטרור שהנחיל – הוא דוגמה מאלפת לכך. כזו היא גם ההיסטוריה של יוגוסלביה שלאחר טיטו ושל רוסיה בזמננו.

וכך הוא גם בחייו של היחיד. ידועים לנו סיפורים לאין־ספור על יהודים בעידן המודרני שגמרו אומר לצאת מהגטו הרוחני, להשתחרר מהקרתנות והנחשלות שהם ייחסו לבני עמם. הם נחלו הצלחות מרשימות בתחומים רבים, אך סופם שמצאו את עצמם, ממש כמו האנוסים בספרד בזמנו, קירחים מכאן ומכאן, מחוץ לביתם היהודי הישן אך גם בלתי רצויים בהיכלותיה של החברה הגויית.

לתופעה הזו יש סיבה ביולוגית. בגנום שלנו צרובה הנטייה להגיב בחריפות לסכנות. בשעת סכנה, העמוקים שבאינסטינקטים שלנו מתעוררים. אנו נכנסים למצב של הילחם־או־ברח. חושינו נדרכים, תשומת ליבנו מתחדדת והאדרנלין מציף את עורקינו. לפעמים, כשאנו נמלטים ממשהו, אנו אוזרים כוחות שלא ידענו שיש לנו.

בריחה אל משהו היא כבר דבר אחר לגמרי. במקרה הזה אנו בונים לעצמנו בית – בית ממש או בית מטפורי – במקום שלא היינו בו קודם. אנו נעשים "גֵּרים בארץ נוכרייה". עלינו לרכוש כישורים חדשים, לשאת באחריות חדשה, לפתח כוחות חדשים. דרושים לנו לשם כך דמיון וכוח רצון. אנו נזקקים ליכולת אנושית ייחודית: לתאר לעצמנו עתיד שטרם היה, ולפעול למימושו. הבריחה אל־ היא מסע אל הבלתי נודע.

זה היה ההבדל בין אברהם לבין תרח אביו. התורה מספרת לנו: "וַיִּקַּח תֶּרַח אֶת אַבְרָם בְּנוֹ וְאֶת לוֹט בֶּן הָרָן בֶּן בְּנוֹ וְאֵת שָׂרַי כַּלָּתוֹ אֵשֶׁת אַבְרָם בְּנוֹ, וַיֵּצְאוּ אִתָּם מֵאוּר כַּשְׂדִּים לָלֶכֶת אַרְצָה כְּנַעַן; וַיָּבֹאוּ עַד חָרָן וַיֵּשְׁבוּ שָׁם" (בראשית יא, לא). היה לתרח די כוח רצון לעזוב את אור כשדים, אך לא להשלים את מסעו לכנען; לעשות את המסע מ־ אך לא את המסע אל־. הוא נתקע בחרן. אברהם צריך היה להשלים את המסע.

להיות יהודי הוא לדעת כי החיים הם, במובן מסוים, מסע. כאלה היו חייו של אברהם. כאלה היו גם חיי משה. וכאלה הם חיינו, כאומה וכיחידים. על כן חשוב כל כך לדעת כבר מן ההתחלה לאן מועדות פנינו, ולא לשכוח זאת ולא לוותר על כך. כי קל לעזוב, אך קל הרבה פחות להגיע.

משום כך, כאשר ניגשים אליי תלמידים ומבקשים עצה לחייהם המקצועיים, אני אומר להם שהדבר החשוב ביותר הוא לחלום. חלמו על מה שאתם רוצים לעשות, להיות, להשיג. חלמו על הפרק שאתם רוצים לכתוב בסיפור הגדול של עמֵנו. חלמו על החותם שאתם חפצים להותיר בעולם. "בחלום", אמר המשורר ו"ב ייטס, "מתחילה האחריות". אינני בטוח שאני יודע למה הוא התכוון, אך בזאת אני בטוח: שבחלום מתחיל היעד. החלומות הם הפתח לחשיבה על העתיד. הם מצביעים לנו על הכיוון של מסענו.

מדהים אותי לראות מה רבים האנשים שאינם חולמים לעצמם עתיד ברצינות. הם יכולים להשקיע חודשים ארוכים בתכנון חופשה, אך לתכנון חייהם לא יקדישו ולו יום. הם זורמים עם החיים. הם מחכים "שמשהו יקרה", כשם ספר סיפוריו של יאיר אגמון. אין זה המרשם המומלץ לחיים. "כל מקום שנאמר 'וַיהי' אינו אלא לשון צער", אמרו חז"ל.[1] אם אנו מניחים לדברים להיות, ונותרים פסיביים, אנו מותירים את מסלול חיינו בידי גורמים חיצוניים. כמובן, גורמים חיצוניים ישפיעו על חיינו בכל מקרה. גם אדם היודע היטב מה הוא רוצה להשיג בחייו נתון תמיד להתרחשויות בלתי צפויות, למהלכים שגויים, להחלטות גרועות, למכשולים ולכישלונות. ובכל זאת, אם אנחנו יודעים לאן אנו רוצים להגיע, בסופו של דבר נחזור למסלול.

מחבר ספרי העזרה העצמית טים פֶריס שאל אותי שאלה מעניינת: "כשאתה מרגיש מוצף או לא ממוקד, מה אתה עושה?" אמרתי לו שזמן קצר לפני שנתמניתי לרב ראשי בבריטניה, ב־1991, הבנתי שעצם הלחץ שגורמות התרחשויות בלתי צפויות בכלל, ובחייו של איש ציבור בפרט, עלול להוריד את האדם ממסלולו. כאשר שאל מישהו את ראש ממשלת בריטניה הרולד מקמילן ממה הוא מפחד יותר מכול השיב הלה: "אירועים, נערי היקר, אירועים". על כן התחוור לי שעליי להגדיר את מטרותיי מראש, באופן שיבטיח שלא אשכח אותן ושלא אסטה מהן.

ב־1991 עוד לא היו לנו סמארטפונים ויומנים ממוחשבים. השתמשתי ביומן כיס. על הכריכה הקדמית של יומן הכיס שלי כתבתי את מטרות חיי. פירוש הדבר היה שראיתי אותן בכל פעם ששלפתי את יומני. זו הייתה תזכורת שקיבלתי כמה פעמים ביום. המטרות עודן רשומות לפניי, והן לא השתנו בכל השנים שעברו מאז. אינני יודע עד כמה הצלחתי, אבל אני יודע שאף פעם לא שכחתי לאן אני הולך. אף פעם לא איבדתי קשר עין עם היעד.

1. מגילה י ע"ב.

נסיעה מ־ היא קלה. ידעתי שאני צריך לסתום חורים בהשכלה שלי בתחומי הקודש ובתחומי החול. ידעתי שיש לי הרגלים רעים שאני צריך לרפא; אני עדיין עובד על זה. אבל האתגר האמיתי הוא לדעת לאן ה׳ רוצה שאסע. איזו משימה מוטל עלינו לעשות בעולם, בזמן הזה ובמקום הזה ובכישורים שיש לנו? התשובה לכך היא היעד שאנו מקלידים במערכת הניווט הלוויינית שלנו במסע שנקרא ״החיים״.

בני ישראל עשו במסעם שורה של טעויות. הם התמקדו יותר מדי בהווה (אוכל, מים) ופחות מדי בעתיד. כשעמדו בפני קשיים היו להם עודף פחד ומחסור באמונה. הם התעקשו להביט אחורה, אל הדברים כפי שהיו, במקום להביט קדימה, אל הדברים כפי שהם יכולים להיות. התוצאה הייתה שדור שלם, כמעט, גורלו היה כגורל תרח: הם ידעו איך לצאת אבל לא איך להגיע. הם חוו את יציאת מצרים אך לא את הכניסה לארץ כנען.

תשובתי לשאלתו של טים פריס, ״מה אתה עושה כשאתה מרגיש מוצף או לא ממוקד״, הייתה אפוא רעיון משנה־חיים: זכרו את היעד. הדבר יעזור לכם לעשות את ההבחנה החשובה ביותר בחיים: ההבחנה בין הזדמנות שיש לקפוץ עליה לבין פיתוי שצריך לעמוד בפניו.

רעיון משנה־חיים 34:

זכרו את היעד. הדבר יעזור לכם להבחין בין הזדמנות שיש לקפוץ עליה לבין פיתוי שצריך לעמוד בפניו.

נשא

שאו את ראש הזולת

הפועל "נשא", שפרשתנו נושאת את שמו, הוא בעל מגוון משמעויות רחב במיוחד. בין היתר פירושו להרים, לסחוב ולסלוח. אבל אצלנו, ובעוד פרשיות המתרחשות בשנות הנדודים במדבר, הוא מצטרף למושא "ראש", ויחד הם יוצרים את הצירוף "לשאת ראש" שפירושו לִמְנות. צורת התבטאות זו אינה מובנת מאליה, שכן לעברית המקראית יש די פעלים שזה מובנם: למנות, לספור, לפקוד ולחשוב. למה לא השתמשה התורה באחת האפשרויות הפשוטות הללו, ונדרשה לביטוי ציורי כל כך?

התשובה מביאה אותנו אל אחד היסודות המהפכניים ביותר באמונת ישראל. אם כולנו נבראנו בצלם אלוהים, כי אז לכל אחד מאיתנו יש ערך אינסופי. כל אחד מאיתנו יחיד במינו. גם תאומים זהים מפתחים קווי שוני רבים. איש מאיתנו אינו תחליף למישהו אחר. תפיסה זו היא אולי היישום החשוב ביותר של המונותיאיזם. כשאבותינו גילו את אלוהים, היחיד והייחודי, הם גילו גם את האינדיבידואל האנושי, יחיד וייחודי אף הוא.

בעולם העתיק, ערך זה לא היה מוכר כלל. גם בחברות רודניות וטוטליטריות בימינו אין הוא קיים. השליט עשוי להיחשב בעל ערך מוחלט; כך גם אולי כמה מאנשי חוגו; אך ההמונים ודאי לא – כמשתמע מעצם המילה "המונים". רוב האנשים נחשבו פשוט חלק מהמון: צבא, כוח עבודה או קהל עבדים. משמעות הייתה רק למספרם הכולל. לא לחייהם כפרטים, ודאי לא לתקוות ולפחדים שלהם, לאהבותיהם ולחלומותיהם.

כך מצטיירת בעינינו מצרים הפרעונית. כך הבינו חכמינו גם את בוני מגדל בבל. כשנפלה לבנה מהמגדל, אמרו חז"ל, פרצו בוניו בבכי; כשפועל נפל ומת, הם בקושי

שמו לב.[1] כמעט מאה מיליון איש נהרגו במאה העשרים בידי המשטרים של סטלין בברית המועצות, מאו בסין העממית והח'מר־רוז' בקמבודיה. על משטרים כגון אלה אנו רגילים לומר שהאנשים נעשים בהם "רק מִספרים".[2] ואת התופעה הזאת התורה דוחה – דחייה שהיא עיקרון דתי עילאי. כאשר הפיתוי לראות באנשים מספרים בלבד גדול במיוחד – כלומר כאשר נערך מפקד, כגון בפרשתנו – מצטווים בני ישראל לשאת את ראשי האנשים, דהיינו לרומם את רוחם, לגרום להם להרגיש שהם נספרים כאנשים שכל אחד מהם הוא עולם, לא כמספרים בתוך המון, לא כגרגירי נתונים בחולות הביג דאטה.

במהלך חיי נזדמנו לי כמה שיחות עומק עם נוצרים, וגיליתי שיש ביהדות היבט מסוים שקשה להם במיוחד להבינו. בדרך כלל השיחה מתגלגלת אל הדמות המרכזית בנצרות, ואני נשאל לא פעם אם אני מאמין שהוא היה בנו של אלוהים. "בהחלט כן", אני עונה, "מפני שאנו מאמינים שכל יהודי הוא בנו או בתו של אלוהים". את מה שהנצרות מחילה על דמות אנושית אחת ויחידה, אנו מחילים על כולם. במקצה רוחני זה, שהנצרות נוהגת בו מלוכנות, היהדות פונה דווקא אל הדמוקרטיה. בני שיחי חושבים בדרך כלל בשלב זה שאני מתחמק, מוצא דרך מנומסת שלא לענות על השאלה. אבל ההפך הוא הנכון.

המילים הראשונות שה' ציווה את משה לומר לפרעה היו "בְּנִי בְכֹרִי יִשְׂרָאֵל" (שמות ד, כב). בספר דברים משה מזכיר לבני ישראל "בָּנִים אַתֶּם לַה' אֱ־לֹהֵיכֶם" (דברים יד, א). "חביבין ישראל, שנקראו בנים למקום", אומר רבי עקיבא.[3] התורה מאותתת לנו כך על שניות שהיא מן העובדות המכוננות של חיינו: אנחנו עצמאיים, אבל גם תלויים זה בזה. המחשבות והרגשות שלנו שייכים ל"אני", אבל חלק נכבד מעצם קיומנו תלוי בהיותנו חלק מ"אנחנו". היהדות, המייחסת כאמור ערך חסר תקדים ליחיד, היא בה בעת גם דת שבלי הקהילתיות אין לה קיום. אין "אני" בלי "אנחנו".

האדמו"ר שמחה בונים מפשיסחא היטיב לתמצת את גישתה של היהדות לערך החיים. הוא אמר שכדאי לכל אחד שיהיו לו שני כיסים. בכיס האחד ישים פתק שכתוב עליו "בשבילי נברא העולם".[4] בכיס השני – פתק ועליו המילים "וְאָנֹכִי עָפָר וָאֵפֶר" (בראשית יח, כז). אנחנו ייחודיים. יש לנו כבוד־אדם שאינו נתון לוויתור וזכויות

1. פרקי דרבי אליעזר כד.
2. הביטוי הקיצוני לכך הוא כמובן מצבם של היהודים במחנות ההשמדה הנאציים.
3. משנה, אבות ג, יד.
4. משנה, סנהדרין ד, ה.

שאינן ניתנות להכחשה. אבל כשאנו לעצמנו בלבד – מי אנחנו? עפר ואפר. גדולתנו באה לא מאיתנו אלא מהקב"ה. זוהי הדיאלקטיקה של החיים בצל ידיעת סופיותנו שלנו ונצחיותו של אלוהים.

אבל עלינו לחדד את מה שהתורה באה להשמיענו כאן. העניין איננו האופן שאנו רואים בו את עצמנו, אלא האופן שאנו רואים בו אחרים ונוהגים בהם. לא חסרים בעולם אנשים בעלי חשיבות עצמית. אבל חסרים בו אלה היודעים לגרום **לזולת** להרגיש חשוב: לשאת את ראשו.

לא אשכח כיצד הנסיך צ'רלס, בנשף שערכה הקהילה היהודית בבריטניה, הקדיש לשיחה עם הילדים שבאו לשיר שם במקהלה זמן רב לא פחות משהקדיש לשיחה עם בכירי האורחים, וכיצד, כאשר בא פעם לבית ספר יסודי יהודי להדליק עם הילדים נרות חנוכה, נתן לכל אחד מהם הזדמנות לספר מי הוא ומה החג אומר לו. זוהי משמעותה של מלוכה ואלה מעשיה – בבריטניה לפחות. בני המשפחה המלכותית גורמים לאנשים אחרים להרגיש חשובים. זו עבודתם, זה תפקידם, זהו השירות שהם נותנים. המתבונן בהם מבין את עומק מימרתו של בן זומא "איזהו מכובד? המכבד את הבריות".[5]

"נָשֹׂא אֶת רֹאשׁ", מלמדת אותנו הפרשה. "שְׂאוּ אֶת רֹאשׁ כָּל עֲדַת בְּנֵי יִשְׂרָאֵל", מבקש מאיתנו חומש במדבר בתחילתו וגם בסופו, בשתי פרשיות־מפקד נוספות (ב, א; כו, ב). שאו את ראשי האנשים שסביבכם. אף פעם אל תיתנו להם להרגיש סתם מספרים. תנו לאנשים שאתם פוגשים להרגיש חשובים – ובייחוד לאנשים שאחרים נוטים לראות אותם כמובנים מאליהם: המלצרים בחתונה; הפקידה בשמירת החפצים; השמש בבית הכנסת; המאבטחים בכניסה; הסייעת בגן של הילדים; העובדים הזוטרים והמתחילים במשרד שלכם; וכן הלאה. תנו להם לדעת שבשבילכם אין הם מובנים מאליהם. שאתם מוקירים אותם. שאתם יודעים שהם, כל אחד מהם, עולם מלא וגדוש ויחיד במינו.

מהי מידת חשיבותנו? כמידה שאנו גורמים לזולתנו להרגיש חשוב. זהו הלקח משנה־החיים לשבוע הזה.

רעיון משנה־חיים 35:

מידת חשיבותנו כמידה שאנו גורמים לזולתנו להרגיש חשוב.

---

5. משנה, אבות ד, א.

בהעלותך

אמונה וחברות

משה יורד בפרשה הזו לדיוטה התחתונה של מהלך חייו. ואין להתפלא על כך. אחרי כל האותות והמופתים, הניסים והנפלאות, מיציאת מצרים עד מעמד הר סיני וכריתת הברית, מקריעת ים סוף עד ירידת המן מהשמיים, העם שב ומתאונן על האוכל. ולא מתוך רעב; סתם מתוך שעמום. "מִי יַאֲכִלֵנוּ בָּשָׂר?! זָכַרְנוּ אֶת הַדָּגָה אֲשֶׁר נֹאכַל בְּמִצְרַיִם חִנָּם, אֵת הַקִּשֻּׁאִים וְאֵת הָאֲבַטִּחִים וְאֶת הֶחָצִיר וְאֶת הַבְּצָלִים וְאֶת הַשּׁוּמִים". המן הפלאי, הלחם מן השמיים, כלכל את העם היטב אך נפשו קצה בו: "וְעַתָּה נַפְשֵׁנוּ יְבֵשָׁה אֵין כֹּל בִּלְתִּי אֶל הַמָּן עֵינֵינוּ!" (במדבר יא, ד-ו).

כל מנהיג עלול להתייאש במצב כזה. כל מנהיג, אולי כל אדם, חווה ביום מן הימים כישלון, תבוסה ועמידה על סף תהום הייאוש. ועדיין אנו משתאים אל עומק ייאושו של משה, אל הכנות שבה הוא מבטא אותו, ואל יושרה הזוהֵר של התורה שאינה נרתעת לספר את הדברים. הנה כך אומר משה לה':

> לָמָה הֲרֵעֹתָ לְעַבְדֶּךָ, וְלָמָּה לֹא מָצָתִי חֵן בְּעֵינֶיךָ, לָשׂוּם אֶת מַשָּׂא כָּל הָעָם הַזֶּה עָלָי? הֶאָנֹכִי הָרִיתִי אֵת כָּל הָעָם הַזֶּה, אִם אָנֹכִי יְלִדְתִּיהוּ, כִּי תֹאמַר אֵלַי "שָׂאֵהוּ בְחֵיקֶךָ", כַּאֲשֶׁר יִשָּׂא הָאֹמֵן אֶת הַיֹּנֵק עַל הָאֲדָמָה אֲשֶׁר נִשְׁבַּעְתָּ לַאֲבֹתָיו?... לֹא אוּכַל אָנֹכִי לְבַדִּי לָשֵׂאת אֶת כָּל הָעָם הַזֶּה, כִּי כָבֵד מִמֶּנִּי. וְאִם כָּכָה אַתְּ עֹשֶׂה לִּי – הָרְגֵנִי נָא הָרֹג, אִם מָצָאתִי חֵן בְּעֵינֶיךָ, וְאַל אֶרְאֶה בְּרָעָתִי. (שם, יא-טו)

מרתקת עוד יותר היא תגובתו של ה'. הוא איננו אומר למשה "תתעודד" ולא "קח את עצמך בידיים" ולא "קטן עליך", אלא נותן לו משימה מעשית:

> אֶסְפָה לִּי שִׁבְעִים אִישׁ מִזִּקְנֵי יִשְׂרָאֵל אֲשֶׁר יָדַעְתָּ כִּי הֵם זִקְנֵי הָעָם וְשֹׁטְרָיו, וְלָקַחְתָּ אֹתָם אֶל אֹהֶל מוֹעֵד וְהִתְיַצְּבוּ שָׁם עִמָּךְ. וְיָרַדְתִּי וְדִבַּרְתִּי עִמְּךָ שָׁם וְאָצַלְתִּי מִן הָרוּחַ אֲשֶׁר עָלֶיךָ וְשַׂמְתִּי עֲלֵיהֶם וְנָשְׂאוּ אִתְּךָ בְּמַשָּׂא הָעָם וְלֹא תִשָּׂא אַתָּה לְבַדֶּךָ.
> (שם, טז–יז)

ה׳ כמו אומר כאן למשה, ״זכור את מה שאמר לך חותנך יתרו. אל תנסה להנהיג לבד. אל תנסה לחיות לבד. אפילו אתה, הגדול בנביאים, עדיין אדם; והאדם הוא יצור חברתי. גייס אחרים. בחר עוזרים. שים קץ לבידוד. עשה לך חברים״.

יש בזה משהו מרגש. כאשר משה נתון לפגיעות רגשית מרבית, **ה׳ עצמו מדבר אליו כחבר אל חבר**. זהו עניין יסודי ביהדות. אלוהים הוא לנו לא רק בורא העולם, אדון ההיסטוריה, הריבון והמצווה והגואל, האל הגדול והגיבור והנורא. הוא גם קרוב, רך, אוהב: ״הָרֹפֵא לִשְׁבוּרֵי לֵב וּמְחַבֵּשׁ לְעַצְּבוֹתָם״ (תהלים קמז, ג). הוא מעין הורה: ״כְּאִישׁ אֲשֶׁר אִמּוֹ תְּנַחֲמֶנּוּ כֵּן אָנֹכִי אֲנַחֶמְכֶם״ (ישעיהו סו, יג). הוא מעין רועה: ״גַּם כִּי אֵלֵךְ בְּגֵיא צַלְמָוֶת לֹא אִירָא רָע כִּי אַתָּה עִמָּדִי; שִׁבְטְךָ וּמִשְׁעַנְתֶּךָ הֵמָּה יְנַחֲמֻנִי״ (תהלים כג, ד). הוא תמיד נמצא: ״קָרוֹב ה׳ לְכָל קֹרְאָיו, לְכֹל אֲשֶׁר יִקְרָאֻהוּ בֶאֱמֶת״ (תהלים קמה, יח).

בשנת 2006 הוצבה בלונדון, בכיכר בעלת השם ההולם ״כיכר התקווה״ שליד תחנת רחוב ליברפול, יד זיכרון לקינדר־טרנספורט, המבצע להצלת עשרת אלפים ילדים יהודים מגרמניה הנאצית מעט לפני פרוץ המלחמה. בין הדוברים בטקס הייתה אישה בשנות השמונים לחייה, מן הילדות שהוצלו. היא ריגשה את הקהל בסִפרה על החמימות שהיא חשה כלפי הארץ שנתנה מקלט לה וליתר ה״קינדר״, הילדים. אחד הדברים שאמרה הותיר בי רושם בל יימחה. היא אמרה, ״גיליתי שבאנגליה שוטר יכול להיות חבר״. בזה היה טמון בשביל הילדה הקטנה השוני הגדול בין גרמניה לאנגליה. את הדבר הזה גילו היהודים לפני דורות רבים באשר לאלוהים. הוא איננו רק כוח עליון. הוא גם חבר. משה גילה זאת בפרשת השבוע שלנו.

דרושים לנו חברים. הם מעצבים את חיינו. היקף השפעתם נמדד בידי שני אנשי מדעי החברה, ניקולס כְּריסטַקיס וג׳יימס פָאולֶר, שבחנו נתונים ממחקר הלב של פְרָמינגהאם. מיזם זה, שהושק ב־1948, עקב אחר יותר מ־15 אלף תושבי העיירה פרמינגהאם שבמדינת מסצ׳וסטס. אחת לארבע שנים, בערך, נרשמו נתונים גופניים של כל אחד מהם: הדופק, המשקל, תוצאות בדיקות דם ועוד. המחקר נועד לזהות גורמי סיכון למחלות לב. אולם כריסטקיס ופאולר התעניינו בדבר אחר: בהשפעות החברותיות. אדם שיש לו חברים, האם הדבר משפיע על בריאותו? ואיזה סוג של חברים?

הממצאים מרשימים. החברותיות משפיעה על הבריאות, וגם הבחירה בחברים הנכונים. אם חבריכם רזים, פעילים, מאושרים ובעלי הרגלים בריאים, גדלה הסבירות שגם אתם תהיו כאלה; וכן להפך. מחקר אחר, משנת 2000, הראה שסטודנט שהשותף שלו לחדר משקיע בלימודים, גבוהה הסבירות שגם הוא יתאמץ. מחקר שנערך באוניברסיטת פרינסטון ב־2006 הראה שאנשים שלאחיהם או אחותם נולד ילד, הסבירות שגם הם יולידו ילד בשנתיים הבאות גבוהה ב־15 אחוזים מזו שהייתה אלמלא כן. התנהגויות הן דבר מידבק. הן מתפשטות במארגים החברתיים. גם לחברים של החברים שלכם, ולחברים שלהם, עשויה להיות השפעה על התנהגותכם.[1]

ג'ורדן פיטרסון, בספרו **12 כללים לחיים**, חולק מניסיונו ומניסיון בני גילו שגדלו בעיירה הקטנה והמבודדת פֵיירְוְויוּ במדינת אלברטה שבקנדה. הוא מראה כי מי שבחרו להם לחברים נערים שעלו בסולם החברתי נגררו גם הם אחר ההצלחה. מי שנפלו לחברה רעה חלקם בחיים שפר פחות, לעיתים במידה הרת אסון. אנחנו עלולים לבחור את החברים הלא נכונים, הוא אומר, דווקא משום שהם מנפחים את הדימוי העצמי שלנו. אם יש לנו בעיה ואנחנו יודעים זאת, אנו יכולים למצוא נחמה בעובדה שגם לאנשים שאנו מתחברים עימם ישנה הבעיה הזו. הדבר מרגיע אותנו, אבל יש לו מחיר כבד: בדרך הזו קשה מאוד לברוח מהליקויים שלנו. מכאן נגזר כלל מספר 3 שלו: התיידדו עם אנשים שרוצים בשבילכם את המיטב.[2]

דבר מכל אלה לא היה מפתיע את חז"ל, ששמו לב, למשל, שמנהיגי המרד של קורח ועדתו באו משבטים שחנו זה ליד זה. על כך אמרו, "אוי לרשע ואוי לשכנו". ומנגד, שבטי יהודה, יששכר וזבולון חנו סמוך למשה ואהרן, ולימים נודעו בניהם כלומדי תורה ותומכיה – ואם כן, "טוב לצדיק וטוב לשכנו".[3] מכאן גם קביעתו של הרמב"ם:

דרך ברייתו של אדם להיות נמשך בדעותיו ובמעשיו אחר רעיו וחבריו, ונוהג במנהג אנשי מדינתו. לפיכך צריך אדם להתחבר לצדיקים ולישב אצל החכמים תמיד, כדי שילמוד ממעשיהם; ויתרחק מן הרשעים ההולכים בחושך, כדי שלא ילמוד ממעשיהם.[4]

1. Nicholas Christakis and James Fowler, *Connected: The Surprising Power of Our Social Networks and How They Shape Our Lives*, New York: Little, Brown, 2011.
2. פיטרסון, **12 כללים לחיים**, עמ' 89–106.
3. מדרש תנחומא (בובר), במדבר יג; במדבר רבה, קורח יח, ה.
4. **משנה תורה**, הלכות דעות ו, א.

ובניסוחם הקצר של חז״ל: ״עשֵׂה לך רב וקנֵה לך חבר״.[5]

את זאת, בעצם, אמר ה׳ למשה לעשות, והדבר חילץ אותו מדיכאונו. ה׳ אמר לו לאסוף סביבו שבעים זקנים שיישאו איתו בנטל ההנהגה. איש מהם לא ידע לעשות דבר־מה שמשה לא ידע: הוא לא נזקק לעזרתם המעשית או הרוחנית. אבל הם הקלו את בדידותו. הם היו שותפיו ברוח. הם נתנו לו את מתנת הרעוּת. כולנו זקוקים לה. אנחנו יצורים חברתיים. ״לֹא טוֹב הֱיוֹת הָאָדָם לְבַדּוֹ״ (בראשית ב, יח).

מסורת המחשבה המערבית, פרי התרחקותה של הנצרות הקדומה מהיהדות והתקרבותה להלניזם, גורמת לרבים לחשוב שתכליתה העיקרית של הדת היא למסור מידע (על מוצא העולם, על ניסים, על החיים לאחר המוות וכן הלאה). תפיסה שגויה זו של מהות הדת היא שורש ההתנגשות בין הדת למדע, בין ההתגלות לתבונה, בין האמונה להוכחה. אבל הדיכוטומיות הללו כוזבות.

ליהדות יש כמובן אמונות יסוד, אבל עניינן אחר לגמרי. בשבילנו, **האמונה היא הגאולה מן הבדידות**. היא נוגעת למערכות יחסים – בינינו לבין אלוהים, בינינו לבין משפחתנו, לבין שכנינו, לבין עמנו, לבין האנושות. היהדות אין עניינה הנפש הבודדת. היא מדברת על הקשרים המלכדים אותנו זה עם זה ועם אדון הכול. היהדות עניינה חברות – במובן הנעלה ביותר של מונח זה.

מכאן הלקח משנה־החיים שלנו הפעם: ״דרך ברייתו של אדם להיות נמשך בדעותיו ובמעשיו אחר רעיו וחבריו״. בחרו לכם אפוא לחברים את האנשים שהם מה שאתם שואפים להיות.

רעיון משנה־חיים 36:

אנו נוטים להימשך בדעותינו ובמעשינו אחר רעינו וחברינו. בחרו לכם אפוא לחברים את האנשים שהם מה שאתם שואפים להיות.

---

5. משנה, אבות א, ו.

שלח

המרגלים בטיפול קוגניטיבי

בפילדלפיה ישנו איש לגמרי לא צעיר, שערו לבן ודיבורו עדין ומניין שנותיו מתקרב למאה. לאשתי איליין ולי היה העונג לפגוש אותו כמה פעמים, והוא מן האנשים הנחמדים ביותר שנתקלנו בהם מעודנו. אנשים רבים צריכים להיות לו אסירי תודה, מפני שעבודתו שינתה את חייהם. הוא הציל רבים מדיכאון ומשאר מצבים נפשיים הרסניים.

שמו אהרן בֵּק, והוא מייסדה של אחת הגישות הפסיכותרפיות היעילות ביותר שישנן: התרפיה הקוגניטיבית-התנהגותית. הוא גילה אותה בעבודתו במרפאה לחקר הדיכאון שהוא הקים באוניברסיטת פנסילבניה. בעבודתו עם מטופליו הבחין בדפוס אופייני: הם נוטים לפרש חוויות ואירועים באופן פטליסטי ומתוך זלזול בעצמם. דומה היה שהם תמרנו את עצמם, באמצעות דרך החשיבה שלהם, אל המצב שמרטין סליגמן, מן המבריקים בתלמידיו של בק, עתיד היה לכנות "חוסר אונים נרכש". בדרך אחת או אחרת הם אמרו לעצמם בעצם: "אני כישלון. שום דבר שאני מנסה לא מצליח. אני חסר תועלת. המצב לא ישתנה אף פעם".

המחשבות הללו באו להם באורח מוכני. זו הייתה תגובת המחדל שלהם לכל דבר שלא הסתדר. אבל בק גילה שכאשר הם נעשים מודעים להן, מבינים שאינן מוצדקות, ומפתחים דפוסי חשיבה מציאותיים יותר, הם יכולים להתרפא. תובנה זו יכולה להאיר לנו את פרשת המרגלים.

כזכור, משה שלח שנים-עשר אנשים לתור את הארץ. הם היו מנהיגים: נשיאי השבטים, נכבדי העדה. ובכל זאת, עשרה מהם חזרו ובפיהם דוח מדכדך. הארץ, אמרו, אכן טובה. ארץ זבת חלב ודבש. אבל תושביה חזקים. הערים גדולות ובצורות. כלב בן יפונה, המרגל האחד-עשר, ניסה להרגיע את העם. "עָלֹה נַעֲלֶה וְיָרַשְׁנוּ אֹתָהּ כִּי

יָכוֹל נוּכַל לָהּ", אמר (במדבר יג, ל). אבל העשרה קבעו שזה לא יקרה. יושבי הארץ חזקים מאיתנו. הם ענקים. אנו היינו כחגבים בעיניהם.

וכך הידרדרו הדברים לאסון. העם נתקף בהלה. "לוּ מַתְנוּ בְּאֶרֶץ מִצְרַיִם, אוֹ בַּמִּדְבָּר הַזֶּה", הלינו ההמונים. "נִתְּנָה רֹאשׁ וְנָשׁוּבָה מִצְרָיְמָה!" (במדבר יד, ב-ד). הם עמדו לרגום באבנים את המיעוט בקרבם, יהושע וכלב, שגרסו כי כיבוש הארץ אפשרי. ה' זעם ואיים להכות את העם בדֶבר. משה התחנן למענו. ה' חס על העם, אבל קבע שאיש מבני הדור הזה לא יזכה להיכנס לארץ: בני ישראל ילכו במדבר ארבעים שנה, עד תום כל הדור לבד מיהושע וכלב. דור הבנים הוא שינחל את הארץ: את הנחלה שהיה נוחל דור אבותיהם, דור יוצאי מצרים, לו רק האמין בהבטחת ה'.

דוח המרגלים היה חסר יסוד. ידיעה זו חיונית להבנת הפרשה. כעבור עשרות שנים, על סף הכניסה לארץ, כשיהושע עצמו ישלח מרגלים, ילמדו בני ישראל לדעת מה באמת קרה כאשר שמעו יושבי הארץ על בני ישראל המתקרבים אליה. כך סיפרה רחב, האישה מיריחו שנתנה מחסה למרגלים:

> יָדַעְתִּי כִּי נָתַן ה' לָכֶם אֶת הָאָרֶץ וְכִי נָפְלָה אֵימַתְכֶם עָלֵינוּ וְכִי נָמֹגוּ כָּל יֹשְׁבֵי הָאָרֶץ מִפְּנֵיכֶם. כִּי שָׁמַעְנוּ אֵת אֲשֶׁר הוֹבִישׁ ה' אֶת מֵי יַם סוּף מִפְּנֵיכֶם בְּצֵאתְכֶם מִמִּצְרָיִם, וַאֲשֶׁר עֲשִׂיתֶם לִשְׁנֵי מַלְכֵי הָאֱמֹרִי אֲשֶׁר בְּעֵבֶר הַיַּרְדֵּן לְסִיחֹן וּלְעוֹג אֲשֶׁר הֶחֱרַמְתֶּם אוֹתָם. וַנִּשְׁמַע וַיִּמַּס לְבָבֵנוּ וְלֹא קָמָה עוֹד רוּחַ בְּאִישׁ מִפְּנֵיכֶם. (יהושע ב, ט-יא)

המרגלים בפרשתנו נבהלו מפני הכנענים, ועיניהם טחו מראות שהכנענים מבוהלים מפניהם. איך הגיעו לידי טעות חמורה כל כך? נבין זאת אם נפנה אל תורת הטיפול הקוגניטיבי־התנהגותי ונתבונן בכמה מדפוסי החשיבה המעוותים שזיהה דייוויד בֶּרְנְס, תלמידו של אהרן בק.

סוג אחד הוא **חשיבה של הכול או לא־כלום**. כל דבר הוא שחור או לבן, טוב או רע, קל או בלתי אפשרי. כזה היה פסק דינם של המרגלים באשר לאפשרות הכיבוש: אין סיכוי שנצליח. לא היה אצלם מקום לגוונים, לניואנסים, למורכבות. הם יכלו לומר "יהיה קשה, נצטרך להפעיל כוח ומוח, אבל בעזרת ה' נעשה ונצליח". אבל הם לא אמרו כך. החשיבה שלהם הייתה מקוטבת. חשיבה של או־או.

דפוס נוסף הוא **סינון שלילי**. אנחנו זונחים את הצדדים החיוביים וממעיטים בחשיבותם, ומתמקדים כמעט אך ורק בצדדים השליליים. המרגלים פתחו את סיפורם בציון הצדדים החיוביים: "בָּאנוּ אֶל הָאָרֶץ אֲשֶׁר שְׁלַחְתָּנוּ וְגַם זָבַת חָלָב וּדְבַשׁ הִיא וְזֶה

פִּרְיָהּ" (במדבר יג, כז). ואז בא הָאֵבֶל הגדול. שרשרת ארוכה של צדדים שליליים, שהאפילה לחלוטין על הפתיחה החיובית עד שנותר רק רושם שלילי.

סוג שלישי של דפוס חשיבה מעוות הוא **ציפייה לאסון**, ביטחון בכך שקטסטרופה ממשמשת לבוא. צורת החשיבה הזו מתבטאת באמירתם של בני ישראל "וְלָמָה ה' מֵבִיא אֹתָנוּ אֶל הָאָרֶץ הַזֹּאת לִנְפֹּל בַּחֶרֶב? נָשֵׁינוּ וְטַפֵּנוּ יִהְיוּ לָבַז!" (יד, ג).

סוג רביעי: **קריאת מחשבות**. ברור לנו, כביכול, מה חושבים אחרים. לאמיתו של דבר מחשבותיהם אחרות לגמרי מאלו שאנו מייחסים להם, שכן האמונה שלנו מתבססת על הרגשות שלנו עצמנו, לא שלהם. המרגלים כשלו בקריאת מחשבות כזו כאשר אמרו "וַנְּהִי בְעֵינֵינוּ כַּחֲגָבִים **וְכֵן הָיִינוּ בְּעֵינֵיהֶם**" (יג, לג). לא הייתה להם שום דרך לדעת איך הם נראו בעיניהם של יושבי הארץ, אבל הם ייחסו להם בטעות תפיסה המבוססת על הפחד הסובייקטיבי שלהם עצמם.

הדפוס החמישי הוא **חוסר יכולת להפריך**. האדם דוחה כל ראיה וכל טענה העלולות לסתור את המחשבות השליליות שלו. המרגלים שמעו את טיעוני־הנגד של כלב אך פטרו אותם בלא כלום. הם כבר החליטו שכל ניסיון לכבוש את הארץ יעלה בתוהו, ונאטמו מפני כל פרשנות אחרת של העובדות.

שישית ברשימה שלנו: **הסקה רגשית**. האדם נותן לרגשותיו, במקום לשיקול הדעת, להכתיב את החשיבה שלו. דוגמה לכך היא הפרשנות שנתנו המרגלים לכך שערי הארץ "בְּצֻרוֹת גְּדֹלֹת מְאֹד" (יג, כח), "גְּדֹלֹת וּבְצוּרֹת בַּשָּׁמָיִם" (דברים א, כח; ט, א). הם לא עצרו וחשבו על האפשרות שעם הבונה ביצורים עד השמיים כנראה מפחד מאוד. לו עשו כן אולי היו מבינים שהכנענים אינם בטוחים, אינם ענקים, אינם חסינים. אבל הם נתנו לרגש להחליף את החשיבה.

ושביעית: **האשמה**. אנו מאשימים אדם אחר במצוקתנו במקום לקחת אחריות. כך עשה העם למשמע הסקירה. "וַיִּלֹּנוּ עַל מֹשֶׁה וְעַל אַהֲרֹן" (במדבר יד, ב). הכול בגללכם! לו רק נתתם לנו להישאר במצרים! אנשים שמאשימים אחרים מצויים כבר בדרך אל חוסר האונים הנרכש. הם רואים את עצמם כחסרי כוח לשַׁנות. הם קורבנות סבילים של כוחות שמעבר לשליטתם.

קריאתו של סיפור המרגלים במשקפיים המושגיים של התרפיה הקוגניטיבית־התנהגותית מאפשרת לנו לראות את הרלוונטיות של הסיפור העתיק – לנו, כאן, עכשיו. קל מאוד ליפול לצורות אלו ואחרות של עיוות קוגניטיבי, והתוצאה עלולה להיות דיכאון וייאוש – מצבי תודעה מסוכנים המצריכים התערבות טיפולית או תרופתית מיידית.

בייחוד מרגש אותי המרשם הטיפולי שהתורה עצמה נותנת. כתבתי בהזדמנות אחרת כי לפרשיית המרגלים ולפרשיית ציצית, שתיהן בפרשת השבוע שלנו, משותפות שתי מילות מפתח: "וּרְאִיתֶם" (בפרשת המרגלים: יג, יח; בפרשת ציצית: טו, לט) והפועל "לָתוּר" להטיותיו (בפרשת המרגלים: פרק יג, פסוקים ב, טז, יז, כה, לב; בפרשת ציצית: טו, לט). בפרשת ציצית הן מופיעות באותו פסוק: "וְהָיָה לָכֶם לְצִיצִת וּרְאִיתֶם אֹתוֹ וּזְכַרְתֶּם אֶת כָּל מִצְוֹת ה׳ וַעֲשִׂיתֶם אֹתָם וְלֹא תָתוּרוּ אַחֲרֵי לְבַבְכֶם וְאַחֲרֵי עֵינֵיכֶם אֲשֶׁר אַתֶּם זֹנִים אַחֲרֵיהֶם" (טו, לט).

שימו לב לסדרם התמוה של האיברים, העיניים והלב. אפשר היה לצפות שיהיה הפוך. הרי, כמאמר רש"י על הפסוק, "העין רואה והלב חומד והגוף עושה את העבירות": קודם רואים, ואז מרגישים. אך התורה הופכת את הסדר, ומטרימה את מה שעתידה לומר תורת הטיפול הקוגניטיבי־התנהגותי: שפעמים רבות הרגשות מעוותים את התפיסה. אנו חומדים משהו, במקרה של הציצית, או מפחדים ממשהו, במקרה של המרגלים – ואז רואים אותו, גם אם אינו קיים כלל. לכך מכוונים דבריו הידועים של הנשיא האמריקני רוזוולט בנאום ההשבעה לכהונתו הראשונה: "יש לפחד רק מן הפחד עצמו – אימה עלומת שם, נטולת היגיון ונטולת הצדקה, המשתקת את המאמצים הדרושים כדי להפוך נסיגה להתקדמות".[1]

פתיל התכלת שבציצית נועד, לדברי חז"ל, להזכיר לנו את הים, את השמיים, ואת כיסא ה׳.[2] התכלת ציינה בעולם העתיק מלוכה. הציצית עצמה היא אפוא צורה של תרפיה קוגניטיבית־התנהגותית. היא אומרת: אל תפחדו. ה׳ עימכם. אל תיכנעו לרגשות שלכם, שכן אתם בנים למשפחת מלוכה. אתם ילדיו של מלך העולם.

אל תיתנו לרגשות שליליים לסלף את תפיסת העולם שלכם. אינכם חגבים. המתנגדים לכם אינם ענקים. כדי לראות את העולם כפי שהוא, לא כפי שאתם פוחדים שהוא עלול להיות, תנו לאמונה להדוף את הפחד.

רעיון משנה־חיים 37:

אל תיתנו לרגשות שליליים לסלף את תפיסת העולם שלכם. כדי לראות את העולם כפי שהוא, לא כפי שאתם פוחדים שהוא עלול להיות, תנו לאמונה להדוף את הפחד.

---

1. תרגום: ויקיציטוט.
2. סוטה יז ע"א.

קורח

הפופוליסט הראשון

סיפורו של קורח יכול ללמדנו רבות על אחת התופעות המטרידות ביותר בזמננו: עלייתו של הפופוליזם בפוליטיקה. קורח היה פופוליסט, מן הראשונים המתועדים בהיסטוריה – והפופוליזם שב לאחרונה להרים ראש במערב, כפי שהיה בשנות השלושים, ומאיים על עתידו של החופש.

פופוליזם הוא הפוליטיקה של הכעס.[1] הוא מופיע היכן ששוררת אי־נחת מהמנהיגות הפוליטית; כאשר רבים מרגישים שראשי הממסד עובדים למען האינטרסים האישיים שלהם ולא של הציבור הרחב; וכאשר יש אובדן נרחב של אמון וקריסה של מושג הטוב־המשותף. הוא מתעורר כשאנשים מתחילים להרגיש שחלוקת התגמולים אינה הולמת: מעטים מרוויחים בגדול, והרבים דורכים במקום או מפסידים – וכשמתפשטת התחושה של "לקחו לנו את המדינה שהכרנו", אם לנוכח ערעור הערכים המסורתיים, אם בשל הגירה רחבת היקף למדינה.

האי־נחת הזו מיתרגמת לדחייה כלפי האליטות הפוליטיות והתרבותיות. הפוליטיקאים הפופוליסטים טוענים שהם, ורק הם, משמיעים את קולו האמיתי של העם. האחרים, האליטה המנהיגה הקיימת, מתחלקים ביניהם בטובות ההנאה ואדישים לסבלם של ההמונים. הפופוליסטים מתסיסים את הציבור נגד הממסד. הם נוקטים במתכוון פלגנות ורטוריקה של עימות. הם מבטיחים מנהיגות חזקה שתחזיר לעם את מה שנלקח ממנו.

1. מן הספרים על הנושא שהתפרסמו לאחרונה מומלץ במיוחד ספרו הקצר של יאן־ורנר מולר "מהו פופוליזם": Jan-Werner Muller, *What Is Populism*? Philadelphia: Penguin, 2017. ראו גם את המחקר החשוב *Populism: The Phenomenon*, Bridgewater Associates, March 22, 2017.

בשנת 2017, התמיכה במפלגות פופוליסטיות ברחבי אירופה נעה סביב 35 אחוזים – השיעור הגבוה ביותר מאז שנות השלושים. מפלגות ימין קיצוני עלו לשלטון בפולין ובהונגריה, ויש להן נוכחות חזקה באוסטריה, בצרפת ובהולנד. בדרום אירופה, במדינות כגון ספרד ויוון, הפופוליזם נוטה להיות שמאלני דווקא. כך וגם כך, כאשר הפופוליזם עולה הרודנות מחכה מעבר לפינה.[2] זכויות האדם מוזחות הצידה. הציבור נותן למנהיג החזק סמכויות חריגות: כך היה בשנות השלושים עם פרנקו, היטלר ומוסוליני. הבריות מוכנות להקריב את חירותן על מזבח האוטופיה המובטחת, ולהבליג על עוולות חמורות כלפי מי שהמנהיג בוחר כשעיר לעזאזל ותולה בו את צרות האומה.

עדת קורח הייתה תנועה פופוליסטית, וקורח עצמו – אב טיפוס של מנהיג פופוליסט. כרו אוזניכם לדבריו על משה ואהרן: "רַב לָכֶם! כִּי כָל הָעֵדָה כֻּלָּם קְדֹשִׁים וּבְתוֹכָם ה', וּמַדּוּעַ תִּתְנַשְּׂאוּ עַל קְהַל ה'?" (במדבר טז, ג). אלה הם טיעונים פופוליסטיים קלאסיים. ראשית, רומז קורח, הממסד (משה ואהרן) מושחת. משה פעל בנפוטיזם כאשר מינה את אחיו לכוהן הגדול. הוא שומר את תפקידי ההנהגה הבכירים בתוך חוג המשפחה המצומצם שלו במקום לפזר אותם במעגל רחב יותר. שנית, קורח מציג את עצמו כגיבור ההמונים. העדה כולה קדושה, הוא אומר. בכם, משה ואהרן, אין שום סגולה מיוחדת. כולנו ראינו את הניסים שעשה ה' ושמענו את קולו. כולנו עזרנו לבנות את המשכן. קורח ממצב את עצמו כאביר הדמוקרטיה כדי להיות שליט אוטוקרט.

בשלב הבא מנהלים הוא וחבריו המורדים מסע מרשים של פייק ניוז, ממש כבימינו. אפשר להבין זאת מדברי התורה בעקיפין. כאשר משה אומר לה' "לֹא חֲמוֹר אֶחָד מֵהֶם נָשָׂאתִי וְלֹא הֲרֵעֹתִי אֶת אַחַד מֵהֶם" (טז, טו), אנו מבינים שהוא הואשם בכך: בניצול מעמדו להפקת רווח אישי. וכאשר משה אומר "בְּזֹאת תֵּדְעוּן כִּי ה' שְׁלָחַנִי לַעֲשׂוֹת אֵת כָּל הַמַּעֲשִׂים הָאֵלֶּה, כִּי לֹא מִלִּבִּי" (טז, כח), מובן שגם בזאת האשימו אותו – שהציג את החלטותיו שלו, במצג שווא, כצו אלוהי.

הבוטה מכולן היא טענתם של דתן ואבירם, פוסט־אמת גמורה: "הַמְעַט כִּי הֶעֱלִיתָנוּ מֵאֶרֶץ זָבַת חָלָב וּדְבַשׁ לַהֲמִיתֵנוּ בַּמִּדְבָּר כִּי תִשְׂתָּרֵר עָלֵינוּ גַּם הִשְׂתָּרֵר?" (טז, יג). זהו אחד הנאומים הנבזיים ביותר המצוטטים בתורה. יש בו נוסטלגיה שקרית למצרים ("ארץ זבת חלב ודבש", לא פחות ולא יותר!) האשמת משה בחטא המרגלים

2. ראו Timothy Snyder, *On Tyranny: Twenty Lessons from the Twentieth Century*, London: Bodley Head, 2017.

ובתוצאותיו ("להמיתנו במדבר"), והאשמתו בהשתלטות על העם לצורך יוקרה אישית ("כי תשתרר עלינו גם השתרר"): שלושה שקרים מקוממים במשפט אחד.

ודאי צדק הרמב"ן באומרו[3] כי ערעור כזה על מנהיגותו של משה לא יכול היה להתקיים בשלב מוקדם יותר. רק לאחר חטא המרגלים, כשיוצאי מצרים הבינו שלא יזכו להיכנס לארץ המובטחת, נוצרה תשתית של התמרמרות עממית שאש־מחלוקת פופוליסטית יכלה להיאחז בה. ההמונים הרגישו לראשונה שאין להם מה להפסיד. פופוליזם הוא פוליטיקה של אכזבה, התמרמרות ופחד.

וכך, בפעם הראשונה וגם האחרונה בחייו, נהג משה כאוטוקרט, כמנהיג הנוקט אמצעים כוחניים כלפי מונהגיו – ולשם כך אף העמיד את ה' במבחן, כביכול:

> בְּזֹאת תֵּדְעוּן כִּי ה' שְׁלָחַנִי לַעֲשׂוֹת אֵת כָּל הַמַּעֲשִׂים הָאֵלֶּה, כִּי לֹא מִלִּבִּי: אִם כְּמוֹת כָּל הָאָדָם יְמֻתוּן אֵלֶּה, וּפְקֻדַּת כָּל הָאָדָם יִפָּקֵד עֲלֵיהֶם, לֹא ה' שְׁלָחָנִי. וְאִם בְּרִיאָה יִבְרָא ה' וּפָצְתָה הָאֲדָמָה אֶת פִּיהָ וּבָלְעָה אֹתָם וְאֶת כָּל אֲשֶׁר לָהֶם וְיָרְדוּ חַיִּים שְׁאֹלָה – וִידַעְתֶּם כִּי נִאֲצוּ הָאֲנָשִׁים הָאֵלֶּה אֶת ה'. (טז, כח-ל)

ניסיון דרמטי זה ליישב סכסוך באמצעות שימוש בכוח (במקרה הזה כוח הנס) נכשל לגמרי. האדמה אכן פתחה את פיה ובלעה את קורח ועדתו, אבל העם, אף כי נבעת, לא השתכנע: "וַיִּלֹּנוּ כָּל עֲדַת בְּנֵי יִשְׂרָאֵל מִמָּחֳרָת עַל מֹשֶׁה וְעַל אַהֲרֹן לֵאמֹר אַתֶּם הֲמִתֶּם אֶת עַם ה'" (יז, ו). מאז ומתמיד התנגדו יהודים למנהיגות כוחנית.

מאלף אף יותר הוא המסגור שנתנו חז"ל למחלוקת קורח. אפשר היה לצפות שהם יציירו אותה בצבעי שחור־לבן וינגידו בין המרדנות לציות – אך הם התעקשו לדייק בשאלת המחלוקת הציבורית הראויה. הם אמרו שהבעיה אצל קורח ועדתו לא הייתה בעצם המחלוקת על משה ואהרן, אלא בכך שלא הייתה "מחלוקת לשם שמיים" – כמו המחלוקת בין בית הלל לבית שמאי, למשל, שהייתה לשם שמיים ולכן "סופה להתקיים", כלומר יש בה ערך לדורות.[4] כפי שכתבתי לעיל על פרשת שמות, היהדות מתייחדת בכך שרוב כתבי הקודש שלה הם אוספים של מחלוקות.

השאלה היא לא אם להתווכח אלא לשם מה ואיך. במחלוקת שאיננה לשם שמיים, הצדדים שואפים לניצחון. במחלוקת לשם שמיים, הם שואפים אל האמת. כשהיעד הוא ניצחון, כמו במקרה של קורח, שני הצדדים מפסידים. קורח מת, וסמכותו

3. רמב"ן לבמדבר טז, א.
4. משנה, אבות ה, כ.

של משה נפגמה. אך כשהיעד הוא האמת, שני הצדדים מרוויחים. הפסד לאמת הוא ההפסד היחיד שהוא גם ניצחון. כמאמר רבי שמעון העמסוני, כאשר התרשם שדרשתו שלו אינה נכונה במקרה מסוים: "כשם שקבלתי שכר על הדרישה כך אני מקבל שכר על הפרישה".[5]

בספרו הקצר והמעולה **מהו פופוליזם?** כותב יאן־וֶרנר מולר כי הסימן המובהק ביותר לפוליטיקה פופוליסטית הוא הדה־לגיטימציה לקולות אחרים. פופוליסטים טוענים כי "הם ורק הם מייצגים את העם". כל מי שאינו מסכים איתם הוא "לא לגיטימי בעצם מהותו". כשהם מגיעים לשלטון הם משתיקים את מתנגדיהם. משום כך כה מסוכנת היא ההשתקה של קולות לא פופולריים בקמפוסים האוניברסיטאיים בימינו באמצעות "מרחבים בטוחים", "אזהרות טריגר" והוקעת "מיקרו־אגרסיות". כאשר חירות הדיבור והמחשבה נגזלת, החירויות האחרות הן הבאות בתור.

היהדות מתגוננת מפני הפופוליזם בעמידתה על הלגיטימיות של "מחלוקת לשם שמיים". היא איננה משתיקה קולות־נגד, אלא מרוממת אותם. בתקופת המקרא התמסדה גישה זו בדמותם של הנביאים, שהטיחו את האמת שלהם בבעלי השררה. בתקופת חז"ל היא התבטאה בתרבות המחלוקת הניבטת מכל דף במשנה, בגמרא ובספרות הרבנית בכלל. במדינת ישראל בת זמננו, תרבות הוויכוח היא חלק בלתי נפרד מהמרקם של החופש הדמוקרטי, בניגוד זועק למתרחש ברוב העולם הערבי המקיף אותה.

מכאן הרעיון משנה־החיים: אם רצונכם ללמוד, לצמוח, לבקש את האמת ולמצוא את החופש, חפשו מקומות המברכים על הוויכוח ומכבדים את בעלי הדעה השונה. התרחקו מאנשים, ממקומות וממפלגות שאינם כאלה. גם אם הם מציגים את עצמם כידידיו של העם, בעצם הם אויביו של החופש.

רעיון משנה־חיים 38:

אם רצונכם ללמוד, לצמוח, לבקש את האמת ולמצוא את החופש, חפשו מקומות המברכים על הוויכוח ומכבדים את בעלי הדעה השונה.

---

5. פסחים כב ע"א.

חוקת

בצל המוות, לאור הסופיות

פרשת חוקת עוסקת בסופיותו של האדם. היא מספרת על מותם של שניים משלושת מנהיגיו הדגולים של עם ישראל במדבר, מרים ואהרן, ועל הגזֵרה שהוטלה על משה למות בן מאה ועשרים, לפני שייכנס לארץ. אלה הם שלושה אובדנים מערערים. כמזור לתחושת האובדן והאבל מפעילה התורה אחד מעקרונותיה הגדולים של היהדות: "אין הקב"ה מכה את ישראל אלא אם כן בורא להם רפואה תחילה".[1] לפני שהתורה מספרת על המיתות הללו היא מגוללת את דין פרה אדומה, אותו טקס מסתורי המטהר את מי שבא במגע עם המוות – מקורן הארכיטיפי של הטומאות.

טקס הפרה האדומה מתואר תכופות כבלתי מובן, אך בעצם יש בו סמליות מובהקת. הפרה האדומה היא התגלמות של החיים: עֶגלה שצבעה אדום טהור, צבע הדם שהוא מקור החיים, ואשר חיה את החיים במרב חיותם שכן מעולם לא עלה עליה עול. והנה היא נשרפת, מופחתת לכדי אפר. כזו היא הסופיות, התמותה, גורלו של כל מה שחי. אנחנו, אמר אברהם אבינו, רק "עָפָר וָאֵפֶר" (בראשית יח, כז). "עָפָר אַתָּה", אמר אלוהים לאדם, "וְאֶל עָפָר תָּשׁוּב" (בראשית ג, יט).

אלא שעל "עֲפַר שְׂרֵפַת הַחַטָּאת", הוא אפר הפרה, נותן הכוהן "מַיִם חַיִּים" (במדבר יט, יז); ומהמים באים חיים חדשים. המים משתנים תמיד. "אי אפשר להיכנס לאותו נהר פעמיים", אמר הרקליטוס. ובכל זאת, הנהר קבוע: הוא זורם (בדרך כלל) באותו אפיק, בין אותן גדות התוחמות אותו. המים מתחלפים, הנהר נשאר. גם אנחנו, כישויות חומריות, נידונו לחזור יום אחד לעפר; לזרום מן הקיום, כמים. אבל יש בהיותנו מים שתי נחמות נהר, נחמות של קביעות.

1. מגילה יג ע"ב; מדרש שכל טוב, שמות ג, א.

האחת היא שאין אנו רק ישויות חומריות. אלוהים יצר את האדם "עָפָר מִן הָאֲדָמָה",[2] אבל נָפַח באפָּיו "נִשְׁמַת חַיִּים" (בראשית ב, ז). אנחנו בני תמותה, אך בתוכנו יש גרעין של אלמוות. "וְיָשֹׁב הֶעָפָר עַל הָאָרֶץ כְּשֶׁהָיָה – וְהָרוּחַ תָּשׁוּב אֶל הָאֱ־לֹהִים אֲשֶׁר נְתָנָהּ" (קהלת יב, ז).

הנחמה השנייה היא שאפילו כאן על פני האדמה משהו מאיתנו ממשיך לחיות אחרינו. כך היה אצל אהרן: צאצאיו נושאים איתם את כתר כהונתו עד היום. כך באשר למשה: תלמידיו למדו את דבריו וחיו אותם, דור אחר דור, עד דורנו והלאה ממנו. ואחותם מרים, גם היא הוסיפה לחיות אצל כל אותן נשים יהודיות אמיצות לאורך ההיסטוריה שלימדו את העם אמונה אמיתית מהי.[3] לחיים שלנו יש השפעה על חיי אחרים – לטוב או לרע – והאדוות שמעשינו מחוללים מתפשטות הרחק על פני המרחב והזמן. אנחנו חלק מנהר חיים שאינו חדל.

אנחנו בני תמותה, אך אין בכך כדי לרוקן את חיינו מחשיבות (כפי שחשב למשל טולסטוי),[4] משום שאנחנו חלק מדבר־מה גדול מאיתנו, דמויות בסיפור שהתחיל בשחר תולדות התרבות ויימשך עד שתכלה רגל אדם מן הארץ.

בתוך ההקשר הזה אולי נבין עניין נוסף המופיע בפרשה, תקרית שהיא מן המטרידות ביותר בתורה: התפרצות הזעם של משה על העם שדרש מים, שבעקבותיה נידונו הוא ואהרן למות לפני הכניסה לארץ ישראל (במדבר כ, א–יג). כתבתי על הפרשייה הזו פעמים רבות, כגון בכמה משיחותינו על פרשת חוקת בשנים קודמות, ולא ארחיב שוב בפרטים. אתמקד הפעם בפשר הופעתו של הסיפור דווקא בפרשת חוקת, הפרשה העוסקת בסופיותנו; הפרשה שהמכנה המשותף לכל ענייניה הוא הקיום שלנו כישויות חומריות בעולם חומרי.

לעובדה קיומית זו יש שתי השלכות בעלות פוטנציאל טרגי. האחת: אנחנו עשויים תערובת לא יציבה של תבונה ותשוקה, חשיבה ורגש. על כן, העצב והתשישות עלולים לגרום גם לגדולים שבגדולים לעשות טעויות. כך קרה למשה ואהרן אחרי

2. או כפי שהיינו מנסחים זאת היום: יצר את האדם מאותו מקור החיים, הכתוב באותו צופן גנטי, שכל האורגניזמים עשויים ממנו.

3. ראו המאמר "הנשים ויציאת מצרים" בספרי **פסח על שום מה: הגדה של פסח**, מאנגלית: ברוריה בן־ברוך, ירושלים: מגיד, 2015, עמ' 247–258.

4. ראו המשל שלו, על הנוסע המתחבא בבאר, ב"וידוי" (בתוך לב נ' טולסטוי, **כתבי הגות**, מרוסית: דינה מרקון, ירושלים: כרמל, תשע"ו); וכן הנובלה שלו "מותו של איוואן איליץ'" (תורגמה לעברית כמה פעמים, למשל – בתוך טולסטוי, **איוואן איליץ' ואחרים**, מרוסית: פטר קריקסונוב, תל אביב: הספריה החדשה, תשנ"ט). ראו גם Ernest Becker, *The Denial of Death*, New York: The Free Press, 1973.

מות אחותם. ההשלכה השנייה: אנחנו חומריים, ועל כן אנחנו בני תמותה. לפיכך, לכולנו יהיו נהרות שלא נחצה, ארצות מובטחות שלא נזכה להיכנס אליהן, עתידים שהיינו שותפים בעיצובם אבל לא נראה אותם מתממשים בחיינו. בקיצור: אנחנו בני אדם, ולכן אנחנו טועים; אנחנו בני אדם, ולכן אנחנו מתים.

התורה משרטטת כאן רעיון חשוב מאין כמוהו: אף על פי שאנחנו טועים ומתים, **הקיום האנושי איננו טרגי**. משה ואהרן עשו טעויות, אך הדבר לא מנע מהם להימנות עם גדולי המנהיגים בהיסטוריה, ולעצב את שני ממדיהם הגדולים של החיים היהודיים עד ימינו, הממד הנבואי והממד הכוהני. והעובדה שמשה מת בלי שיזכה לראות את עמו עובר את הירדן אינה גורעת מהמורשת הנצחית שלו, כאדם שהפך המון־עבדים לעם חופשי והביאם אל מִפתן הארץ היעודה.

תמהני אם יש תרבות, אמונה או ציוויליזציה שעשתה עם מצבו־של־האדם צדק רב מזה שעשתה עימו היהדות, בעמידתה על כך שאנו בני אדם, לא אלים, ושעם זאת אנחנו שותפיו של אלוהים במלאכת הבריאה ובמימוש הברית. כמעט כל התרבויות האחרות טשטשו את הגבול שבין אלוהים לאדם. בעולם העתיק, השליטים נחשבו בדרך כלל לאלים, או אלים למחצה, או מתווכים בכירים בין בני האדם לאלים. הנצרות והאסלאם הצביעו על בני אדם מסוימים כמי שאינם מסוגלים לחטוא ולטעות – בן האלוהים או נביא האלוהים. האתיאיסטים המודרניים, לעומת זאת, נטו להדהד את השאלה שניטשֶה שם בפי המטורף המודיע על הדחת האלוהים מכיסאו: "האם לא דין הוא, כי אנו עצמנו נהיה לאלים על מנת להיראות כראויים לה, לגדלות זו?"[5]

ב־1967, ממש בראשית ימיי כסטודנט, הקשבתי לסדרת "הרצאות ריית" בבי־בי־סי; בשנה ההיא נשא אותן אדמונד ליץ', פרופסור לאנתרופולוגיה בקיימברידג'. משפטי הפתיחה היו "בני האדם נעשו למעין אֵלים. האם לא הגיע הזמן שנבין את האלוהיות שלנו?"[6] זכורני שברגע ששמעתי את המילים הללו הרגשתי שמשהו השתבש בציוויליזציה המערבית. איננו אֵלים, ודברים רעים קרו כשאנשים חשבו שהם כן.

במקביל, כבפרדוקס, ככל שהעוצמה שבידי האנושות גדולה, כך **פוחתת** הערכתנו כלפי האדם. וולטר, ברומן שלו **זאדיג**, תיאר את בני האדם כ"חרקים

5. פרידריך ניטשה, **המדע העליז**, ספר שלישי, סעיף 125, בתוך ניטשה, **הולדתה של הטרגדיה; המדע העליז**, מגרמנית: ישראל אלדד, ירושלים ותל אביב: שוקן, 1985, עמ' 275.

6. Edmund Leach, *A Runaway World*? Oxford: Oxford University Press, 1968.

הטורפים זה את זה על גבי אטום קטן של בוץ". סטיבן הוקינג המנוח קבע כי "הגזע האנושי הוא רק זיהום כימי על כוכב לכת בינוני המקיף כוכב ממוצע מאוד באגף מרוחק של גלקסיה אחת ממיליארד". הפילוסוף ג'ון גריי הכריז כי "משמעות חיי האדם אינה גדולה ממשמעות חיי החזזית".[7] בספרו **ההיסטוריה של המחר** משער יובל נח הררי כי "במבט לאחור יסתבר שהחוויה האנושית היא רק אדווה חולפת בזרם המידע הקוסמי".[8]

את שתי האפשרויות הללו התורה פוסלת: את הערכת־היתר של האנושות, ואת הערכת־החסר שלה. מצד אחד, האדם אינו אל. אדם אין בארץ אשר לא יחטא. אין אדם שחייו נקיים משגיאות ומחסרונות. **לכן חשוב היה לתורה לספר על חטאו של משה דווקא בפרשה העוסקת בהיותנו בני תמותה.** על אותה הדרך, חשוב היה לתורה לומר לנו כבר בתחילת סיפור שליחותו של משה שהוא לא ניחן בכריזמה מיוחדת. הוא לא היה איש־דברים מטבעו, ודאי לא נואם סוחף (ראו שמות ד, י). ובאותו אופן – בסַפרה על מות משה מדגישה התורה כי איש לא ידע את מקום קבורתו (דברים לד, ו), כדי שהמקום לא יהיה לאתר צליינות. כללו של דבר: משה היה אנושי, כל כך אנושי, ובכל זאת לא קם עוד נביא כמוהו (שם, י).

מנגד, הרעיון שאנחנו רק עפר ואפר ולא יותר מכך – חרקים, זיהום, חזזית, אדווה חולפת בזרם המידע הקוסמי – הוא בוודאי המטופש מכל הרעיונות שניסחו אנשים חכמים. שום חרק לא הגה רעיונות כוולטר, הפילוסוף הדגול שדימה את האנושות לחרקים. שום זיהום כימי לא נעשה כִימאי. שום אדווה בזרם־מידע לא חיברה רבי־מכר עיוניים בינלאומיים. שתי הטעויות – שאנחנו אלים ושאנחנו חרקים – מסוכנות. המאמץ אותן ברצינות יכול להצדיק כמעט כל פשע נגד האנושות. בלי איזון עדין בין הנצח האלוהי לסופיות האנושית, בין הסליחה האלוהית לשגיאה האנושית, אנו עלולים לחולל הרס נורא – והכוח שיש בידינו לעשות זאת גדל משנה לשנה.

זה אפוא הרעיון משנה־החיים הטמון בפרשת חוקת: אנחנו כעפר האדמה, אך נשמת אלוהים באפינו. אנחנו שוגים, ועדיין מסוגלים לגדולות. אנחנו מתים, אך המיטב שבנו ממשיך לחיות אחרינו.

האדמו"ר שמחה בונים מפשיסחא היה אומר שטוב ללבוש בגד עם שני כיסים.

7. הציטוטים על פי Raymond Tallis, "You Chemical Scum, You", in Tallis, *Reflections of a Metaphysical Flaneur*, Stocksfield, UK: Acumen, 2013.

8. יובל נח הררי, **ההיסטוריה של המחר**, אור יהודה: דביר, תשע"ה, עמ' 423.

באחד לטמון פתק שכתוב בו "וְאָנֹכִי עָפָר וָאֵפֶר" (בראשית יח, כז). בשני – פתק ועליו המשפט "בשבילי נברא העולם".[9] חיינו מצויים בַמתח שבין קטנותנו הגשמית לגדלותנו הרוחנית, קוצר ימי חיינו לנצחיות האמונה המדריכה אותם. תחושות התבוסה, הייאוש והטרגדיה הן תמיד בוסריות. החיים קצרים, אך כשאנו מרימים את עינינו אל השמיים קומתנו נזקפת.

רעיון משנה־חיים 39:

אנחנו כעפר האדמה, אך נשמת אלוהים באפינו. אנחנו שוגים, ועדיין מסוגלים לגדולות. אנחנו מתים, אך המיטב שבנו ממשיך לחיות אחרינו.

---

9. משנה, סנהדרין ד, ה.

בלק
עם לבדד

אנחנו נמצאים ברגע חריג בהיסטוריה היהודית, מסיבות טובות וגם טובות פחות. לראשונה זה ארבעת אלפים שנה אנחנו עצמאים וריבוניים בארץ ישראל ובו בזמן נהנים מחופש ושוויון בתפוצות. היו תקופות, תמיד קצרות מדי, שעם ישראל נהנה מאחת מן השתיים; אך מעולם לא משתיהן בעת ובעונה אחת. עד כאן החדשות הטובות.

החדשות הטובות פחות הן שהאנטישמיות חזרה – בעת שזיכרון השואה עדיין חי. מדינת ישראל מבודדת בזירה המדינית. היא עדיין מוקפת אויבים. היא היחידה מ־193 המדינות חברות האו"ם שעצם זכות הקיום שלה נתונה לערעור ולאיום מתמיד.

על הרקע הזה אך מתבקש הוא לבחון שוב את דבריו של הנביא האלילי בלעם בפרשת השבוע שלנו, שרבים ראו בהם לאורך הדורות תמצית קולעת של ההיסטוריה היהודית והייעוד היהודי – "כִּי מֵרֹאשׁ צֻרִים אֶרְאֶנּוּ וּמִגְּבָעוֹת אֲשׁוּרֶנּוּ. הֶן עָם לְבָדָד יִשְׁכֹּן וּבַגּוֹיִם לֹא יִתְחַשָּׁב" (במדבר כג, ט).

שניים מבכירי הדיפלומטים הישראלים במאה הקודמת, יעקב הרצוג ונפתלי לאו־לביא, שניהם בני משפחות רבניות, ראו בפסוק זה גילום של מצבנו כעם לאחר השואה והקמת המדינה. יעקב הרצוג, בנו של הרב הראשי לשעבר יצחק אייזיק הלוי הרצוג ואחיו של נשיא המדינה לימים חיים הרצוג, היה מנכ"ל משרד ראש הממשלה מ־1965 עד מותו המוקדם ב־1972. נפתלי לביא, ניצול אושוויץ שהיה לקונסול הכללי של ישראל בניו יורק, זכה לראות את אחיו, ישראל מאיר לאו, מכהן כרב הראשי לישראל. אוסף מאמריו של הרצוג יצא לאור בכותרת **עם לבדד ישכון**. ספר זיכרונותיו של לאו־לביא נקרא באנגלית **נבואת בלעם** (ובהקדמה מצטט בנו עמיחי את הפסוק הזה); בעברית הוא קרוי על פי פסוק אחר בנבואות בלעם, **עם כלביא**

(כמתבקש משם המחבר).[1] בעיני שניהם, הפסוק מבטא את ייחודיותו של עם ישראל: את הבידוד שלו, ויחד איתו את הנחישות וקריאת התיגר על הסביבה. עם ישראל סבל מתגרת ידן של הגדולות במעצמות שידע העולם, אך המשיך לחיות אחרי שהן נעלמו.

ובכל זאת, לנוכח שובה של האנטישמיות, ראוי להתבונן בפירוש אחר על הפסוק, פירושו של הנצי״ב מוולוז׳ין (רבי נפתלי צבי יהודה ברלין, 1816-1893). הנצי״ב פירש כך: כל עם אחר, כשיצא לגלות ונטמע בתרבות השלטת, זכו בניו ליחס של התקבלות וכבוד. אך ליהודים קרה בגלות ההפך. כששמרו אמונים לתורתם ולאורח חייהם, הצליחו לחיות בשלום עם שכניהם הגויים. אך כשניסו להיטמע בהם – מצאו את עצמם שנואים ונרדפים. הנצי״ב קורא אפוא את הפסוק כך: ״**עם** ישראל, כשהוא **לבדד** ואינו מתערב עמהם, **ישכון** במנוחה ובכבוד;... **ובגוים**, כאשר הוא רוצה להיות מעורב עמם, **לא יתחשב**: אינו נחשב בעינם להתחשב כלל לאדם״.[2]

פירוש זה הולם היטב את זמנו ומקומו, רוסיה ברבע האחרון של המאה התשע־עשרה. יהודים רבים התבוללו אז, וחלקם התנצרו, אך האנטישמיות לא נעלמה אלא החריפה, וב־1881 התפרצה בגל פוגרומים רצחני שהשתולל ביותר ממאה עיירות. מאימת האנטישמיות הגוברת ברחו מרוסיה למערב בין שלושה לחמישה מיליוני יהודים.

סיפורו של ליאון פינסקר, שפעל באותה תקופה ממש, מגלם שינוי זה. פינסקר היה רופא יהודי שהאמין שהתפשטות ההשכלה וההומניזם תשים קץ לאנטישמיות. אך המאורעות הקשים הפכו את לבבו, ובעקבות הפוגרומים כתב את **אוטואמנציפציה**, חיבור שהוא ממבשרי הציונות החילונית. דבריו שם דומים להפליא לדברי הנצי״ב: היהודים, הוא כותב, ״בבקשם להתבולל בעמים אחרים, סילקו עצמם כמעט בזדון־לב מלאומיותם הם. אבל בשום מקום לא עלה הדבר בידם, להיות דומים בעיני שכניהם לשאר ילידי הארץ״.[3] הם ניסו להיות כמו כולם אך הדבר רק בודד אותם עוד.

דבר דומה קרה גם במערב אירופה. הנאורות והאמנציפציה לא חיסלו את האיבה כלפי היהודים, אלא רק גרמו לה לעבור מוטציה: משנאת־יהודים דתית, לאנטישמיות הגזענית. היטיב לתאר זאת בנימין זאב הרצל **במדינת היהודים** (1896):

1. יעקב הרצוג, **עם לבדד ישכון**, תל אביב: ספריית מעריב, 1975; נפתלי לאו־לביא, **עם כלביא**, תל אביב: ספריית מעריב, תשנ״ג.
2. **העמק דבר**, במדבר כג, ט.
3. י״ל פינסקר, **אבטואימנציפציא**, מגרמנית: אחד העם. הפסקה נמצאת סמוך לתחילת הספר; הטקסט הועתק מאתר פרויקט בן־יהודה.

בתום לבבנו ניסינו להתערב בגויים שכנינו בכל מקומות מושבותינו ולהיות כמוהם, לבלי השאר בידינו מכל אשר לנו רק אמונת אבותינו בלבד; אך דחו אותנו בשתי ידיים. לשוא נעמול תמיד להיות אזרחים נאמנים, ולפעמים גם יתר על המידה; לשווא נקריב חלבנו ודמנו ככל יתר עם הארץ, לשווא נתאמץ להרים קרן ארצות מושבותינו בחוכמות ובמדעים ולהרבות כבוד עושרן במסחר וקניין. בארצות מולדתנו, שבהן אנו יושבים זה מאות בשנים, נחשבנו לזרים... הנה כי כן נעמול לשווא להיות אזרחים נאמנים, כהוגנוטים אשר נאלצו לנוד ולנוע. לו רק הרפו ממני... אבל אדמֶה כי לא ירפו ממני.[4]

ככל שאנו מצליחים יותר להידמות לאחרים, רומז הרצל, כך האחרים הללו אוהבים אותנו פחות. במתכוון או שלא במתכוון, קולות אלו משלהי המאה התשע־עשרה מהדהדים הרגשה שנוסחה לראשונה 2,600 שנים קודם לכן בידי הנביא יחזקאל, באומרו את דבר ה׳ אל אלה מגולי בבל שהתעתדו להתבולל שם:

וְהָעֹלָה עַל רוּחֲכֶם הָיוֹ לֹא תִהְיֶה, אֲשֶׁר אַתֶּם אֹמְרִים "נִהְיֶה כַגּוֹיִם כְּמִשְׁפְּחוֹת הָאֲרָצוֹת לְשָׁרֵת עֵץ וָאָבֶן". (יחזקאל כ, לב)

האנטישמיות היא מן התופעות המורכבות ביותר בהיסטוריה של השנאה, ואיני מתכוון לפתור את התסבוכת בשיחה קצרה זו. אומַר רק שהתכנסות־השקפות זו בין הנצי"ב, מגדולי הרבנים של זמנו, לבין שני הציונים החילונים הדגולים, פינסקר והרצל, שנבדלו ממנו בהשקפותיהם כמעט בכל נושא אחר, יש בה כדי להעמידנו על אמת על־זמנית: **התבוללות איננה תרופה לאנטישמיות. אם אנשים אינם אוהבים אותך בגלל מה שאתה, הם לא יאהבו אותך יותר כשתעמיד פנים שאתה מה שאינך.**

היהודים אינם יכולים לרפא את האנטישמיות. רק האנטישמים יוכלו לרפא את עצמם – יחד עם החברה שהם שייכים לה. וכל זאת משום שהיהודים אינם הסיבה לאנטישמיות. הם המושאים שלה, אך מושא לשנאה וסיבה לשנאה הם שני דברים שונים. הסיבה לאנטישמיות היא מחלה שפשתה בעומק החברה שהיא מופיעה בה. היא מתפרצת כשחברה חשה שהדברים אינם כתיקונם, ושתהום מבלבלת רובצת בין מצב

4. בנימין זאב הרצל, **מדינת היהודים**, מגרמנית: מיכל ברקוביץ, ורשה: אחיאסף, 1922, פתח הדבר. הטקסט הועתק בתיקוני כתיב מאתר פרויקט בן־יהודה.

הדברים המציאותי למצבם הרצוי. במצב כזה יש שתי אפשרויות. אפשר לשאול "איפה טעינו" ולנסות לתקן, ואפשר לשאול "מי עשה לנו את זה" ולחפש שעיר לעזאזל.

דור אחר דור היו היהודים שעיר לעזאזל, לכפר על עוונות שלא נגעו להם כלל – החל במגפות דֶבר ואישומים בהרעלת בארות בימי הביניים, דרך סכסוכים פנימיים בנצרות, עבור בתבוסתה של גרמניה במלחמת העולם הראשונה, וכלה בנחשלותן של מדינות מוסלמיות רבות כיום. האנטישמיות היא מחלה, והיא לא תתרפא בידי יהודים. האנטישמיות היא רוע, ומי שמשלים איתה כשבכוחו למחות הוא משתף פעולה עם הרוע.

אין לנו סיבה להתנצל על התעקשותנו להיות שונים. אמונת ישראל החלה כמחאה נגד האימפריות – בבל בספר בראשית ומצרים בספר שמות. אלו היו האימפריות הראשונות, והן השיגו חופש למעטים במחיר שעבודם של ההמונים. היהודים היו תמיד מטרד לאימפריות, כי הם עמדו על כבודו של היחיד וחירותו. האנטישמיות היא פרפור גסיסתן של תרבויות שוקעות – או אות האזהרה הראשון מפני טוטליטריות חדשה. ה' ציווה על אבותינו להיות שונים, לא מפני שהיו טובים מאחרים – "לֹא בְצִדְקָתְךָ ה' אֱ־לֹהֶיךָ נֹתֵן לְךָ אֶת הָאָרֶץ הַטּוֹבָה הַזֹּאת לְרִשְׁתָּהּ" (דברים ט, ו) – אלא כי **דרך היותנו שונים אנו מלמדים את העולם על כבודו של השוני**. האימפריות שואפות לכפות אחידות על עולם רב־גוני. היהודים יודעים שאחד אלוהינו שבשמיים ובארץ – אך את השמיים ואת הארץ הוא ברא בריבוי גוונים ופנים.

יש שוני יסודי אחד בין האנטישמיות היום לאנטישמיות במופעיה הקודמים. היום יש לנו מדינה. איננו צריכים עוד לפחד שנגלה מה שגילו היהודים אחרי ועידת אוויאן ב־1938. אומות העולם סגרו אז את שעריהן בפני היהודים. בכל כדור הארץ, הבינו היהודים, אין ולו רגב אדמה אחד שהם יכולים לקרוא לו בית; בית כפי שהגדירו המשורר רוברט פרוסט (בנוסח העברי של נתן יונתן), "הבית הוא מקום שאם אתה חייב לשוב אליו תמיד פתוחה בו דלת לקראתך".[5] היום יש לנו בית – וכל מתקפה נגד יהודים ונגד ישראל כיום רק מחזקת את היהודים ואת ישראל. כי אכן, האנטישמיות אינה רק רוע אלא גם הרס עצמי. השנאה הורסת את השונא. שום טוב לא צמח לשונאינו שבכל דור ודור, ולשׂונאים בכלל, כשעשו את זולתם שעיר לעזאזל.

אין בכך כדי לגרוע מן ההכרח להצטרף בעוז למאבק באנטישמיות ובכל שנאה דתית וגזעית אחרת. אך הבה ננצור עימנו את דבריו של הנצי"ב. אל לנו לוותר על

5. Robert Frost, "The Death of the Hired Man"; נתן יונתן שיבץ משפט זה מהשיר, בתרגומו, בשירו "צלילי קסטה רחוקים".

נבדלותנו. היא העושה אותנו למה שאנו. אין כל סתירה בינה לבין חזונם האוניברסלי של הנביאים. להפך – וזהו הרעיון משנה־החיים של השבוע הזה: בייחודיות שלנו טמונה האוניברסליות שלנו. רק מתוך זהותנו הייחודית אנחנו יכולים לתרום לאנושות את תרומתנו הייחודית.

רעיון משנה־חיים 40:
בייחודיות שלנו טמונה האוניברסליות שלנו. רק מתוך זהותנו הייחודית אנחנו יכולים לתרום לאנושות את תרומתנו הייחודית.

פינחס

יצירת המופת האבודה

הנה סיפור אמיתי שאירע בשנת 1995. הוא עוסק במורשתו של אדם בלתי רגיל בעל שם בלתי רגיל: ארנסט אוֹנְיַאנְז, בעל חווה במזרח אנגליה שעסקו העיקרי אספקת מזון לחזירים. הוא נודע כתימהוני, ותחביבו היה איסוף אומנות. הוא נהג להגיע למכירות פומביות באזור מגוריו ולהציע מחירים נאים לתמונות שנמכרו, בייחוד לתמונות ישנות. לאורך השנים צבר יותר מחמש מאות בדים. הם היו רבים מכדי שיוכל לתלות את כולם על קירות ביתו הצנוע יחסית, אחוזת ביילהם מיל שבחבל סָפוֹק. לכן ערם אותם זה על גב זה. את חלקם שמר בלולי התרנגולות שלו.

ילדיו לא היו שותפים לאהבתו. הם ידעו שהוא מוזר. הוא נהג להתלבש ברישול. כדי להרחיק מביתו פורצים חומדי אומנות הוא בנה בעצמו מערכת אזעקה מצוֹפָּרים, מוזנת במצברי מכוניות ישנים, וישַׁן עם רובה טעון תחת מיטתו. כשהלך לעולמו העמידו ילדיו את הציורים למכירה בבית המכירות הלונדוני סותבי׳ז. כמו לפני כל מכירה גדולה הדפיס סותבי׳ז קטלוג, לעיונם המקדים של קונים פוטנציאליים.

מומחה האומנות הדגול סר דניס מאהון (1910–2011) עיין בקטלוג הזה, ותמונה אחת צדה את עינו. בתצלום שבקטלוג, גודלו כגודל בול דואר, נראה אספסוף מתפרע מצית בניין ובוזז אותו. אוניאנז קנה את התמונה במכירה ביתית, בשנות הארבעים, ב־12 ליש״ט בלבד. בקטלוג ניתן לתמונה השם ״ביזת קרתגו״, וצוין שצייר אותה אומן לא מפורסם במיוחד בן המאה השבע־עשרה, פייטרו טֶסְטָה. הקטלוג העריך את שוויה ב־15 אלף ליש״ט.

פרט אחד בתמונה, הבחין מאהון, לא הלם את הכותרת. אחד הבוזזים נשא מנורת שבעת קנים. מה למנורה כזו ולקרתגו, תהה מאהון. התמונה, הבין מייד, אינה מתארת את חורבן קרתגו, אלא מאורע אחר: חורבן בית המקדש בידי הרומאים. ואם התמונה איננה ״ביזת קרתגו״, הצייר כנראה אינו פייטרו טסטה.

מאהון זכר שהצייר הדגול בן המאה השבע־עשרה ניקולא פּוּסֶן צייר שתי תמונות של חורבן בית שני. אחת מתנוססת במוזיאון לאומנות בווינה. השנייה, שהוא צייר ב־1626 בשביל הקרדינל ברבריני, נעלמה מעין הציבור במהלך המאה השמונה־עשרה. איש לא ידע מה עלה בגורלה. מאהון הנדהם הבין שהוא חוזה בתמונה האבודה של פוסן.

הוא הגיע למכירה והציע לרכוש את התמונה. כשדמות בסדר הגודל של סר דניס מציעה מחיר לתמונה, יתר הקונים הפוטנציאליים מבינים שהוא יודע דבר־מה שהם אינם יודעים, ומציעים מחיר משלהם. לבסוף הצליח סר דניס לקנות את התמונה ב־155 אלף ליש"ט. כעבור שנים אחדות מכר אותה ללורד רוטשילד במחיר היאה לה, 4.5 מיליון ליש"ט, והקונה תרם אותה למוזיאון ישראל בירושלים והקדישה לזכר סר ישעיה ברלין. היא תלויה שם כיום.

אני מכיר את הסיפור הזה משום שהרציתי על התמונה יחד עם מנהל הגלריה הלאומית של לונדון דאז, ניל מקגרגור, לבקשתו של הלורד רוטשילד, כאשר היא הוצגה בלונדון לקראת הצבתה במשכנה הקבוע בישראל. ואני מספר אותו משום שהוא ממחיש היטב כיצד אפשר להפסיד ירושה – ומורשת – שלא תסולא בפז כאשר, מחמת שאיננו אוהבים אותה, איננו מבינים את ערכה האמיתי. מכאן אפשר לגזור גם מסקנה חיובית: אנו יורשים את מה שאנחנו אוהבים באמת.

זהו מוסר ההשכל של סיפור בנות צלפחד. ניזכר בו בקצרה: צלפחד משבט מנשה נפטר במדבר, לפני שהארץ נחלקה לנחלות. הוא הותיר חמש בנות, ובנים לא היו לו. הבנות באו לפני משה ואמרו שלא יהיה זה הוגן שהמשפחה תאבד את נחלתה רק משום שאין בה בנים. "לָמָּה יִגָּרַע שֵׁם אָבִינוּ מִתּוֹךְ מִשְׁפַּחְתּוֹ כִּי אֵין לוֹ בֵּן? תְּנָה לָּנוּ אֲחֻזָּה בְּתוֹךְ אֲחֵי אָבִינוּ" (במדבר כז, ד). משה שאל את הקב"ה ונענה: "כֵּן בְּנוֹת צְלָפְחָד דֹּבְרֹת. נָתֹן תִּתֵּן לָהֶם אֲחֻזַּת נַחֲלָה בְּתוֹךְ אֲחֵי אֲבִיהֶם, וְהַעֲבַרְתָּ אֶת נַחֲלַת אֲבִיהֶן לָהֶן" (במדבר כז, ז). וכך היה.

חז"ל קשרו לראשן של בנות צלפחד כתרים של שבח מופלג. הן היו, לדבריהם, חכמות מאוד ובחרו בזמן הנכון להצגת בקשתן. הן ידעו לפרש את הכתובים, והיו צדיקות גמורות.[1] ובפרט: אהבתן לארץ ישראל עמדה בניגוד משווע לזו של הגברים. כשהמרגלים חזרו מהארץ עם הדוח המדכדך שלהם, העם אמר אִישׁ אֶל אָחִיו: "נִתְּנָה

1. בבא בתרא קי ע"ב.

רֹאשׁ וְנָשׁוּבָה מִצְרָיְמָה" (במדבר יד, ד). אבל בנות צלפחד חפצו בנחלה בארץ, והיו ראויות לה עד מאוד.[2]

מן הניגוד הזה צמח פירושו המפורסם של בעל ה"כלי יקר", רבי אפרים לונטשיץ מפראג (1619–1550), לפסוק הפותח את פרשת המרגלים "שְׁלַח **לְךָ** אֲנָשִׁים וְיָתֻרוּ אֶת אֶרֶץ כְּנַעַן" (במדבר יג, ב) – אחד מכמה פירושים שהוא מציע. חז"ל פירשו שהמילה "לְךָ" מציינת שאין מדובר בציווי אלא בהיתר. "שלח לך – לדעתך". והנה דברי ה"כלי יקר":

> לכך פירט [הקב"ה, בפסוק, את המילה] "אנשים": לפי שאמרו רבותינו זיכרונם לברכה, האנשים היו שונאים את הארץ ואמרו "נִתְּנָה רֹאשׁ וְנָשׁוּבָה מִצְרָיְמָה", והנשים היו מחבבות הארץ ואמרו "תְּנָה לָּנוּ אֲחֻזָּה". ועל כן אמר הקב"ה: "לפי דעתי שאני רואה בעתיד, היה יותר טוב לשלוח נשים המחבבות את הארץ, כי לא יספרו בגנותה. אבל לך, לדעתך, שאתה סבור שכשרים המה ואתה סבור שהארץ חביבה עליהם, תשלח אנשים. וזהו 'שְׁלַח לְךָ', לדעתך, 'אֲנָשִׁים'; אבל לדעתי היה יותר טוב לשלוח נשים".

כזכור, שליחת האנשים הייתה הרת אסון. המרגלים הוציאו את דיבת הארץ. העם בכה לאוהליו. העונש היה נדודים במדבר עד מות כל הדור. דור יוצאי מצרים הפסיד את ההזדמנות ליהנות מירושת הארץ שהובטחה לאבותיו. בנות צלפחה, לעומת זאת, ירשו את הארץ – כי הן אהבוה. כשאנחנו אוהבים, אנחנו יורשים. כשאיננו יודעים לאהוב, אנו מפסידים.

אינני יכול להימלט מהמחשבה שסיפור בנות צלפחד וסיפור מציאת הציור של פוסן ממחישים באורח מוזר את מצב הזהות היהודית כיום. רבים מבני דורי ראו את המורשת היהודית כפי שילדיו של ארנסט אוניאנז ראו את תשוקתו של אביהם לציורים. היהדות, מבחינתם, היא דבר שהיה להוריהם, אבל בעיניהם אין לו משמעות רבה. הם היו מוכנים למסור אותה במחיר צנוע, כמעשה ילדי אוניאנז, בלי להיות מודעים לערכה העצום. כאשר איננו מוקירים דבר־מה כערכו, אנו עלולים להפסיד אוצר ואפילו לא לדעת מה הפסדנו.

היהדות, כמובן, איננה תמונה. וזהות אי אפשר למכור. אבל להפסיד אותה אפשר. ויהודים רבים מפסידים את זהותם. אבותינו נתנו לנו את מתנת העבר. אנו

2. ספרי, במדבר קלג.

חבים להם עתיד שיהיה נאמן לעבר הזה. או לכל הפחות, חובתנו לא לוותר על העבר הזה לפני שעמדנו על ערכו.

הרעיון משנה־החיים הנלמד מכך הוא בהחלט פשוט, ובכל זאת הוא עמוק: אם אנו רוצים באמת להנחיל את המורשת שלנו לילדינו, עלינו ללמד אותם לאהוב אותה. הרכיב החשוב ביותר בחינוך, בכל חינוך שהוא, איננו לימוד העובדות או המיומנויות, אלא הלימוד מה לאהוב. כי את אשר נאהב – נירש. ואת אשר לא נדע לאהוב – נפסיד.

רעיון משנה־חיים 41:

אם אנו רוצים באמת להנחיל את המורשת שלנו לילדינו, עלינו ללמד אותם לאהוב אותה.

מטות

נושא או מושא

פרשתנו נפתחת בפירוט של דיני שבועות ונדרים: "אִישׁ כִּי יִדֹּר נֶדֶר לַה' אוֹ הִשָּׁבַע שְׁבֻעָה לֶאְסֹר אִסָּר עַל נַפְשׁוֹ, לֹא יַחֵל דְּבָרוֹ: כְּכָל הַיֹּצֵא מִפִּיו יַעֲשֶׂה" (במדבר ל, ג).

התורה מצווה עלינו להתייחס לשבועות ולנדרים היוצאים מפינו במלוא הרצינות. בני ישראל, המתקרבים עתה אל ארצם, נקראים לבנות בה חברה שאינה דומה לשום חברה אחרת. היא תהיה חברה חופשית המיוסדת על ברית שבין העם לאלוהיו. שלטון החוק יובטח לא באמצעות כוח, אלא על ידי כך שאנשים יכבדו את המחויבויות המוסריות שלהם, את הבטחתם הוולונטרית לה' לקיים את אשר יצווה.

חברת ברית היא חברה שבה המילים מקודשות. התורה, מתוך כך שהיא מקדשת את המילים ואת המחויבות שהן יוצרות, מעמידה לנו קוד של חופש קולקטיבי, חוקה של חירות. אירוני הוא שדווקא אחד מגדולי מבקריה של היהדות, פרידריך ניטשה, הוא שזיהה כי היכולת לכבול את עצמנו במילים היא הבסיס למוסר האנושי ולחופש האנושי. הוא אומר זאת בספרו **לגניאלוגיה של המוסר**:

> לגדל חיה שביכולתה להבטיח הבטחות – האם לא זהו התפקיד הפאראדוכסלי שהטבע הציב לעצמו ביחס לאדם? האם לא זו הבעיה בה"א הידיעה הנובעת מן האדם?[1]

האדם נבדל מיתר בעלי החיים בשימושו בשפה. את זאת יודעים הכול. אבל ניטשה ראה עוד משהו. אנו משתמשים בשפה בדרכים רבות. אנו משתמשים בה כדי לתאר,

1. פרידריך ניטשה, **לגניאלוגיה של המוסר**, מאמר שני, סעיף 1, בתוך ניטשה, **מעבר לטוב ולרוע; לגניאלוגיה של המוסר**, מגרמנית: ישראל אלדד, ירושלים ותל אביב: שוקן, תשל"ה, עמ' 261.

כדי להעביר מסרים, כדי למיין וכדי להסביר. השפה במובן זה היא סוג של תמונת מציאות, תרגום של אשר ישנו לסימנים, סמלים ודימויים.

אך אנו יכולים להשתמש בשפה בדרך אחרת לגמרי – לא כדי לתאר את מה שיש, אלא כדי להתחייב לצורת התנהגות מסוימת בעתיד. כך, למשל, כאשר החתן אומר לכלתו תחת החופה "הרי את מקודשת לי" אין הוא מתאר נישואים; הוא נישא. הוא מקבל על עצמו ערכה של חובות כלפי האישה שהוא בחר לו לרעיה. הפילוסופים מכנים זאת כיום "מבע פרפורמטיבי", או "היווי", להבדיל מ"חיווי".

ניטשה ראה בכך עיקרון מכונן באנושיות שלנו:

> על מנת שהאדם יוכל במידה כזאת לשלוט בדברים העתידים לבוא, הן חייב היה ללמוד יפה־יפה כיצד להבחין בין התרחשות של כורח להתרחשות של מקרה... מה מאוד מתחייב מכך, שאדם עצמו נעשה תחילה בר־חישוב, בר־תדירות, בר־כורח, אף לגבי עצמו, לגבי הצטיירותו בעיני עצמו, על מנת שיוכל על דרך שעושה זאת כל מבטיח, "להיות הערב של עצמו, להיות בר־עתיד".[2]

כשאנחנו כובלים את עצמנו במילים, אנחנו משתמשים בשפה לא כדי לתאר אלא כדי לברוא: לברוא עתיד רצוני מתוך התוהו ובוהו של היצרים והדחפים. המייחד את בני האדם אינו עצם השימוש בשפה. גם לבעלי חיים אחרים ישנן צורות של שפה: לדולפינים, למשל; או לפרימאטים, קופי האדם. אפילו הדבורים מעבירות מידע זו לזו באמצעות ריקודים מורכבים.

המייחד אותנו, בני האדם, הוא שאנו משתמשים בשפה כדי לכבול את התנהגותנו העתידית, ועל ידי כך מאפשרים את היווצרותם של קשרי הדדיות ואמון בינינו לבין בני אדם אחרים. הבטחות הן סוג אחד של כבילה כזאת. סוג אחר הוא הנישואים. סוג שלישי, ייחודי ליהדות, הוא חברה הרואה עצמה כברית, כמערכת של הבטחות מחייבות־הדדית בין עם ישראל לבין אלוהים.

שימוש זה בשפה, לא לתיאור דבר שכבר קיים אלא לבריאת דבר שלא התקיים עד כה, הוא־הוא הקושר אותנו לאלוהים. אלוהים השתמש במילים כדי לברוא את העולם הטבעי: "ויאמר אלוהים יהי... וַיהי...". ואילו אנחנו משתמשים במילים כדי לברוא את העולם החברתי. התורה מלמדת אותנו שמילים בוראות, ומכאן שהן

2. שם, עמ' 262.

קדושות – כלומר, הן מחייבות. כשמילים מחייבות, הן מייצרות אמון. האמון הוא לחברה מה שיכולת החיזוי היא לַטבע: הבסיס לסדר, להבדיל מתוהו.

מוסדות חברתיים בחברה חופשית תלויים באמון; ואמון פירושו שאנו מחויבים למילים שאמרנו. אנחנו עושים מה שאמרנו שנעשה. כשאנו נשבעים, נודרים, מבטיחים, או פשוט מתחייבים בכתב או בעל פה, אנו רואים את עצמנו כבולים במילותינו אלו. כלומר, אנחנו אכן נממש את המחויבות שלנו, אלא אם נוכיח שנסיבות בלתי צפויות שאינן נתונות לשליטתנו מנעו זאת מאיתנו.

ועדיין, יש הבדל יסודי בין נדר לבין שבועה. נדר משפיע על מצבו של דבר – "חפצא", חפץ, בלשון הלכתית. הנדר מקדש את הדבר כך שלא יהיה נגיש לי לשימוש אישי. אני עשוי לנדור שלא לאכול מאכל מסוים. כלומר דבר־מה הוא לי, מעכשיו, מאכל אסור. שבועה, לעומת זאת, משפיעה על האדם הנשבע, על ה"גברא", ולא על הדבר. אם נשבעתי שלא לאכול איזה מאכל, הדבר האסור אינו המאכל אלא שאני אוכל אותו. הנדר והשבועה שניהם מחייבים, אך בדרכים שונות.

הבחנה זו הובילה את הרב יוסף דב סולובייצ׳יק, בדרשה לפרשת מטות, להתבוננות פילוסופית מרתקת על ההבדל הקיומי בין שבועות לנדרים.[3] ההבדל בין גברא לחפצא, הוא אומר, הוא ההבדל שבין סובייקט לאובייקט: בין נושא למושא. "כשאני אומר שאני כותב מכתב, אני הגברא, נושא הפעולה, בעוד המכתב הוא החפצא, מושא הפעולה". גברא פועל, חפצא נפעל. גברא משפיע, חפצא מושפע. גברא פעיל, חפצא סביל. רופא מרפא, חולה נרפא. שופט שופט, נאשם נשפט. אלה הם שני אופנים שונים של קיום. לפעמים אנחנו האחד, לפעמים האחֵר.

להמחשה מזכיר הרב סולובייצ׳יק את משה בהר סיני ואת ההבדל בין הלוחות הראשונים לשניִים. בילקוט שמעוני[4] מובא פירוש שעל פיו משה לא שבר את הלוחות הראשונים בכוונה. כאשר הוא ירד מההר, כפי שציווהו ה׳, וראה את העם מחולל סביב עגל הזהב, האותיות פרחו מהלוחות, והלוחות נעשו כבדים כל כך שמשה לא הצליח לשאתם. הם נפלו מידיו ונשברו.

ובכל זאת, ה׳ הורה למשה אחר כך לפסול (כלומר לפסֵל, לחצוב) לוחות בעצמו ולהעלותם עימו להר, וכך משה עשה, אף על פי שעוד לא נחרתו עליהם הדיברות. איך ייתכן, שואל הרב, שהלוחות הראשונים שנגוזו מהם האותיות, לוחות אבן בלי

3. הרב אבישי דוד (עורך), **דרֹש דרש יוסף: שיעורים ודרשות על סדר פרשת השבוע מאת רבנו יוסף דוב הלוי סולובייצ׳יק**, ירושלים: מוסד הרב קוק, תש״ף, פרשת מטות, עמ׳ 271-275.

4. **ילקוט שמעוני**, כי תשא, שצג.

כתב, היו כבדים מכדי שמשה יוכל לשאתם בירידה – ואילו את הלוחות השניים שלפני חריתת הדיברות, שוב לוחות אבן בלי כתב, הוא סחב בעלייה?

תשובתו של הרב היא שבמקרה הראשון, כאשר "משה עורער ונהדף מההר... ירידתו בהר נעשתה בהעדר שליטה עצמית, מה שעשה אותו בלתי מסוגל עוד לשאת את הלוחות. באותו רגע, הגברא הפך לחפצא, לחפץ, שאינו מסוגל לתמוך עוד בלוחות, שהפכו לו כבדים מדי לשאת והם התנפצו בתחתית ההר". ואילו בעלותו להר בשנית הוא שב והיה גברא. תחנוניו הנמרצים לה' שיסלח לעם צָלחו, והוא היה להוט להשיג את הלוחות השניים כסימן לכך שהברית עודנה בתוקף. כאשר אנו פועלים מתוך רצוננו ונטייתנו, יש לנו מרץ ואפילו כוח גופני שאין לנו כאשר אנו מוכנסים לתוך מצב שלא בחרנו.

בסיפורי המקרא, דוגמה חיה ומובהקת להבדל בין חפצא לגברא היא מקרהו של יוסף. בשנות נעוריו אנו פוגשים אותו שוב ושוב כחפצא. הוא כמעט שאינו פועל; הוא כמעט תמיד נפעל. אביו אוהב אותו יתר על אהבתו לשאר בניו. הוא נותן לו את כתונת הפסים. אחיו שונאים אותו, חושבים להורגו, ולבסוף מוכרים אותו לעבדות. אשת פוטיפר מנסה לפתותו, וכשהיא נכשלת היא מאשימה אותו בניסיון אונס. יתר המאורעות החשובים בסיפורו של יוסף הצעיר, או שהם קורים לו – החלומות – או שהתורה מייחסת אותם במפורש לאלוהים: הצלחתו בניהול משק ביתו של פוטיפר, והצלחתו בפתרון חלומותיהם של אחרים. בכל התקופה הזאת יוסף הוא מושאם של פעלים, לא נושאם. חייו נקבעים על פי מה שאחרים עושים לו.

כל זה משתנה לאחר שהוא פותר את חלום פרעה, כאשר הוא מציע פתרון למשבר שהחלום חזה. מרגע זה ואילך הוא הדמות הפעילה ביותר בתורה. הוא מארגן את המשק המצרי, משתמש ברעב כדי לשנות את מבנה החברה המצרית, מעמיד את אחיו למבחן לראות אם הם חזרו בתשובה, מביא את אביו ואת שאר משפחתו למצרים ומיישב אותם בארץ גושן. החפצא נעשה גברא, המושא נעשה נושא, יוסף הסביל נעשה יוסף הפעיל, הפְּעלתן אפילו.

הרב סולובייצ'יק בדרשתו זו מצטט את דברי הגמרא על שבועה שמושבע כל אחד מאיתנו כשהוא נולד, "תהי צדיק ואל תהי רשע".[5] העובדה שזו שבועה ולא נדר מהותית. השבועה הזאת, מסביר הרב, היא בעצם שבועה להיות גברא ולא חפצא:

5. נדה ל ע"ב.

סובייקט בוחר, חופשי ואחראי, ולא מושא סביל לפעולותיהם של אחרים. "אם אדם מתכוון לתפקד כשליחו של ה', אזי עליו להיות גברא, לנוע קדימה תמיד".[6]

ההבדל בין נדר לשבועה נעשה אפוא מטפורה לשני סוגי חיים, כאלה המוגדרים בידי אחרים וכאלה שאדם מעצב בעצמו. את ההבחנה הזו שרטט הרב סולובייצ'יק בתנופה גדולה במסתו **איש ההלכה**. הוא תיאר שם שני טיפוסים. האחד הוא "רצפטיבי ופסיבי ברוח. משועבד הוא לדעת אחרים ולהשקפתם". ואילו השני "אין הוא פסיבי אלא פעיל. אין הרצפטיביות אלא הספונטניות מסמנת את דמותו. אין הוא מסגיר את עצמו אל המין", כלומר לדפוסים הרווחים אצל כלל בני האדם, "אלא כובש לו דרך היחיד והפרט ומשפיע על הכלל". אדם זה, הוא אומר, "הוא איש האלקים".[7]

דברים קורים לנו ומשפיעים עלינו, לפעמים עד עומק נשמתנו. מבחינה זו אנחנו חפצא. אנחנו מושאם של מאורעות ושל מעשי אנשים אחרים. אבל האמונה קוראת לנו להיעשות לגברא, לממש את המיטב שבעצמי שלנו, ולא להניח למעשים ולדיבורים של אחרים לכווץ אותנו ולגבור עלינו. זה לא קל. זה תמיד אתגר, לא פחות מכך. אבל זהו הרעיון משנה־החיים שלנו: האמונה היא הקריאה להיות נושא ולא מושא, פעיל ולא סביל, משפיע על הסביבה יותר מאשר מושפע ממנה. אנו נקראים להיות יותר ממה שאחרים עושים מאיתנו.

רעיון משנה־חיים 42:

האמונה היא הקריאה להיות נושא ולא מושא, פעיל ולא סביל, משפיע על הסביבה יותר מאשר מושפע ממנה.

---

6. דוד, **דרש דרש יוסף**, עמ' 274.
7. הרב יוסף דב הלוי סולובייצ'יק, **איש ההלכה**, בתוך **איש ההלכה – גלוי ונסתר**, ירושלים: ההסתדרות הציונית העולמית, תשל"ט, עמ' 105.

מסעי

אנחנו העם הנוסע

"להיות במקום אחר – צרתו הגדולה של העם הזה, סגולתו הגדולה והחשאית, שליחותו הגדולה". כך כתב המשורר והמסאי הצרפתי שארל פֶּגי (1914-1873), פילושמי בעידן של אנטישמיות. והוא המשיך: "כל מעבר הוא להם כמעבר במדבר. הנוחים שבבתים, הבנויים מאבני גזית עצומות כעמודי המקדש, העידית שבעידית המקרקעין, ההדורים שבבתי הדירות – כל אלה תמיד יהיו בעיניהם פחותים מאוהל אחד במדבר".[1]

כוונתו הייתה לומר שההיסטוריה והייעוד חברו יחדיו לחדד את מודעותם של היהודים לארעיות של כל מגורים מחוץ לארץ הקודש. להיות יהודי הוא להיות במסע. כך החל הסיפור היהודי, כשאברהם שמע את המילים "לֶךְ לְךָ" שקראו לו לעזוב את מקום הימצאו וללכת "אֶל הָאָרֶץ אֲשֶׁר אַרְאֶךָּ" (בראשית יב, א). וכך החל הסיפור שנית, בסדר גודל לאומי, בימי משה, כאשר המשפחה הפכה לעם. עניין זה חוזר כמעט עד בלי די בפרשת מסעי: "וייסעו מ־א׳ ויחנו ב־ב׳. וייסעו מ־ב׳ ויחנו ב־ג׳" – ארבעים ושניים שלבים במסע בן ארבעים שנה. אנחנו העם הנוסע. אנחנו העם שאיננו עומד במקום. אנחנו העם שבשבילו הזמן עצמו הוא מסע במדבר לקראת הארץ המובטחת.

במובן מסוים, לפנינו מוטיב מוכר מעולם המיתוס. בתרבויות רבות רווחים סיפורים על מסעו של הגיבור. אוטו ראנק, מהמבריקים בתלמידיו של פרויד, כתב על כך. כמוהו גם ג׳וזף קמפבל, מאסכולת יונג, בספרו **הגיבור בעל אלף הפנים**. אולם הסיפור היהודי שונה מסיפורי המסע המיתולוגיים בהיבטים מרכזיים:

1. Charles Peguy, *Basic Verities*, New York: Pantheon, 1943, p. 141.

במסע יציאת מצרים משתתפים כולם, העם כולו: גברים, נשים וילדים. דומה כי לדידה של התורה כולנו גיבורים, או לפחות מזומנים להיות כאלה.

משך המסע ארוך מדור אחד. אולי, אלמלא קלקלו המרגלים במעשיהם, היה מסע יציאת מצרים קצר. ובכל זאת, בדרך שבה נתגלגלו הדברים יש אמת רוחנית וכלל־אנושית. התנועה מן העבדות אל האחריות הכרוכה בחירות אורכת זמן. אנשים אינם משתנים בן לילה. משום כך, מהלכים התפתחותיים מצליחים בדרך כלל, ואילו מהלכים מהפכניים נוטים להיכשל. המסע היהודי החל לפני שנולדנו, ועלינו מוטל להעבירו לאלה שימשיכו בו אחרינו.

במיתוס, הגיבור בדרך כלל עומד בפני ניסיון גדול: אויב, דרקון, כוח אפל. הוא (בדרך כלל זה הוא ולא היא) עלול אפילו למות – ולקום לתחייה. בלשונו של קמפבל: ״גיבור יוצא לדרכו מעולם היום השגרתי אל מחוזות הפלא העל־טבעי: שם הוא נתקל בכוחות נאדרים ונוחל ניצחון מכריע. הגיבור שב מהרפתקה מסתורית זו כשבכוחו להשפיע ברכה וטובה לשאר בני האדם״.[2] הסיפור היהודי אחר. היריב העיקרי שבני ישראל נתקלים בו הוא הם־עצמם: הפחדים שלהם, החולשות, הדחף המתמיד לחזור אחורה.

נראה לי כי התורה, בעניין זה כמו בעניינים רבים אחרים, אינה מיתוס אלא אנטי־מיתוס, מאמץ מחושב לסלק מהסיפור את הרכיבים המאגיים ולדבוק בשניים: בדרמה האנושית המעמתת בין אומץ לפחד ובין תקווה לייאוש; ובקריאה האלוהית לא לאיזה גיבור גדול־מהחיים אלא לכולנו־יחד, אנו שכוחנו בא לנו מזיקתנו אל העבר שלנו ומן העבותות הקושרים אותנו בהווה איש לרעהו. התורה איננה בריחה מהמציאות אל האגדה אלא המציאות עצמה, המצטיירת בדמות מסע שכולנו צריכים לצאת אליו, כל אחד בכוחותיו האישיים ובתרומותיו הייחודיות לעמנו ולאנושות.

כולנו במסע. וכולנו צריכים לנוח מעת לעת. המתח שבין נסיעה לחניה הוא חלק מפעימת החיים היהודיים. עת לנסוע ועת לחנות, עת ל״ניצבים״ ועת ל״וילך״. הרב קוק דיבר על שני סמלים בברכתו של בלעם, ״מַה טֹּבוּ אֹהָלֶיךָ יַעֲקֹב מִשְׁכְּנֹתֶיךָ יִשְׂרָאֵל״ (במדבר כד, ה): אוהלים לעם במסעותיו, משכנות לעם במוצאו בית ומנוחה.

מזמור א בספר תהלים משתמש בשני סמלים לתיאור האדם הצדיק. מצד אחד, הצדיק הולך – ״יוֹדֵעַ ה׳ דֶּרֶךְ צַדִּיקִים״ (פסוק ה) – בניגוד לרשעים המתחילים בהליכה, ממשיכים בעמידה וסופם שהם יושבים: ״אַשְׁרֵי הָאִישׁ אֲשֶׁר לֹא הָלַךְ בַּעֲצַת

2. ג׳וזף קמפבל, **הגיבור בעל אלף הפנים**, מאנגלית: שלומית כנען, תל אביב: בבל, תשע״ג, עמ׳ 39 (כיתוב לאיור).

רְשָׁעִים וּבְדֶרֶךְ חַטָּאִים לֹא עָמָד וּבְמוֹשַׁב לֵצִים לֹא יָשָׁב" (פסוק א). מצד שני, בפסוק ג, הצדיק מדומה ל"עֵץ שָׁתוּל עַל פַּלְגֵי מָיִם אֲשֶׁר פִּרְיוֹ יִתֵּן בְּעִתּוֹ וְעָלֵהוּ לֹא יִבּוֹל". אנחנו הולכים, אבל אנחנו גם עומדים במקומנו. אנחנו במסע, אבל אנחנו גם מושרשים כעץ.

בחיים יש מסעות ויש חניות. אם לא נחנה נישָׁחק. אם לא ניסע לא נצמח. והחיים הם צמיחה. אי אפשר להימלט מן האתגר ומן השינוי. הרב אהרן ליכטנשטיין זצ"ל נתן פעם שיעור יפהפה על שירו של רוברט פרוסט "עצירה ביער בערב מושלג". הנה בית הסיום של השיר בתרגומו של עמוס אורן:

הַיַּעַר אָפֵל, עָמוֹק, נוֹשָׁן,
אֲבָל יֵשׁ הַבְטָחוֹת שֶׁעָלַי לְקַיְּמָן
וְעוֹד דֶּרֶךְ רַבָּה לִפְנֵי שֶׁאִישַׁן
וְעוֹד דֶּרֶךְ רַבָּה לִפְנֵי שֶׁאִישַׁן.[3]

הרב ליכטנשטיין פירש את השיר בעזרת הבחנתו של סֶרֶן קירקגור בין הממד האסתטי של החיים לממד האתי שלהם. המשורר מוקסם מיופיו האסתטי של המראה, מן הדממה הרכה של השלג הנופל, מהודם האפל של האילנות הגבוהים. הוא היה רוצה להישאר שם ברגע האל־זמני הזה, בנצחיותה של השעה. אבל הוא יודע שלחיים יש גם ממד אתי, וממד זה תובע ממנו לפעול ולא רק להרהר. יש לו הבטחות לקיים; יש לו חובות כלפי העולם. לכן, למרות עייפותו, עליו ללכת. יש לו עוד דרך רבה ללכת לפני שיישן: מלאכה רבה לעשות כל עוד נשמת חיים בו.

המשורר עצר לזמן מה ליהנות מהיער האפל ומהשלג הנופל. אבל עכשיו, כמו בני ישראל במסעיהם, הוא מוכרח לצאת שוב לדרך. כי בעינינו היהודים, כמונו כקירקגור התיאולוג ופרוסט המשורר, האתיקה חשובה מהאסתטיקה. כן, יש רגעים שכדאי לנו, שאנחנו מוכרחים אפילו, לעצור ולראות את יפי העולם; אבל אז שומה עלינו להמשיך, כי יש לנו הבטחות לקיים, ובהן ההבטחות שלנו לעצמנו ולאלוהינו.

מכאן הרעיון משנה־החיים של השבוע: החיים הם מסע, לא יעד. אל לנו לדרוך במקום. עלינו להתכונן תמיד לאתגרים חדשים שיוציאו אותנו מאזור הנוחות שלנו. החיים הם צמיחה.

3. הציטוט לקוח מהבלוג של עמוס אורן באתר **רשימות**. לשיר תרגומים רבים מאוד לעברית – ותרגום זה שומר על מרב תוכנו וסגולותיו המוזיקליות של הבית.

רעיון משנה־חיים 43:

החיים הם מסע, לא יעד. עלינו להתכונן תמיד לאתגרים חדשים שיוציאו אותנו מאזור הנוחות שלנו. החיים הם צמיחה.

דברים

דברים

פצעי אוהב

הפסוק הראשון בספר דברים נשמע פרוזאי. "אֵלֶּה הַדְּבָרִים אֲשֶׁר דִּבֶּר מֹשֶׁה אֶל כָּל יִשְׂרָאֵל בְּעֵבֶר הַיַּרְדֵּן בַּמִּדְבָּר בָּעֲרָבָה מוֹל סוּף בֵּין פָּארָן וּבֵין תֹּפֶל וְלָבָן וַחֲצֵרֹת וְדִי זָהָב". אין במילים הללו רמז לדרמה. אבל חז"ל מצאו בהן דרמה שיכולה לשנות את חיינו.

המוזר בפסוק הוא שם המקום האחרון הנזכר בו: דִי זהב. מהו ואיפה הוא? הוא לא נזכר עד כה בתורה, ולא יוזכר עוד מכאן ועד סוף התנ"ך. אבל זה שם מטריד. מובנו, לכאורה, הוא "מספיק זהב". על זהב כבר שמענו. מן המתכת הזו נעשה העגל כשמשה עלה לקבל את התורה. זהו אחד החטאים החמורים ביותר שנעשו בשנות הנדודים. שמא אזכורו המסתורי של המקום קשור לכך? חכמינו הבינו שכן:

> משה הטיח דברים כלפי מעלה... דבי רבי ינאי אמרי מהכא [תלמידי רבי ינאי לומדים זאת מכאן]: "וְדִי זָהָב". מאי [מהו] ודי זהב? אמרי דבי ר' ינאי, כך אמר משה לפני הקב"ה: "רִבונו של עולם, בשביל כסף וזהב שהשפעת להם לישראל עד שאמרו די – הוא גרם שעשו את העגל"... אמר רבי חייא בר אבא, אמר ר' יוחנן, משל לאדם אחד שהיה לו בן; הרחיצו וסָכו והאכילו והשקהו ותלה לו כיס על צוארו והושיבו על פתח של זונות; מה יעשה אותו הבן שלא יחטא?[1]

זו קריאה חדשה ומסעירה של סיפור העגל. משה מצטייר כאן כסנגורם התקיף של ישראל. כן, הוא מודה, בני ישראל חטאו. אבל אתה, ה', סיפקת להם את ההזדמנות ואת הפיתוי. אלמלא היה להם זהב במדבר, הם לא יכלו לעשות את העגל. וחוץ מזה, מניין היה להם זהב? מסיבה אחת ויחידה: כי הם שמעו בקולך. אמרת להם כשיצאו

1. ברכות לב ע"א.

ממצרים, "דַּבֶּר נָא בְּאָזְנֵי הָעָם וְיִשְׁאֲלוּ אִישׁ מֵאֵת רֵעֵהוּ וְאִשָּׁה מֵאֵת רְעוּתָהּ כְּלֵי כֶסֶף וּכְלֵי זָהָב" (שמות יא, ב). אל תאשים אותם אפוא. במקום זאת, אנא סלח להם.

זהו מדרש נפלא בזכות עצמו. הוא מתאר את מה שחז"ל כינו "חוצפה כלפי שמיא".[2] אך מדוע בחרו חכמינו דווקא בפסוק שלנו כדי להוכיח שמשה הטיח דברים כלפי מעלה? הרי הדברים מפורשים בתורה. סיפור עגל הזהב מופיע בהרחבה בפרקים לב-לד בספר שמות. התורה מתארת שם כמה נועז היה משה בתפילותיו. כבר כאשר סיפר לו ה', והוא עוד על ההר, מה עשה העם, הוא הגיב מייד במילים "לָמָה ה' יֶחֱרֶה אַפְּךָ בְּעַמֶּךָ אֲשֶׁר הוֹצֵאתָ מֵאֶרֶץ מִצְרַיִם בְּכֹחַ גָּדוֹל וּבְיָד חֲזָקָה? לָמָּה יֹאמְרוּ מִצְרַיִם לֵאמֹר, 'בְּרָעָה הוֹצִיאָם לַהֲרֹג אֹתָם בֶּהָרִים וּלְכַלֹּתָם מֵעַל פְּנֵי הָאֲדָמָה'?" (שמות לב, יא-יב). זוהי תעוזה! משה אומר לה' שבלי קשר למה שהעם עשה, שמו הטוב של ה' ייפגע אם ייוודע בעמים שהוא הוציא את בני ישראל לא לחירות אלא למוות במדבר.

אחר כך, משירד מהר סיני וראה מה עשה העם, עשה משה את הנועז בכל מעשיו. הוא שבר את הלוחות שנכתבו באצבע אלוהים. והחוצפה לא תמה בזאת. משה חזר להר ואמר לה', "אָנָּא, חָטָא הָעָם הַזֶּה חֲטָאָה גְדֹלָה וַיַּעֲשׂוּ לָהֶם אֱלֹהֵי זָהָב. וְעַתָּה אִם תִּשָּׂא חַטָּאתָם – וְאִם אַיִן, מְחֵנִי נָא מִסִּפְרְךָ אֲשֶׁר כָּתָבְתָּ" (שם, לא-לב). אלה הם דברים חסרי תקדים. **אלה** צריכים היו להיות פסוקי הסמך של חז"ל להוכחת תעוזתו של משה כלפי ה' בסנגוריה על עמו. מדוע נתלו דווקא באזכור חידתי ונידח של שם־מקום בתחילת ספר דברים, מתוך הוצאת דברים מידי פשוטם?[3]

נראה לי שהתשובה קשורה למיקומו של הפסוק בראש ספר דברים. לאורך החומש הזה משה מבקר את בני ישראל ללא רחם: "לְמִן הַיּוֹם אֲשֶׁר יָצָאתָ מֵאֶרֶץ מִצְרַיִם עַד בֹּאֲכֶם עַד הַמָּקוֹם הַזֶּה מַמְרִים הֱיִיתֶם עִם ה'... מַמְרִים הֱיִיתֶם עִם ה' מִיּוֹם דַּעְתִּי אֶתְכֶם" (דברים ט, ז; כד). הוא מותח ביקורת על עברם – ואפילו על עתידם: "כִּי אָנֹכִי יָדַעְתִּי אֶת מֶרְיְךָ וְאֶת עָרְפְּךָ הַקָּשֶׁה: הֵן בְּעוֹדֶנִּי חַי עִמָּכֶם הַיּוֹם מַמְרִים הֱיִתֶם עִם ה', וְאַף כִּי אַחֲרֵי מוֹתִי" (לא, כז). גם הקללות בספר דברים, שנוסחו בידי משה עצמו,[4] חמורות מאלו שבפרשיית הקללות שבחומש ויקרא (פרק כו), ואין בהן שמץ נחמה.

קל למתוח ביקורת, אך קשה לשמוע אותה. נוח יותר לסתום את האוזניים,

2. סנהדרין קה ע"א.

3. וראו רש"י, שפירש אף הוא את השם די זהב בהקשר של חטא העגל, אך במגמה הפוכה – כתוכחה לעם על החטא.

4. על פי חז"ל, במגילה לא ע"ב, את הקללות בספר ויקרא אמר משה "מפי הגבורה", ואילו את הקללות שבספר דברים אמר "מפי עצמו". כמובן, הימצאותן בתורה מלמדת שהקב"ה אשרר אותן.

או להדוף את הביקורת אל עבר המבקר ("הוא מאשים אותנו? שיאשים את עצמו. הרי הוא מופקד עלינו!"). מה יעשה מנהיג כדי שהביקורת שלו על מונהגיו תישמע? **הציבור צריך לדעת בלי צל של ספק שהמנהיג מוכן תמיד להגן עליו.** עליו לדעת שלמנהיג אכפת ממנו, שהוא רוצה בשבילו את הטוב ביותר, ושהוא מוכן אפילו ליטול סיכון אישי למענו. רק כשהציבור בטוח שהמנהיג רוצה בטובתו הוא כורה אוזן לדברי הביקורת שלו.

לכן בחרו תלמידי רבי ינאי להוכיח שמשה הטיח דברים בקב"ה דווקא על סמך אזכור די זהב בפתח ספר דברים. איך יכול משה להיות ביקורתי כל כך כלפי עם ישראל בחודש האחרון של חייו, בנאומי ספר דברים? **כי שומעיו ידעו שמשה הגן עליהם ועל הוריהם בתחינותיו למענם,** שהוא הסתכן והטיח בקב"ה שאלות קשות, שהוא דחה את הצעתו של ה' לנטוש את עם ישראל ולהקים ממנו, ממשה, עַם חדש – בקיצור, שכל חייו כמנהיג הוקדשו לעשיית המיטב למען העם. כשאתם משוכנעים שאדם מסוים הוא מיטיבכם המושבע, אתם מקשיבים גם לדברי הביקורת שלו עליכם.

אחד מגיבוריי ההיסטוריים הוא רבי לוי יצחק מברדיטשב, הרב החסידי בן המאה השמונה־עשרה שכונה "סנגורם של ישראל". משלל הסיפורים על השתדלותו אצל הקב"ה למען עם ישראל חביב עליי אחד שאמיתותו מפוקפקת. פעם ראה רבי לוי יצחק יהודי מעשן ברחוב בשבת. אמר לו, "ידידי, בטח שכחת ששבת היום". "לא", השיב האיש. "אני יודע איזה יום היום". – "אז בטח שכחת שֶבשבת אסור לעשן". – "לא, אני יודע שאסור". – "נו, אז אין ספק שדעתך הייתה מוסחת כשהדלקת את הסיגריה". – "לא ולא. הייתי מרוכז במעשה הזה". בשלב זה הרים רבי לוי יצחק את עיניו לשמיים ואמר, "ריבונו של עולם, מי כעמך ישראל! נתתי ליהודי הזה כל כך הרבה הזדמנויות לומר דבר שקר – והוא פשוט לא מסוגל!"

מנהיגיו הגדולים של עם ישראל היו מגיניו הגדולים. הם ראו את הטוב שבתוך מה שעדיין־אינו־טוב. לכן הם מצאו אוזניים קשובות כאשר דרבנו אנשים להשתנות ולצמוח. כך גם הבינו חז"ל את דמותו של משה. למשה היה העוז להשיג מחילה לאנשים שעשו את עגל הזהב.

קל לבקר וקשה לסנגר. אבל המדרש על משה מציע לנו רעיון משנה־חיים: אם רצונכם לשנות אדם, ודאו שאתם מוכנים לעזור לו כשהוא צריך את עזרתכם, להגן עליו כשהוא זקוק להגנתכם, ולראות גם את הטוב שבו. להתלונן יכול כל אחד; אך למתוח ביקורת לא כל אחד ראוי.

רעיון משנה־חיים 44:

אם רצונכם לשנות אדם, ודאו שאתם מוכנים לעזור לו כשהוא צריך את עזרתכם, להגן עליו כשהוא זקוק להגנתכם, ולראות גם את הטוב שבו.

ואתחנן

איך משמרים אהבה

לאורך החודשים האחרונים שוחחתי עם שורה של הוגים, אנשי רוח, חדשנים ופילנתרופים בולטים, לצורך סדרת טלוויזיה של הבי־בי־סי על אתגריה המוסריים של המאה העשרים ואחת. אחד מבני שיחי היה דייוויד ברוקס, מחכמי המוסר המעמיקים בזמננו. מרגליות רבות הפיק פיו, אבל אמירה אחת שלו יפתה בעיניי במיוחד. יש בה מעין מפתח להבנת כל המיזם שמשה מתווה בספר דברים.

דיברנו על בריתות ועל מחויבויות. אמרתי לו שבמערב היום אנשים רבים הם נמנעי־מחויבות: הם מהססים להיקשר למישהו או למשהו בלי תנאים ובלי מועד תפוגה. הלך הרוח של השוק, הרווח בימינו, מעודד אותנו לנסות דבר אחָד, לדגום אחֵר, להתנסות בשלישי ולשמור את כל האופציות פתוחות לקראת הגרסה המעודכנת שתצא וההצעה המוזלת שתגיע. התחייבות ונאמנות אינן מתיישבות עם החוויה הזו.

ברוקס הסכים איתי, והוסיף שבימינו החופש נתפס בדרך כלל כחופש מ־, כלומר כהיעדר מגבלות. איננו אוהבים להיכבל. אבל החופש האמיתי והראוי הוא, לדעתו, החופש ל־, כלומר היכולת לעשות דבר־מה שקשה לעשותו, ואשר תובע מאמץ והתמחות.[1] לדוגמה, אם רצונכם בחופש לנגן בפסנתר, עליכם להיכבל אליו ולהתאמן בנגינה יום יום. החופש במובן זה אין פירושו היעדר מגבלה, אלא **בחירת המגבלות הנכונות**. הוא כרוך במחויבות, וזו מצידה כרוכה בבחירה לוותר על אפשרויות מסוימות. וכאן הוסיף ברוקס ואמר: "להיות במחויבות פירושו, בעיניי, **להתאהב במשהו, ואז לבנות סביבו מבנה של התנהגות בשביל הרגע שהאהבה תדעך**".

1. הדבר דומה, אך לא זהה, להבחנה של ישעיה ברלין בין חופש שלילי לחופש חיובי במסתו הידועה "שני מושגים של חירות", המופיעה בכרך מאמריו **ארבע מסות על חירות**, עברית: יעקב שרת, תל אביב: רשפים, תשל"א.

דבריו אלה נראו לי דרך יפהפייה להבנת אחת התכונות היסודיות של ספר דברים בפרט ושל היהדות בכלל. הספר איננו רק תמלול פשוט של נאומי משה באחרית ימיו, צוואתו המוסרית לדורות העתיד. הוא גם יותר מ"משנה תורה",[2] חזרה על עיקרי ארבעת החומשים הקודמים, פריסה מחודשת של המצוות ושל תולדות העם מעת צאתו ממצרים. הוא גם אלה, אבל לא רק. חומש דברים הוא הצהרה תיאולוגית בסיסית על מהותה של היהדות. הוא ניסיון לשלב חוקים וסיפור לכדי חזון מלוכד אחד על הקמת חברה של חופש במסגרת שלטון חוק וריבונות האל: חברה של צדק, חמלה, וכבוד לאדם ולקדושת חייו. והוא בנוי סביב מעשה של מחויבות הדדית: של אלוהים לעם ושל העם לאלוהים.

מחויבות זו היא פעולה של אהבה. בליבה נמצאות המילים המוכרות מקריאת שמע – שבפרשת השבוע שלנו: "וְאָהַבְתָּ אֵת ה׳ אֱ־לֹהֶיךָ בְּכָל לְבָבְךָ וּבְכָל נַפְשְׁךָ וּבְכָל מְאֹדֶךָ" (דברים ו, ה). התורה היא הסיפור המכונן של חיי הנישואים הטעונים, הסוערים לפעמים, בין אלוהים לבין עם שלפעמים הוא קשה עורף. הסיפור הזה הוא סיפור אהבה.

במרכזיותה של האהבה בספר דברים ניווכח אם נשווה בין מספר הופעותיו של השורש אה"ב בחומש זה ובחומשים האחרים. בספר בראשית הוא מופיע חמש־עשרה פעם, אך אף לא אחת מהן קשורה ליחסים בין אלוהים לאדם: כולן נוגעות לרגש שבין בעלים לנשים ובין הורים לילדים. הנה התפלגות הופעתו של השורש הזה ביתר ארבעת החומשים:

שמות	2
ויקרא	2
במדבר	0
דברים	23

שוב ושוב אנו קוראים בחומש הזה על אהבה. בשני הכיוונים: אהבת ישראל לה׳, ואהבת ה׳ לבני ישראל. זו האחרונה מדהימה במיוחד. הנה כמה דוגמאות (הראשונה בהן – מפרשתנו אף היא):

2. כך נקרא הספר בפי חז"ל. גם שמו הלועזי, דויטרונומי, פירושו בלטינית "החוק השני"; כלומר, הספר נתפס כחזרה על המצוות.

לֹא מֵרֻבְּכֶם מִכָּל הָעַמִּים חָשַׁק ה׳ בָּכֶם וַיִּבְחַר בָּכֶם; כִּי אַתֶּם הַמְעַט מִכָּל הָעַמִּים. כִּי מֵאַהֲבַת ה׳ אֶתְכֶם... (דברים ז, ז-ח)

הֵן לַה׳ אֱ־לֹהֶיךָ הַשָּׁמַיִם וּשְׁמֵי הַשָּׁמָיִם הָאָרֶץ וְכָל אֲשֶׁר בָּהּ – רַק בַּאֲבֹתֶיךָ חָשַׁק ה׳ לְאַהֲבָה אוֹתָם וַיִּבְחַר בְּזַרְעָם אַחֲרֵיהֶם בָּכֶם מִכָּל הָעַמִּים כַּיּוֹם הַזֶּה. (דברים י, יד-טו)

וְלֹא אָבָה ה׳ אֱ־לֹהֶיךָ לִשְׁמֹעַ אֶל בִּלְעָם, וַיַּהֲפֹךְ ה׳ אֱ־לֹהֶיךָ לְּךָ אֶת הַקְּלָלָה לִבְרָכָה, כִּי אֲהֵבְךָ ה׳ אֱ־לֹהֶיךָ. (דברים כג, ו)

כיצד מתחבר חזון זה לתוכן המשפטי־הלכתי של רוב ספר דברים? מה להצהרת האהבה הלוהבת של אלוהים לעמו – ולקוד משפטי מפורט העוסק ברוב תחומי החיים של היחיד ושל האומה לכשתתיישב בארצה? מצווה ואהבה אינן צמד־חמד מתבקש. מה לזו ולזו?

על כך עונים דבריו של דייוויד ברוקס. מחויבות היא התאהבות – ובנייה של מבנה התנהגותי שיתמוך באהבה הזו בחלוף הזמנים. החוק, המצוות, ההלכה, הם המבנה ההתנהגותי שסביב אהבת ה׳ ועמו. האהבה היא תשוקה, היא רגש, היא מצב מרומם, היא חוויית שיא. אבל מצב רגשי, אין ערובה שהוא יימשך לעד. אנחנו מתחתנים בשירה – ונשארים נשואים בפרוזה.

על כן דרושים לנו חוקים, מנהגים והרגלי מעשה. זוהי המסגרת השומרת את האהבה בחיים. הכרתי פעם זוג נשוי מאושר להפליא. הבעל, במסירות רבה, הגיש לאשתו יום יום ארוחת בוקר במיטה. אינני בטוח לגמרי שהיא הייתה זקוקה לארוחת בוקר במיטה מדי יום, או שאפילו חשקה בכך. אבל היא קיבלה אותה בהכרת תודה, כי היא ידעה שזו המחווה של בעלה כלפיה – ואכן, מחווה מתמדת זו הזינה כל השנים את אהבתם. אחרי עשרות שנות נישואים, הם עדיין נראו כבירח דבש.

ההשוואה כמובן אינה מלאה ומדויקת – אך אפשר לומר שאת התוצאה הזאת הניבו רבות מאוד מן המצוות בתורה בכלל ובספר דברים בפרט. הן פעלו כמערכת תמיכה לאהבה בין אלוהים לעמו. פרחיה של האהבה הזו מלבלבים בכל דור ודור. אפשר להתבשם מהם, למשל, בספר תהלים: ״אֱ־לֹהִים, אֵ־לִי אַתָּה, אֲשַׁחֲרֶךָּ; צָמְאָה לְךָ נַפְשִׁי, כָּמַהּ לְךָ בְשָׂרִי בְּאֶרֶץ צִיָּה וְעָיֵף בְּלִי מָיִם״ (סג, ב). הם פורחים בנבואת ישעיהו: ״כִּי הֶהָרִים יָמוּשׁוּ וְהַגְּבָעוֹת תְּמוּטֶינָה – וְחַסְדִּי מֵאִתֵּךְ לֹא יָמוּשׁ וּבְרִית שְׁלוֹמִי לֹא תָמוּט, אָמַר מְרַחֲמֵךְ ה׳״ (נד, י). הם מופיעים בסידור התפילה, כגון בברכת אהבה שלפני קריאת שמע, בשני נוסחיה: ״אהבת עולם אהבתנו״ או ״אהבה רבה אהבתנו״.

אהבת ה׳ פורחת ויוקדת בפיוט ״ידיד נפש״ שחיבר במאה השש־עשרה המקובל איש צפת רבי אלעזר אזכרי. גם בשירים הנכתבים בכל שנה ושנה בישראל בת ימינו היא שבה ונשמעת. אהבת ה׳ כלפינו, אהבתנו אותו – זו אף זו עומדות במלוא תוקפן גם 3,300 שנים אחרי שהנצו בנאומי ספר דברים. זהו גיל מתקדם מאוד לאהבות, ואנו מאמינים שעוד שנות אין קץ נכונו להן.

האם היה הדבר אפשרי בלי המעשים והטקסים, בלי תרי״ג המצוות הממלאות את ימינו בתזכורות למציאות ה׳ ושכינתו? סבורני שלא. כל אימת שיהודים נטשו את חיי המצוות, בתוך כמה דורות הם איבדו את זהותם. אהבה שאין עימה הרגלי מעשה תמות ביום מן הימים. אך עם ההרגלים הללו גחלת האהבה נותרת מאירה ולוחשת, והרוח עוד יכולה להפיח בה אש. בחיי נישואים ארוכים ומאושרים, לא כל יום נחווה כיום החתונה – אבל אפילו אהבה שהזדקנה תישאר עזה אם תישאר בה הכוריאוגרפיה של החיבה והמסירות; אם יפרנסוה הרגלי המעשה של הנדיבות והאדיבות.

המפליג בים הספרות ההלכתית פוגש בלי הרף את ה״איך״ וה״מה״ של החיים היהודיים, אך לא תמיד את ה״למה״. וזהו מקומו המיוחד של ספר דברים בעולמה של היהדות. בו אנו מוצאים את ה״למה״ בבהירות שקשה למצוא כמותה במקומות אחרים. ההלכה היא מבנה ההתנהגות שנבנה סביב אהבת ה׳ ועמו, כדי שהיא תוסיף לעמוד גם לאחר דעוך להטה של ההתאהבות.

אם יש את נפשכם להאריך את ימי אהבתכם, בנו סביבה מבנה של התנהגויות – מעשים קטנים של אדיבות, מחוות קטנות של מנחה מכם למושא אהבתכם – ותזכו בשמחה שקטה, באור פנימי, שיתמידו כל ימיכם.

רעיון משנה־חיים 45:

אם יש את נפשכם להאריך את ימי אהבתכם, בנו סביבה מבנה של התנהגויות.

עקב

לשמוע. אבל באמת לשמוע

לפני כעשרים שנה יזמתי בעזרת קרן אשדאון כינוס באוניברסיטה העברית בירושלים על עתיד העמיוּת היהודית. הדאיגו אותי השסעים המעמיקים בין חילונים לחרדים בישראל, בין הזרמים השונים בתפוצות, ובין היהודים בישראל לבין יהודי התפוצות. זה היה מפגש מרהיב של מיטב המוחות היהודיים: אקדמאים משש־עשרה מדינות שייצגו את כל גוני הזהות היהודית. היו שם פרופסורים מהרווארד, מייל ומפרינסטון כמו גם מרוב האוניברסיטאות בישראל. זו הייתה הצלחה מזהרת – וכישלון גמור.

באמצע היום השני פניתי לאשתי איליין ואמרתי לה, "הדיבורים פה מבריקים. אבל ההקשבה – פשוט אינה קיימת". לבסוף לא יכולתי לשאת זאת עוד. "בואי נסתלק", אמרתי לה. קצתי בשמיעת סקירות מצוינות מאנשים שעמדתם מגובשת, ברורה וקוהרנטית אך הם אטומים לחלוטין לרעיונות הנמצאים מחוץ למעגלה הקרוב. במקום להעלות פתרונות לשסעים בעם היהודי, הכינוס עצמו גילם את השסעים הללו.

החלטנו להדרים לערד ולפגוש לראשונה את הסופר עמוס עוז. סיפרתי על כך לחבר. הוא נרתע. "מה אתה חושב שתשיג בזה?" שאל. "אתה באמת רוצה לשנות את דעתו?" – "לא", עניתי, "אני רוצה לעשות דבר חשוב הרבה יותר. אני רוצה להקשיב לו". וכך היה. שעתיים ישבנו במרתף העבודה ספון הספרים של עמוס בקצה המדבר, והקשבנו. מן המפגש הזה צמחה, כך אני מאמין, חברות אמת. הוא נשאר חילוני. אני נשארתי דתי. ואף על פי כן קרה שם איזה קסם. חלה תמורה. הקשבנו זה לזה.

אינני יכול לדבר בשם עמוס, אבל אני יכול לדבר בשמי. הרגשתי שם שאני יושב עם אדם מעמיק־חשוּב, חריף־הרגשה, אומן שפה – עמוס הוא מן האנשים הבודדים שאני מכיר שאינם מסוגלים להוציא מפיהם משפט משעמם אחד – ואדם שהתמודד בדרכו שלו עם השאלה מהו להיות יהודי. לימים קיימתי דו־שיח פומבי

איתו, ועוד שיחה מול קהל עם בתו פניה עוז־זלצברגר. אבל כל זה התחיל במעשה של הקשבה רצופה וממוקדת.

ההקשבה, השמיעה, היא מרעיונות המפתח בספר דברים. השורש שמ"ע מופיע בו לא פחות מ־92 פעם. בעצם, לא רק ספר דברים מדגיש את השמיעה, אלא היהדות כולה. היא נמצאת בלשון הפתיחה של שתיים מפרשיות התפילה[1] שאנו מכנים קריאת שמע – פרשיות הנכללות בפרשת השבוע שעבר ובפרשת השבוע הזה.

הפועל "לשמוע" אינו ניתן לתרגום מדויק לשפות כגון אנגלית. בלשון התורה, לפועל "לשמוע" יש מובנים רבים, נוסף על המובן הפשוט שיש לו בעברית העכשווית. לשמוע פירושו גם להקשיב, לשים לב, להבין, להפנים ולהיענות. הפועל "לציית" אינו קיים בלשון המקרא – ו"לשמוע" הוא הקרוב אליו ביותר.

כלל גדול הוא, שאם אתם נתקלים במילה בשפה אחרת שאי אפשר לתרגמה במלואה לשפתכם, אתם נמצאים מרחק נגיעה בלב הפועם של התרבות דוברת השפה הזו. כדי להבין מילה שאינה מיתרגמת ללשונכם, עליכם להיות מוכנים לצאת מאזור הנוחות שלכם ולהיכנס להלך מחשבה השונה משלכם תכלית שוני.

ברמה הבסיסית ביותר, הפועל "לשמוע" מייצג היבט של היהדות שבזמנו היה הרדיקלי ביותר בה: האמונה שאי אפשר לראות את אלוהים. רק לשמוע אותו אפשר. שוב ושוב מזהיר משה מפני סגידה לייצוג פיזי כלשהו של האלוהות, ומפני עשיית ייצוג כזה. נושא זה שוזר את המקרא כולו. משה חוזר ומזכיר לבני ישראל שבהר סיני ה' דיבר אליהם "מִתּוֹךְ הָאֵשׁ: קוֹל דְּבָרִים אַתֶּם שֹׁמְעִים וּתְמוּנָה אֵינְכֶם רֹאִים זוּלָתִי קוֹל" (דברים ד, יב). גם כאשר משה מדבר על ראייה, כוונתו בעצם לשמיעה. דוגמה מצוינת לכך נמצאת במילות הפתיחה של פרשת השבוע הבא, ואפילו בשמה:

> **רְאֵה**, אָנֹכִי נֹתֵן לִפְנֵיכֶם הַיּוֹם בְּרָכָה וּקְלָלָה. אֶת הַבְּרָכָה אֲשֶׁר **תִּשְׁמְעוּ** אֶל מִצְוֹת ה' אֱ־לֹהֵיכֶם אֲשֶׁר אָנֹכִי מְצַוֶּה אֶתְכֶם הַיּוֹם; וְהַקְּלָלָה אִם לֹא **תִשְׁמְעוּ** אֶל מִצְוֹת ה' אֱ־לֹהֵיכֶם... (דברים יא, כו–כח)

ראו מה שונות הן המטפורות הלשוניות לידיעה באנגלית ובעברית. באנגלית, כמעט כל המילים המציינות הבנה או שכל נשענות על מטפורת האור. תובנת העומק, ראיית

1. קריאת שמע משובצת בתפילות אך למען הדיוק, אין היא נחשבת תפילה. היא פעולה מסוג אחר לגמרי: תלמוד תורה (ראו מנחות צט ע"ב). בתפילה אנחנו מדברים אל ה'; בלימוד התורה אנחנו מקשיבים לו.

הנולד וההבנה בדיעבד הן insight, foresight ו־hindsight, שפירושן המילולי הוא ראייה פנימה, ראייה לפנים וראייה לאחור. הבחנה היא observation, תצפית. המחשה והדגמה הן illustrate, הארה. כשהאנגלי רוצה לומר שהבין הוא אומר I see, אני רואה. כשהוא מבחין באפשרות הוא אומר it appears that, נראה כי.[2] כל זה הוא מורשת תרבות יוון העתיקה – הדוגמה העילאית בהיסטוריה האנושית לתרבות ויזואלית, תרבות של העין.

היהדות, לעומת זאת, היא תרבות של האוזן. "הרב הנזיר" דוד כהן, תלמידו של הראי"ה קוק, מציין בספרו **קול הנבואה** כי התלמוד הבבלי משתמש בעקביות במטפורת השמיעה. כשהוא מבקש להציג רְאָיה הוא אומר "תא שמע", בוא ושמע. כשהוא מסיק מסקנה ממשהו הוא אומר "שמע מינה", שמע ממנה. כשאמורא חולק על טיעון, נאמר עליו "לא שמיע ליה", הוא אינו יכול לשמוע זאת. המילה "משמע" מציינת מסקנה (שימו לב שגם המילה המודרנית "משמעות" נגזרת מהשורש שמ"ע). הרמב"ם מכנה את מסורת התורה שבעל פה "מפי השמועה". בתרבות המערב, ההבנה היא צורה של ראייה. ביהדות, היא צורה של שמיעה.

לאורך כל ספר דברים אומר לנו משה שאלוהים אינו מחפש ציות עיוור. מאלפת העובדה שהזכרנו, שבעברית המקראית, שפת התורה המעמידה שש מאות ושלוש־עשרה מצוות, אין שום מילה שמשמעותה הפשוטה "ציות". את המילה הזו שאלה העברית החדשה מהשפה הארמית. ה' רוצה שנשמע, לא רק באוזנינו אלא גם בכליה העדינים של התודעה. לו חָשַק ה' בציות היה בורא רובוטים, לא בני אדם בעלי רצון משלהם; או פשוט מסתפק בחברתם של המלאכים, השרים כל העת את תהילתו ועושים רצונו תמיד.

בבוראו את בני האדם "בצלמו" **ברא ה' את האחרות. והגשר בין העצמי לבין האחר הוא השיחה: דיבור והקשבה.** כשאנחנו מדברים, אנחנו מספרים לאחרים מי אנחנו ומה. וכשאנחנו מקשיבים, אנחנו מאפשרים לאחרים לספר לנו מי הם. זהו רגע נעלה של גילוי. ואם איננו יכולים להקשיב לאנשים אחרים, קל וחומר שאיננו מסוגלים להקשיב לאלוהים, שאחֵרותו אינה יחסית אלא מוחלטת.

על כן כָּפַל משה, לאות הדגשה, את הפועל "שמע" בפתח אותה פרשייה המשובצת בפרשתנו ומוכרת לנו כפרשייה השנייה בקריאת שמע: "וְהָיָה אִם **שָׁמֹעַ תִּשְׁמְעוּ** אֶל מִצְוֹתַי אֲשֶׁר אָנֹכִי מְצַוֶּה אֶתְכֶם הַיּוֹם לְאַהֲבָה אֶת ה' אֱ־לֹהֵיכֶם וּלְעָבְדוֹ

2. ראו George Lakoff and Mark Johnson, *Metaphors We Live By*, Chicago: University of Chicago Press, 1980.

בְּכָל לְבַבְכֶם וּבְכָל נַפְשְׁכֶם" (דברים יא, יג). אם שמוע תשמעו: אם אכן תקיימו. אם באמת־באמת תקשיבו.

אפשר כמעט לדמיין את בני ישראל אומרים למשה, "בסדר, אינך צריך להאריך בדברים; שמענו" – ואת משה עונה, "לא, עוד לא שמעתם. עדיין אינכם מבינים מה קורה כאן. בורא היקום כולו מתעניין באופן אישי בשלומכם ובייעודכם; אתם, הזעירה באומות ולאו דווקא הצדיקה בהן. יש לכם מושג מה זה אומר?" ואולי גם לנו עדיין אין.

ההקשבה לאדם אחר, קל וחומר לקב"ה, היא מעשה של היפתחות אל נפש שהיא אחרת מיסודה מנפשנו. לשם כך דרוש אומץ. להקשיב הוא להיעשות פגיע. כשאני מקשיב, אני חושף את הוודאויות היסודיות ביותר שלי לסכנת ערעור, שכן אני נכנס אל תודעה החושבת על העולם אחרת ממני. אבל מעשה ההקשבה חיוני לאנושיות שלנו. הוא חיסון מפני נרקיסיזם: מפני האמונה שאנחנו מרכז העולם. הוא גם מחַסֵן מפני הלך הנפש הפונדמנטליסטי שפרופ' ברנרד לואיס, שנפטר לאחרונה, אפיין במילים "אני צודק; אתה טועה; לך לעזאזל".[3]

הקשבה היא מעשה רוחני לעילא. היא עלולה גם להיות כואבת. נוח יותר כשאין צריכים להקשיב, להתאתגר, להיגרר החוצה מאזור הנוחות. בימינו, באדיבות האלגוריתמים של גוגל ופייסבוק ויתר מנגנוני הסינון והפילוח שהרשתות החברתיות מאפשרות, קל לחיות בחדר־תהודה שאנו שומעים בו רק את קולותיהם של אלה החושבים כמונו. אבל כפי שאמרתי בהרצאת טד בשנה שעברה, "האנשים שאינם כמונו הם הגורמים לנו לצמוח".

ההקשבה היא המתנה הגדולה ביותר שאנו יכולים לתת לאדם אחר. כשמקשיבים לי, כששומעים אותי, אני יודע שיש בעולם מישהו שמתייחס אליי ברצינות. זהו מעשה של גאולה.

לפני עשרים שנה ישבתי באולם הרצאות באוניברסיטה העברית והקשבתי לשורה של חכמים שלא הקשיבו איש לרעהו. מסקנתי הייתה שהשסעים בעולם היהודי אינם עומדים להתאחות, ולא יתאחו עד שנבין את האמת הרוחנית העמוקה באתגר שהציב לנו משה במילים "אִם שָׁמֹעַ תִּשְׁמְעוּ": תשמעו – ותשמעו באמת.

רעיון משנה־חיים 46:

ההקשבה היא המתנה הגדולה ביותר שאנו יכולים לתת לאדם אחר.

---

3. Bernard Lewis, "I'm Right; You're Wrong; Go to Hell", *The Atlantic*, May 2003.

ראה

הבט קדימה באומץ

כזכור לקוראים הקבועים, לאחרונה שקדתי למען רשת בי־בי־סי על סדרת טלוויזיה הדנה באתגרי המוסר במאה העשרים ואחת. בהכיני אותה, ראיתי לנחוץ לנסוע לטורונטו ולשוחח עם אדם שטרם פגשתי, הפסיכולוג הקנדי ג׳ורדן פיטרסון. לאחרונה הוא זוכה למעמד של אינטלקטואל־על בעיני מיליוני צעירים, ומנגד מולעג ומבוזה בידי אחרים שחבל שאינם יודעים על מה הם מדברים.[1] הפופולריות העצומה של ההֶסכתים שלו – הנמשכים שעות ארוכות ותוכנם אינטלקטואלי להחריד – מלמדת שהוא אומר משהו שאנשים רבים מרגישים שעליו להישמע, ושאינו זוכה לביטוי הולם מפי אחרים.

בשיחתנו היה רגע של עוצמה צורבת. פיטרסון סיפר על בתו מיכאילה. כשהייתה בת שש נתגלה שהיא לקתה בדלקת פרקים חריפה שמקורה אינו ידוע. שלושים ושבעה מפרקים בגופה נפגעו. לאורך שנות ילדותה ונעוריה היא עברה ניתוחי החלפת אגן והחלפת קרסול. היא סבלה כאבים עזים ובלתי פוסקים. כשאביה סיפר לי על מסכת ייסוריה קולו רעד והדמעות עמדו בגרונו. ואז אמר:

> אחד הדברים שנזהרנו בהם מאוד, ושהרבינו לדבר איתה עליהם, היה שלא תתפוס את עצמה כקורבן. והאמן לי, הייתה לה סיבה מצוינת להרגיש שהיא קורבן. אבל ברגע שהאדם החולה רואה את עצמו כקורבן הוא שוקע במחשבות כעס ונקם – וזה יוצר אצלו מצב פסיכולוגי נורא כמו מצבו הגופני. אני יכול

1. העובדה שהאשימו אותו באנטישמיות גורמת לי להתבייש מעומק ליבי באלו שאמרו זאת. יש לצערנו די אנטישמיות אמיתית בעולם היום, ואת מאבקנו יש למקד בה ולא ביריבים פוליטיים או רעיוניים שהם ידידי אמת של עם ישראל.

לומר לשבחה שזה חלק ממה שאפשר לה להחלים. היא לא התרפאה לגמרי, המצב עוד לא לגמרי יציב, אבל הוא טוב לאין ערוך מכפי שהיה – מפני שהיא לא הרשתה למצב הבריאותי שלה להכניס אותה למצב קיומי של זעם... לאנשים יש הרבה סיבות להבנות את עצמם כקורבנות. חייהם של רבים מלאים בסבל ובבגידה. אלו הן חוויות שנצרבות. השאלה היא איזו גישה נוקטים לעומתן. כעס, דחייה, תרעומת, עוינות, רצחנות? אלו היו הבחירות של קין. זאת הדרך לגיהינום.

כששמעתי זאת הבנתי מה הוביל אותי אל האיש הזה, מפני שרוב ימי חיי הניע אותי אותו חיפוש, אף כי במסלול אחר. הגעתי לתובנה הזו בזכות ניצולי השואה שהכרתי. הם היו קורבנות של אחד הפשעים האיומים ביותר נגד האנושות, בכל ההיסטוריה. **ובכל זאת הם לא ראו עצמם קורבנות.** הניצולים שהכרתי, באומץ כמעט על־אנושי, הסתכלו קדימה, בנו להם חיים חדשים, העניקו זה לזה תמיכה רגשית, ואז, כעבור שנים רבות, סיפרו את סיפורם: לא כדי לחזור לעבר אלא כדי לחנך את הצעירים של היום על חשיבותה של נטילת אחריות אישית לעתיד אנושי והומני יותר.

אבל כיצד זה אפשרי? איך יכול אדם להיות קורבן אך לא לראות את עצמו ככזה – בלי לחטוא בהכחשה, בהשכחה, או בחשיבה משאלתית?

התשובה נעוצה ביכולת הייחודית שלנו, היכולת העושה אותנו לבני אנוש, לבחור בכל מצב בין מבט לאחור למבט קדימה. אדם יכול לשאול "למה זה קרה?", כלומר להביט לאחור ולחפש גורם בעבר. אך הוא יכול גם לשאול "מה עושים?" – כלומר להביט קדימה, לראות ברגע ההווה קו זינוק ולהחליט על נקודת היעד העתידית שלו.

יש הבדל עצום בין השניים. כי את העבר איננו יכולים לשנות. אך את העתיד – כן. המביט לאחור רואה את עצמו כאובייקט, ככלי משחק בידי כוחות שמעבר לשליטתו. המביט קדימה רואה את עצמו כסובייקט, כשחקן מוסרי בעל יכולת בחירה, המחליט באיזה נתיב ילך אל המקום שהוא רוצה להיות בו.

אלו הן שתי דרכי חשיבה לגיטימיות, אבל האחת מובילה לתרעומת, למרירות, לזעם ולתשוקת נקם – והאחרת מוליכה לאתגר, לאומץ, לכוח רצון ולשליטה עצמית. את הדרך הזאת מייצגים בעיניי מיכאילה פיטרסון וניצולי השואה שהכרתי: **את ניצחון הבחירה על הגורל.**

ג'ורדן פיטרסון הגיע אל משנתו זו דרך המאבקים שלו ושל אביו עם הדיכאון ומאבקה של בתו עם מצבה הגופני. עם ישראל הגיע אליה מתוך מסריו מְשַׁנֵּי־החיים של משה רבנו, בייחוד בספר דברים. הם מתומצתים בפסוקי הפתיחה של פרשתנו:

רְאֵה, אָנֹכִי נֹתֵן לִפְנֵיכֶם הַיּוֹם בְּרָכָה וּקְלָלָה. אֶת הַבְּרָכָה אֲשֶׁר תִּשְׁמְעוּ אֶל מִצְוֹת ה׳ אֱ-לֹהֵיכֶם אֲשֶׁר אָנֹכִי מְצַוֶּה אֶתְכֶם הַיּוֹם; וְהַקְּלָלָה אִם לֹא תִשְׁמְעוּ אֶל מִצְוֹת ה׳ אֱ-לֹהֵיכֶם וְסַרְתֶּם מִן הַדֶּרֶךְ אֲשֶׁר אָנֹכִי מְצַוֶּה אֶתְכֶם הַיּוֹם...
(דברים יא, כו-כח)

לאורך הספר חוזר משה ואומר: אל תחשבו שעתידכם ייקבע בידי כוחות שמחוץ לשליטתכם. נכון, מקיפים אתכם כוחות שאינכם שולטים בהם – אבל הבחירה שלכם היא שתקבע. כל שאר הדברים יבואו בעקבותיה. תבחרו בטוב – ודברים טובים יקרו לכם. תבחרו ברע – ובסופו של דבר תסבלו. בחירות רעות יוצרות אנשים רעים, ואנשים רעים בונים חברות רעות, ובחברות רעות, בחלוף הזמן, החירות הולכת לאיבוד. את הבחירה תעשו אתם; אינני יכול לבחור בשבילכם.

הבחירה, אומר משה שוב ושוב, היא רק שלך ושלכם. שלך, היחיד; שלכם, העם. התוצאה הייתה שהיהודים, באורח ראוי לציון, לא ראו את עצמם כקורבנות. דמות מפתח בעניין זה, מאות שנים אחרי משה, הייתה הנביא ירמיהו. ירמיהו שב והזהיר את העם כי עוצמתה של מדינה אינה תלויה בעוצמת צבאה אלא בעוצמת החברה בה. האם יש בה צדק? האם יש בה רחמים? האם אנשים דואגים לרווחת הזולת או רק לרווחת עצמם? האם יש שחיתות בדרגים הגבוהים? האם מנהיגים דתיים מתעלמים מהליקויים המוסריים של בני עמם, מתוך מחשבה שתפקידם היחיד הוא לבצע את פולחני המקדש, ודי בכך להבטיח שהאל ישמור את העם מאויבינו? ירמיהו חזר ואמר, במילים רבות מאוד, שה׳ לא יציל אותנו מאויבינו כל עוד לא נציל את עצמנו מהחלקים הירודים של עצמיותנו.

כשהאסון בא והבית חרב אמר ירמיהו אחת מן האמירות החשובות ביותר בהיסטוריה. הוא לא ראה את הכיבוש הבבלי כתבוסה של יהודה **ושל** אלוהיה. הוא ראה אותה כתבוסה של יהודה **מִידֵי** אלוהיה. ודווקא הבחנה זו הייתה חוט שָׁני של תקווה. אלוהים עדיין כאן, הוא אמר בעצם. שובו אליו – וישוב אליכם. אל תגדירו את עצמכם כקורבנות של הבבלים. הגדירו את עצמכם פועלים מוסריים חופשיים המסוגלים לבחור לעצמם עתיד טוב יותר.

היהודים שילמו מחיר פסיכולוגי עצום על תפיסתם ההיסטורית הזו. "מפני חטאינו גלינו מארצנו", אנו אומרים בתפילה. אנחנו מסרבים להגדיר את עצמנו כקורבנות של כוחות חיצוניים לנו – מצרים, אשור, בבל, הגורל, חוזק ידה של ההיסטוריה, החטא הקדמון, דחפים לא מודעים, אבולוציה עיוורת, דטרמיניזם גנטי או יחסי כוח. אנחנו מאשימים את עצמנו: "מפני חטאינו".

זהו נטל כבד של אשמה, ולא היינו יכולים לשאת אותו אלמלא האמנו בסליחה האלוהית. אלא שהחלופה – להגדיר את עצמנו כקורבנות, לשאול "מי עשה לנו את זה?" במקום "איפה טעינו?" – החלופה הזו כבדה אף יותר.

"רְאֵה, אָנֹכִי נֹתֵן לִפְנֵיכֶם הַיּוֹם בְּרָכָה וּקְלָלָה". זהו המסר העקשני של משה בחודש האחרון של חייו. תמיד יש בחירה. כפי שאמר הפסיכותרפיסט ניצול אושוויץ ויקטור פראנקל, אפילו באושוויץ היה חופש אחד שהנאצים לא יכלו לקחת מהאסירים: החופש לבחור איך להגיב. הקורבניות ממקדת אותנו בעבר שאיננו יכולים לשנות. הבחירה ממקדת אותנו בעתיד שאנו יכולים לשנות, משחררת אותנו משבִי טינותינו, ומזמנת אותנו למה שהפילוסוף עמנואל לוינס כינה "חירות קשה".

יש ויש קורבנות בעולם הזה, ואין לנו רשות להפחית בערך סבלם. אבל ברוב המקרים (בהחלט לא בכולם) הדבר החשוב ביותר שאנו יכולים לעשות הוא **לעזור להם לשקם את ההכרה ביכולתם לפעול ולשנות**. אף פעם אין זה קל, אבל זה חיוני – לבל יתבוססו עד טביעה בחוסר האונים הנרכש שלהם. לעולם אין להאשים קורבן. אך לעולם גם אין לעודד קורבן להישאר קורבן. אומץ כביר נדרש ממיכאילה פיטרסון ומניצולי השואה להתרומם מתוך הקורבנות, אך מה מתוק היה ניצחונם, ניצחון החופש, האחריות והאצילות של האדם.

הלקח שלנו הוא אפוא זה: לעולם אל תגדירו את עצמכם קורבנות. אינכם יכולים לשנות את העבר, אבל בידכם לשנות את העתיד. תמיד יש בחירה, והמגייס את הכוחות לבחור יכול להכניע את הגורל.

רעיון משנה־חיים 47:

לעולם אל תגדירו את עצמכם קורבנות. אינכם יכולים לשנות את העבר, אבל בידכם לשנות את העתיד. תמיד יש בחירה, והמגייס את הכוחות לבחור יכול להכניע את הגורל.

שופטים

מֶלך שהוא עֶבד

האם התורה רואה את מוסד המלוכה בחיוב? למקרא הפסוקים בפרשתנו על מינוי המלך, נדמה תחילה שהתשובה אינה מסובכת. "כִּי תָבֹא אֶל הָאָרֶץ אֲשֶׁר ה' אֱ-לֹהֶיךָ נֹתֵן לָךְ וִירִשְׁתָּהּ וְיָשַׁבְתָּה בָּהּ, וְאָמַרְתָּ, 'אָשִׂימָה עָלַי מֶלֶךְ כְּכָל הַגּוֹיִם אֲשֶׁר סְבִיבֹתָי', שׂוֹם תָּשִׂים עָלֶיךָ מֶלֶךְ אֲשֶׁר יִבְחַר ה' אֱ-לֹהֶיךָ בּוֹ" (דברים יז, יד-טו). אך עיון נוסף ילמד שהשאלה כמעט בלתי פתירה.

מצד אחד, הפרשה אומרת "שׂוֹם תָּשִׂים עָלֶיךָ מֶלֶךְ". זוהי מצוות עשה, והרמב"ם כולל אותה בין תרי"ג המצוות. מצד שני, על שום מצווה אחרת לא נאמר שיש לקיימה אם העם רוצה להיות "כְּכָל הַגּוֹיִם אֲשֶׁר סְבִיבֹתָי". בדרך כלל התורה אינה רוצה שנהיה ככל הגויים. אנו נדרשים להיות קדושים, ופירושה הבסיסי של המילה הוא נבדלים, מובחנים, יחידים ומיוחדים. מצופה מבני ישראל שיהיה להם האומץ להיות שונים. להיות בתוך העולם הסובב, אך לא להשתייך אליו.

כאשר מגיעים הדברים לכלל מעשה, בספר שמואל, הסוגיה אינה מתבהרת כלל. שמואל הנביא מוטרד כאשר בני ישראל באים אליו לבקש מלך. הדבר רע בעיניו. הוא חושב שהם מאסו בו. "לֹא אֹתְךָ מָאָסוּ", עונה לו ה', "כִּי אֹתִי מָאֲסוּ מִמְּלֹךְ עֲלֵיהֶם" (שמואל א' ח, ז). אך אין הוא מצווה על שמואל לדחות את הבקשה. נהפוך הוא: הוא אומר לו לשמוע בקול העם, אך קודם לספר לו כמה תעלה לו המלוכה, מה הוא עומד להפסיד. ואז, אם עדיין ירצו האנשים מלך, יקבלו מלך.

האמביוולנטיות נמשכת אפוא. אם המלוכה היא דבר טוב, למה ה' אומר שבקשת מלך היא ביטוי למאיסה בו עצמו? ואם היא דבר רע, מדוע ה' אומר לשמואל לתת לעם את מבוקשו אף כי אין דעתו נוחה מכך?

גם הניסיון ההיסטורי לא הכריע לכאן ולכאן. היו בתולדות ישראל מלכים גרועים רבים. "ויעש הרע בעיני ה'", נאמר על רבים ממלכי ישראל ויהודה, אולי על

רובם. אבל היו גם מלכים טובים: דוד שאיחד את האומה, שלמה שבנה את המקדש, חזקיהו ויאשיהו שהנהיגו תחייה דתית. קל יהיה לטעון שהיות שרוב המלכים היו רעים, המלוכה היא דבר רע. אבל באותה מידה של צדק אפשר לטעון שבלי דוד ושלמה היינו נשארים בשולי ההיסטוריה, קטנים ומפולגים.

אפילו התבוננות במלכים יחידים תותיר אותנו תוהים. דוד היה גיבור מלחמה, גאון פוליטי ומשורר אלוהי שאין דומה לו. אבל הוא גם האיש שחטא חטא נורא עם אשת איש. הרקורד של שלמה מבלבל אף יותר. שמו הוא שם נרדף לחוכמה. הוא מחברם של שיר השירים, משלי וקהלת. אבל הוא גם המלך שהפר את כל שלושת האיסורים שפרשתנו מטילה על המלך – לא להרבות נשים, לא להרבות סוסים ולא להרבות כסף וזהב (דברים יז, טז-יז). שלמה, אומרים חז"ל,[1] חשב שיוכל להפר את האיסורים הללו בלי שיקרה לו מה שהתורה חוששת שיקרה: הוא ירבה נשים ולבבו לא יסור מה'. הוא ירבה סוסים ולא יֵרד למצרים. כך הוא חשב – אך עם כל חוכמתו, טעה.

ושמא אם נבחן את הדברים לא על פי התבוננות בהיסטוריה אלא על פי הצהרות עקרוניות במקורותינו נצליח להכריע מה חושבת היהדות על המלוכה? לא ולא. שוב אנו מוצאים פנים לכאן ולכאן, כמעט סתירות. מצד אחד, בתפילת "אבינו מלכנו" אנו אומרים "אבינו מלכנו, אין לנו מלך אלא אתה".[2] מנגד, המשפט החותם את ספר שופטים, ואף נשזר לאורכו, הוא "בַּיָּמִים הָהֵם אֵין מֶלֶךְ בְּיִשְׂרָאֵל, אִישׁ הַיָּשָׁר בְּעֵינָיו יַעֲשֶׂה" (שופטים כא, כה). רצה לומר, אם אין מונרכיה יש אנרכיה.

התשובה לשאלה אם טוב או רע להמליך מלך היא אפוא כן־ולא מהדהד. וכצפוי, המפרשים הגדולים מתפזרים על קשת שלמה של אפשרויות. לדעת הרמב"ם, מינוי מלך הוא מצוות עשה מן התורה. לדידו של אבן עזרא זו רשות, לא חובה. אברבנאל סובר שזוהי פשרה עם חולשה אנושית. רבנו בחיי רואה במינוי מלך את החטא ואת עונשו גם יחד. מדוע התורה אמביוולנטית כל כך ביחס לעמוד־תווך זה בעולם הפוליטי שהיא משרטטת?

את הפשוטה בתשובות נתן משקיף מן החוץ, שהראה כי התנ"ך הוא ספר ההדרכה הראשון בעולם לחירות: הלורד אקטון. הוא האיש שכתב: "המופת של עם התנ"ך הוא אשר הניח את המסילה אל החופש בעולם כולו... הוא העמיד את העיקרון כי כל גופי השררה הפוליטיים חייבים להיבחן ולהיתקן על פי קוד שלא

1. סנהדרין כא ע"ב.
2. במקור אלה הם דברי רבי עקיבא המובאים בתלמוד הבבלי, תענית כה ע"ב.

אדם יצר אותו".[3] אך הוא גם, כידוע, האיש שטבע את המימרה הקלאסית "הכוח נוטה להשחית, והכוח המוחלט משחית באופן מוחלט".

ההיסטוריה האנושית, כמעט ללא יוצאים מן הכלל, היא סיפורו של מה שתומס הובס תיאר כ"נטייה כללית של כל המין האנושי, תשוקה מתמדת וחסרת מרגוע להשגת כוח אחר כוח, שאינה פוסקת אלא במוות".[4] הכוח מסוכן. הוא משחית. הוא גם מקטין. אם אני נמצא בעמדת כוח כלפיך, אני מגביל את החופש שלך. אני יכול לכפות עליך לעשות מה שאינך רוצה לעשות. כמאמר האתונאים לאנשי מֶלוס, "החזקים עושים את אשר ירצו, והחלשים סובלים את אשר יאולצו".

התורה היא עיון מתמשך בשאלה באיזו מידה יכולה חברה להתארגן **שלא** על בסיס כוח. יחידים הם עניין אחר. מיכלאנג'לו, שייקספיר ורמברנדט לא נזקקו לכוח כדי לממש את יצירתיותם הגאונית. אך מה באשר לחברה? לכולנו יש מאוויים. המאוויים מתנגשים. ההתנגשות מובילה לאלימות. התוצאה היא העולם שלפני המבול, כאשר אלוהים התחרט על שברא את האדם על האדמה. מכאן הצורך בכוח מרכזי שיבטיח את שלטון החוק ואת ההגנה על הכלל.

היהדות איננה תיאוריה בזכות ביטול הכוח. מי שיעיף מבט בקורות עם ישראל באלפיים שנות גלותו ייווכח מייד שאין שום שֶׂגב בהיעדר הכוח. השואה הוכיחה סופית שרעיון הוויתור על הכוח הוא בגדר לא יעלה על הדעת. יום יום עלינו להודות לה', ולכל עוזריו שעל פני האדמה, על קיומה של מדינת ישראל ועל שיקום יכולת ההגנה העצמית של העם היהודי – שהיא כשלעצמה תנאי הכרחי לקיום קולקטיבי.

לא לביטול הכוח מטיפה היהדות, כי אם לשלושה מעשים אחרים בו: הגבלת הכוח, חילון הכוח ושינוי הכוח.

הגבלה: מלכי ישראל היו השליטים היחידים בעולם העתיק שלא הייתה בידם סמכות חקיקה.[5] אצלנו החוקים, לפחות החשובים בהם, באים מאת אלוהים, לא מפי בני אדם. כמובן, מלכי ישראל רשאים להתקין תקנות זמניות לשיפור ניהולה של החברה; אבל כמוהם גם רבנים, בתי דין ווועדים מקומיים (שבעה טובי העיר).

חילון: על פי התורה, מלכי ישראל אינם כוהנים גדולים, והכוהנים הגדולים אינם מלכים. עם ישראל היה הראשון בעמים שיצר "הפרדת רשויות", דוקטרינה המיוחסת בדרך כלל למונטסקיה בן המאה השמונה-עשרה. כאשר ניסו אחדים

3. Lord Acton, *Essays on the History of Liberty,* Indianapolis: Liberty Classics, 1985, p. 8.
4. תומס הובס, **לויתן**, מאנגלית: אהרן אמיר, ירושלים: שלם, תש"ע, חלק א, פרק יא, עמ' 68.
5. ראו למשל מיכאל וולצר, **בצלו של אלוהים: פוליטיקה במקרא**, מאנגלית: יניב פרקש, ירושלים: מכון שלום הרטמן, 2016.

מהמלכים החשמונאים לאחוז בשני התפקידים גם יחד, חכמי ישראל התנגדו לכך בתוקף. "רב לך כתר מלכות", אמר, על פי התלמוד, הזקן יהודה בן גדידיה למלך ינאי. "הנח כתר כהונה לזרעו של אהרן".[6]

שינוי: התורה תופסת את המנהיגות כמנהיגות משרתת. בפרשתנו יש לכך ביטוי מקסים. המלך נדרש לכתוב בעצמו ספר תורה, "וְקָרָא בוֹ כָּל יְמֵי חַיָּיו... **לְבִלְתִּי רוּם לְבָבוֹ מֵאֶחָיו**, וּלְבִלְתִּי סוּר מִן הַמִּצְוָה יָמִין וּשְׂמֹאול" (דברים יז, יט-כ). הענווה היא ממהותה של המלוכה, מפני שמנהיגות פירושה שירות.

שכחת דבר זה גרמה למה שאפשר לראותו, במבט לאחור, כהחלטה הפוליטית הרת האסון ביותר בתולדות ישראל. אחרי מות שלמה באו נציגי העם לרחבעם בנו וביקשוהו להקל את הנטל שמפעלי הבנייה של שלמה העמיסו על העם. המלך שאל את יועצי אביו הזקנים מה כדאי לו לעשות. הם אמרו לו להיעתר לבקשה: "אִם הַיּוֹם תִּהְיֶה **עֶבֶד** לָעָם הַזֶּה **וַעֲבַדְתָּם** וַעֲנִיתָם וְדִבַּרְתָּ אֲלֵיהֶם דְּבָרִים טוֹבִים, וְהָיוּ לְךָ **עֲבָדִים** כָּל הַיָּמִים" (מלכים א' יב, ז). שימו לב להופעתו המשולשת של השורש עב"ד בפסוק. רחבעם התעלם מעצתם. הוא העדיף את עצת חבריו הצעירים להכביד את העול על העם. הממלכה התפצלה, ולא התאחדה עוד לעולם.

תפיסה זו של המנהיגות היא תפנית רדיקלית. ידגיש זאת מבט אל שני הסמלים האדריכליים הגדולים של האימפריות הראשונות בעולם: במסופוטמיה בנו זיקוראתים, ובמצרים פירמידות. אלו ואלו הן הצהרות מונומנטליות, עשויות אבן, בדבר הכרחיותה של ההיררכיה החברתית: רחבות בבסיס, צרות בפסגה. העם נועד לתמוך במנהיגו. הסמל היהודי הגדול, המנורה, הופך את המשולש על פיו. המנורה רחבה בחלקה העליון וצרה בבסיסה. העם נישא על כתפי המנהיג. המנהיג נועד לתמוך בעם.

תובנה זו משתקפת גם בחקר ההתנהגות הארגונית בימינו. בספרו **גלגל התנופה: מטוב למצוין**[7] מראה ג'ים קולינס, על יסוד מחקר שהקיף מאות רבות של חברות, כי הארגונים ה"מצוינים", המצליחים ביותר, הם אלה הנהנים ממה שהוא מכנה "מנהיגים משלב 5", מנהלים בעלי ענווה אישית ונחישות מקצועית. מנהלים אלה מחפשים לא את הצלחתם הפרטית אלא את הצלחתם של העובדים.

זה מפתיע. אנו חושבים על מנהיגים כעל אנשים הרעבים לכוח. מנהיגים רבים הם אכן כאלה. אבל הכוח משחית. ועל כן רוב הקריירות הפוליטיות נגמרות בכישלון. אפילו חוכמתו של שלמה לא הצילה אותו מהפיתוי.

6. קידושין סו ע"א.
7. ג'ים קולינס, **גלגל התנופה: מטוב למצוין**, מאנגלית: דורית לנדס, תל אביב: פקר, תשס"ב.

מֶלך שהוא עֶבד

הלקח שלנו השבוע הוא זה: להנהיג פירושו לשרת. ככל שהצלחתו של מנהיג רבה יותר, כך גדול המאמץ הנדרש ממנו לזכור שהוא נמצא בתפקידו זה כדי לשרת אחרים – ולא הם אותו.

רעיון משנה־חיים 48:

להנהיג פירושו לשרת. ככל שהצלחתו של מנהיג רבה יותר, כך גדול המאמץ הנדרש ממנו לזכור שהוא נמצא בתפקידו זה כדי לשרת אחרים – ולא הם אותו.

כי תצא

הון חברתי וחמורים רובצים

לפני שנים רבות נסענו אשתי איליין ואני להרי קטסקיל, יעד חופשות הקיץ הפופולרי של יהודי ניו יורק זה שנים, והנהג שלקח אותנו סיפר לנו על חוויה שחווה שם. ביום שישי אחד אחר הצוהריים, סיפר, הוא נסע להצטרף אל משפחתו שנפשה באזור, וראה אדם חובש כיפה גוחן על מכוניתו בצד הכביש. אחד הצמיגים היה מנוקר, והוא עמד להחליף אותו.

הנהג שלנו עצר בשולי הכביש, ניגש לאיש, עזר לאיש להחליף צמיג, ואיחל לו "גוד שאבס". האיש הודה לו, הסיר את הכיפה ושם אותה בכיסו. הנהג שלנו נעץ בו בוודאי עיניים תוהות, שכן האיש פנה אליו והסביר: "שמע, אני לא יהודי. אני פשוט יודע שאם אני שם על הראש את הדבר הזה", והוא הצביע על הכיפה, "תמיד יעצור איזה יהודי ויעזור לי".

בשבתות כי תצא אני נזכר לפעמים בסיפור הזה, למקרא הפסוק "לֹא תִרְאֶה אֶת חֲמוֹר אָחִיךָ אוֹ שׁוֹרוֹ נֹפְלִים בַּדֶּרֶךְ וְהִתְעַלַּמְתָּ מֵהֶם. הָקֵם תָּקִים עִמּוֹ" (דברים כב, ד). לכאורה, פרט קטן בפרשה הגדושה בשלל מצוות. אך זהו פסוק המלמד אותנו כיצד צריכה להיראות חֶברת־ברית. האנשים בחברה כזו הם שכנים טובים, הנכונים לעזור גם לזר במצוקה. הם דואגים לרווחת הזולת. כשהם רואים מישהו זקוק לעזרה הם אינם ממשיכים ללכת כאילו לא ראו דבר.

חכמינו נחלקו באשר לטעמה של המצווה. היו שאמרו כי ביסודה עומדת הדאגה לרווחת הבהמה – החמור או השור – ושמן הפסוק הזה אפשר להסיק שאיסור צער בעלי חיים הוא איסור מן התורה.[1] אחרים, ובולט ביניהם הרמב"ם, סברו שתורף העניין הוא רווחתו של ה"אח", בעליה של הבהמה, הדואג פן ייאלץ להישאר עם הבהמה

1. ראו בבא מציעא לא ע"א.

על אם הדרך, חשוף לסכנות;[2] מילת המפתח פה, לפי קריאה זו, היא "בדרך". בימי קדם, הדרכים היו בחזקת סכנה.

חז"ל דנו גם בשאלת היחס המדויק בין מצווה זו לבין אחותה שבספר שמות, הדומה לה אך איננה זהה לה, "כִּי תִרְאֶה חֲמוֹר **שֹׂנַאֲךָ** רֹבֵץ תַּחַת מַשָּׂאוֹ וְחָדַלְתָּ מֵעֲזֹב לוֹ עָזֹב תַּעֲזֹב עִמּוֹ" (שמות כג, ה). מה קודם למה, עזרה להקמת "חמור אחיך" או "חמור שונאך"? התשובה: חמור שונאך. הטעם: התורה רוצה שאדם "יכוף את יצרו", כלומר ילמד להתגבר על רגש האיבה ויהפוך אויב לאוהב.[3] יש כאן הבחנה חשובה: ואהבת לרעך – ועזרת לשונאך. אפשר לדרוש מאדם לעזור לשונאו, ואפילו להעדיף זאת על פני עזרה לאוהבו, כי יש לכך ערך חינוכי; לעומת זאת, כאשר הדברים אמורים לא בעזרה אלא באהבה, התורה מצווה על אהבת הרֵע ולא על אהבת השונא. ציווי לאהוב את האויב מנוגד לטבע האדם. כל אימת שניסו אותו הוא חולל טרגדיות של שנאה ארוכת שנים.

הכלל, כדברי הרמב"ם, הוא לעשות למען אדם במצוקה את מה שהיינו עושים למען עצמנו לו נקלענו למצבו. "כל שאילו הייתה שלו, היה טוען ופורק – הרי זה חייב לטעון ולפרוק בשל חברו". אבל, ממשיך הרמב"ם, טוב אף יותר לזנוח שיקולים של כבוד, לנהוג מידת חסידות ולעשות "לפנים משורת הדין: אפילו היה הנשיא הגדול וראה בהמת חברו רובצת תחת משא של תבן או קנים וכיוצא בהן, פורק וטוען עימו".[4]

כל זה הוא חלק ממה שהסוציולוגים בני זמננו מכנים "הון חברתי": הון שאינו כסף וזהב, כי אם משאבים של אמון בתוך חברה. בעל הון חברתי הוא זה היודע כי הוא מוקף באנשים שאכפת להם ממנו: שישיבו לו אבדות (על מצוות השבת אבדה ראו בפסוקים שמייד לפני הפסוק על השור והחמור הנופלים בדרך – דברים כב, א-ג), שיזעיקו עזרה אם הם מזהים פריצה לביתו או למכוניתו, שישימו עין על ילדיו ויזהירו במקרה סכנה, ושיתרמו, באופן כללי, לשכנות הטובה – שהיא ממרכיביה העיקריים של חברה טובה.

על מצבו של ההון החברתי בזמננו הרבה לכתוב הסוציולוג מאוניברסיטת הרווארד רוברט פטנאם. במאמר מפורסם שכותרתו "באולינג לבד", ולאחר מכן בספר שנשא את אותה כותרת,[5] הוא התרה על ירידה חדה בהון החברתי בתקופתנו. סמל

2. **משנה תורה**, הלכות רוצח ושמירת הנפש יג הלכות ב ובייחוד יד.
3. בבא מציעא לב ע"ב. ראו גם תוספות, פסחים קיג ע"ב.
4. הלכות רוצח ושמירת הנפש יג, ד.
5. Robert Putnam, *Bowling Alone: The Collapse and Revival of American Community*, New York: Simon & Schuster, 2000.

לכך הוא מצא בעובדה שיותר ויותר אנשים הולכים לגלגל כדורים באולמות הכדורת, הבאולינג, אבל פחות ופחות עושים זאת במסגרת קבוצות וליגות. בעיניו הדבר מתמצת את האינדיבידואליזם של החברה בת זמננו ואת הצל המלווה אותו – הבדידות.

כעבור עשר שנים, בספר מרתק לא פחות ושמו **חסד אמריקני**,[6] הוא סייג את טענתו. ההון החברתי חי וקיים גם בארצות הברית – אבל במקומות מסוימים, הלוא הם קהילות דתיות: בתי תפילה שעדיין מאגדים אנשים יחדיו בתחושת שייכות ובאחריות הדדית.

המחקר המקיף שהוא ערך בארצות הברית בין השנים 2004 ו־2006 העלה שאנשים ההולכים בקביעות לכנסייה או לבית הכנסת נוטים יותר לתרום כסף למטרות צדקה, גם מטרות צדקה שאינן דתיות. הם גם נוטים יותר להתנדב, לתת כסף לדרי רחוב, לתת תשר גבוה לעוזרים בחנויות, לתרום דם, לעזור לשכניהם בעבודות בית, לבלות זמן עם אנשים המרגישים מדוכאים, לתת לנהגים אחרים לעקוף אותם, להציע את מקום הישיבה שלהם לזרים ולעזור לאנשים למצוא עבודה. אמריקנים דתיים נוטים הרבה יותר מבני ארצם החילונים לתת לאחרים מזמנם ומכספם – בתוך הקהילות שלהם ומחוצה להן כאחד.

נוכחות סדירה בבתי התפילה התגלתה כמנבא הטוב ביותר לאלטרואיזם ולאמפתיה: טוב יותר ממדדים של חינוך, של גיל, של הכנסה, של מגדר ושל גזע. דת יוצרת קהילה, קהילה יוצרת אלטרואיזם, ואלטרואיזם מכוון אותנו הלאה מן העצמי, אל עבר הטוב המשותף. פטנאם מרחיק לכת ומשער שאתיאיסט ההולך דרך קבע לכנסייה (למשל, כי אשתו הולכת לשם) ייטה להתנדב בבתי תמחוי יותר מדתי מאמין הנוהג להתפלל לבדו. יש משהו באווירת ההשתייכות הנרקמת בקהילה הדתית ההופך אותה למִתרגלת צמודה של אזרחות טובה ושכנות טובה.

האומנם לדתיוּת עצמה יד בדבר? ניסוי מפורסם מערער על כך. זהו ניסוי "השומרוני הטוב" שערכו בתחילת שנות השבעים שני פסיכולוגים חברתיים מאוניברסיטת פרינסטון, ג'ון דארלי ודניאל בֶּטְסון.[7] "השומרוני הטוב" הוא משל המופיע בברית החדשה על אדם פשוט העוזר לקורבן שוד שהוא רואה בדרך, בעוד אנשים בעלי מעמד חברתי גבוה יותר, כוהן ולוי, מתעלמים ממנו. החוקרים גייסו להשתתפות בניסוי סטודנטים מהסמינר ללימודי דת בפרינסטון. תחילה העבירו

6. Robert Putnam, David E. Campbell and Shaylyn Romney Garrett, *American Grace: How Religion Divides and Unites Us*, New York: Simon & Schuster, 2010.

7. J. M. Darley and C. D. Batson, "From Jerusalem to Jericho: A Study of Situational and Dispositional Variables in Helping Behavior", *Journal of Personality and Social Psychology*, 27, 1 (1973), pp. 100-108.

להם שאלונים שמהם אפשר היה ללמוד על האופי של דתיותם ועל המניעים שלהם בבחירת לימודי הדת. או אז אמרו להם להכין דרשה על תפקידו של כומר. מחציתם תודרכו לבנות את הדרשה סביב משל השומרוני הטוב. מחציתם האחרת לא.

בשלב השני נתבקשו משתתפי הניסוי ללכת ולומר את הדרשה בפני קהל המחכה להם בבניין בקרבת מקום. לחלק מהם נאמר שהם מאחרים, לאחרים נאמר שרק אם יֵצאו מייד לדרך יגיעו בזמן, ולקבוצה שלישית נאמר שאין שום סיבה למהר. המשתתפים, מכל הקבוצות, לא ידעו שהנסיינים הכמינו במסלול הליכתם אל הבניין השני שחקן שיגלם אדם שהתנגש בדלת, שוכב נאנח ומשתעל: שכפול של המקרה ממשל השומרוני הטוב. הם ראו את השחקן וחשבו שזהו מקרה אמיתי. האם ניגשו לעזור?

ובכן, בין הסטודנטים שהכינו דרשה על משל השומרוני הטוב לבין אלו שהכינו דרשה אחרת לא היה הבדל בשיעור הניגשים לעזור למסכן. גם בין אלה שדתיותם ערכית לבין אלה הלומדים תיאולוגיה ממניעים חומריים לא היה הבדל. ההבדל היחיד במידת העזרה ל"פצוע" היה בין אלה שחשבו שהם עלולים לאחר לבין אלה שנאמר להם שאין צורך למהר. וכך, בכמה וכמה מקרים, סטודנטים שהיו בדרכם לשאת דרשה על השומרוני הטוב עשו בתוך כך בדיוק את מה שמשל זה מטיף נגדו: התעלמו מפצוע בדרך. היו מהם שאפילו "דרכו על הפצוע בחפזונם, פשוטו כמשמעו".

העניין כאן איננו בכך שיש אנשים אשר נאה דורשים אך אינם מקיימים.[8] מסקנתם של החוקרים עצמם הייתה שאין להסיק מערכים דתיים, מחשבות דתיות או עיסוק בתכנים רעיוניים של עזרה לזולת על מידת הנטייה לעזור לזרים במצוקה – אלא שהכול תלוי בפנאי ובחובות מתנגשות. הסטודנטים הממהרים אולי רצו לעצור ולעזור אך ידעו שמחכה להם קהל שלם – והרגישו שחובתם כלפי הרבים גוברת על חובתם כלפי האחד.

ובכל זאת, הניסוי עוזר לנו להבין את הניסוח המיוחד של הפסוק, "לֹא תִרְאֶה... וְהִתְעַלַּמְתָּ". אם רואים לא מתעלמים. גם אם אתם נתונים בלחץ זמן, אם אתם רואים אדם הזקוק לעזרה אל תמשיכו ללכת כאילו לא אירע דבר.

חשבו על רגע שבו שיוועתם לעזרה, וחבר או זר בא לעזרתכם. האם מקרים כאלה נשארים בזיכרון? כמובן. הם חיים בתודעתנו שנים על שנים, ובכל פעם שאנחנו חושבים עליהם שוטפת את נפשנו נהרה של נועם וכמו אומרת לנו: העולם, ככלות הכול, איננו מקום רע כל כך. וזה הרעיון משנה־החיים שלנו: לעולם אל תחשבו שאין

8. ראו תוספתא יבמות ח, ז; יבמות סג ע"ב.

לכם זמן לעזור לאדם במצוקה הזקוק לכם. הרי דווקא עכשיו, במסווה של עיכוב, נקרתה לכם הזדמנות להשקעת זמן בעלת תשואה נדירה. אתם תשקיעו רגע, אך השפעתו הברוכה תימשך כל ימי חייכם. "מֵיטַב סְגֻלַּת חַיֵּי אָדָם יָשָׁר", כתב המשורר ויליאם וורדסוורת, היא "מֶחְווֹת קְטַנּוֹת, שְׁכוּחוֹת, זוּטוֹת חַסְרוֹת כִּנּוּי, נֶעְלָמוֹת, שֶׁל אַהֲבָה וָחֶסֶד".[9]

רעיון משנה־חיים 49:

לעולם אל תחשבו שאין לכם זמן לעזור לאדם במצוקה הזקוק לכם.

---

9. ויליאם וורדסוורת, "שורות שנרשמו מיילים ספורים במעלה טינטֶרן אבי", מאנגלית: אריה סתיו, בתוך סתיו, **שבעה שערי שירה**, תל אביב: תמוז, 2005, כרך ג, עמ' 216.

כי תבוא

מה הסיפור שלנו

העלאת הביכורים לירושלים בימי בית שני מתוארת בצבעוניות בפרק ג במסכת ביכורים במשנה. חקלאים מרחבי הארץ, מספרת המשנה, היו מתאספים בעשרים וארבעה מרכזים אזוריים. הם לנו ברחובה של עיר, ולא היו נכנסים לבתים. בבוקר היו משכימים לקולו של הממונה: "קומו ונעלה ציון אל בית ה' אלוהינו" (על פי ירמיהו לא, ה). תושבי סביבות ירושלים היו מביאים תאנים וענבים, ואילו הבאים מרחוק – גרוגרות וצימוקים. לפני כולם היה הולך שור, קרניו מצופות זהב ועטרה של עלי זית בראשו. אחד מן השיירה היה מנגן בחליל.

כשהגיעו קרוב לירושלים, שלחו לשם רץ שיודיע על בואם והחלו לעטר את טנאי הביכורים. אישי ממשל מהעיר היו יוצאים לקראתם, ובעוברם ברחובות היו בעלי האומנויות פוסקים ממלאכתם וקוראים "אחינו אנשי המקום פלוני, באתם לשלום!" החליל היה מוסיף לנגן עד שהגיעו להר הבית. שם היו מניחים איש איש את טנא ביכוריו על כתפו – המשנה אומרת שאפילו אגריפס המלך היה עושה כן – ונכנסים לעזָרה, חצר המקדש. הלוויים היו מקבלים אותם בשירה: "אֲרוֹמִמְךָ ה' כִּי דִלִּיתָנִי וְלֹא שִׂמַּחְתָּ אֹיְבַי לִי" (תהלים ל, ב).

מראה השיירות נושאות הפרי המגיעות מכל כנפי הארץ היה ודאי מרהיב עין ומשובב נפש. אבל החלק החשוב ביותר בטקס היה השלב הבא. סליהם על כתפיהם היו הבאים אומרים לכוהן, "הִגַּדְתִּי הַיּוֹם לַה' אֱ-לֹהֶיךָ כִּי בָאתִי אֶל הָאָרֶץ אֲשֶׁר נִשְׁבַּע ה' לַאֲבֹתֵינוּ לָתֶת לָנוּ" (דברים כו, ג). כל אחד אחז בשולי סלו, והכוהן היה מניח ידו מתחת לסל ומניף אותו הנפה סמלית – ומביא הביכורים היה ממשיך לפסוקים הבאים, האמורים כולם בפרשתנו:

אֲרַמִּי אֹבֵד אָבִי וַיֵּרֶד מִצְרַיְמָה וַיָּגָר שָׁם בִּמְתֵי מְעָט וַיְהִי שָׁם לְגוֹי גָּדוֹל עָצוּם וָרָב.

> וַיָּרֵעוּ אֹתָנוּ הַמִּצְרִים וַיְעַנּוּנוּ וַיִּתְּנוּ עָלֵינוּ עֲבֹדָה קָשָׁה. וַנִּצְעַק אֶל ה׳ אֱ־לֹהֵי אֲבֹתֵינוּ, וַיִּשְׁמַע ה׳ אֶת קֹלֵנוּ וַיַּרְא אֶת עָנְיֵנוּ וְאֶת עֲמָלֵנוּ וְאֶת לַחֲצֵנוּ. וַיּוֹצִאֵנוּ ה׳ מִמִּצְרַיִם בְּיָד חֲזָקָה וּבִזְרֹעַ נְטוּיָה וּבְמֹרָא גָּדֹל וּבְאֹתוֹת וּבְמֹפְתִים, וַיְבִאֵנוּ אֶל הַמָּקוֹם הַזֶּה, וַיִּתֶּן לָנוּ אֶת הָאָרֶץ הַזֹּאת אֶרֶץ זָבַת חָלָב וּדְבָשׁ. וְעַתָּה הִנֵּה הֵבֵאתִי אֶת רֵאשִׁית פְּרִי הָאֲדָמָה אֲשֶׁר נָתַתָּה לִּי, ה׳. (דברים כו, ה–י)

הקטע הזה, המכונה ״מקרא ביכורים״, מוכר לרבים מפני שחלק ממנו, ארבעת פסוקיו הראשונים, אנו קוראים בליל הסדר ואף מרחיבים את יריעתו במדרשים. הביכורים ומקרא הביכורים לא היו סתם טקס. כפי שמסביר ההיסטוריון יוסף חיים ירושלמי בספרו **זכור**, הוא גילם אחת מן התרומות המהפכניות ביותר של היהדות לתרבות העולם.[1]

המקוריות שלו נעוצה לא בעצם הבאת הביכורים. טקסים של הצגת ביכורי היבול היו מקובלים בתרבויות רבות. הייחודי בפרשת הביכורים, ובתפיסת העולם המקראית העומדת בתשתיתה, הוא שאבותינו **ראו את אלוהים לא בטבע אלא בהיסטוריה.** טקסי הביכורים של עמים אחרים היו חגי טבע. הם ציינו את חילופי העונות והודו לאלים על האדמה, על הגשם, על פוריות הקרקע, ועל מה שהמשורר דילן תומס כינה ״הָאוֹן שֶׁדֶּרֶךְ פְּתִיל יָרוֹק מַצְמִיחַ אֶת הַפֶּרַח״.[2] אין הדבר דומה לטקס הביכורים בתורה. כאן העיקר אינו הטבע אלא המהלך ההיסטורי, הולדתו הלאומית של עם ישראל וכוחו הגואל של ה׳ שפדה את אבותינו משעבוד.

הנה חמשת החידושים שבתפיסת עולם זו:

(1) היהודים היו, כפי שציין ירושלמי, הראשונים שראו את האלוהים מבעד לעדשות ההיסטוריה.

(2) הם גם היו הראשונים שראו את ההיסטוריה עצמה כסיפור ארוך שיש לו נושא־על. כל תקופת המקרא נתפסה כסיפור אחד כזה, שהנביאים פירשוהו וההיסטוריונים המקראיים תיעדוהו.

(3) נושאה של ההיסטוריה המקראית הוא **גאולה**. הסיפור מתחיל בסבל, יש לו חלק

1. יוסף חיים ירושלמי, **זכור: היסטוריה יהודית וזיכרון יהודי**, מאנגלית: שמואל שביב, תל אביב: עם עובד, 1988.
2. בשיר שזו כותרתו וגם תחילתו. במקור: ״The force that through the green fuse drives the flower״.

אמצעי ארוך על הדרמה האינטראקטיבית שבין אלוהים לעמו המובילה לגלות, והוא נגמר בשיבה אל המולדת.

(4) הסיפור נועד שיפנימו אותו: זהו המעבר מהיסטוריה לזיכרון, וזה גם עניינו של מקרא הביכורים. האדם שעמד ובידיו טנא ביכוריו בחצר המקדש והשמיע את הפסוקים הללו הכריז בכך: **זה הסיפור שלי.** בהביאי לירושלים את פירותיה של הארץ הזאת, אני מציין את היותי והיות משפחתי חלק ממנה.

(5) חשוב מכול: הסיפור היה בסיס הזהות. זהו, בעצם, ההבדל בין היסטוריה לזיכרון. היסטוריה היא התשובה לשאלה "מה היה"; זיכרון הוא התשובה לשאלה "מי אני". אדם שלקה בשיטיון ואיבד את זיכרונו, איבד את זהותו; וכך גם אומה שאיבדה את זיכרונה.[3] כשאנו מספרים את סיפור עברו של עמנו, אנו שבים ומחיים את זהותנו. בזכותו יש לנו הקשר המאפשר לנו להבין מי אנחנו בהווה ומה עלינו לעשות כדי להנחיל זהות זו לדורות העתיד.

קשה לתפוס את גודל חשיבותו של הדבר אז וגם היום. המודרנה המערבית עמדה בסימן שני ניסיונות **לברוח מהזהות**. הראשון, במאה השמונה־עשרה, היה הנאורות. זו הניפה שני דגלים אוניברסליים: המדע והפילוסופיה. מבחינתה של הנאורות, המדע מבקש לגלות חוקים אוניברסליים, כאלה הנכונים בכל מקום ובכל זמן, והפילוסופיה נועדה לגלות מבני חשיבה אוניברסליים.

זהות היא עניין של קבוצות. יש בה "אנחנו" ויש בה "הם" הנבדלים מאיתנו. הצרה היא שקבוצות נוטות להתעמת זו עם זו. על כן ביקשה הנאורות ליצור עולם בלי זהויות, שבו כולנו פשוט בני אדם. אלא שאנשים אינם יכולים לחיות בלי זהות, וזהות לעולם אינה אוניברסלית. היא תמיד פרטיקולרית, כי זו מהותה: אנחנו בני אדם ייחודיים בזכות מה שמבדיל בינינו לבין בני האדם האחרים. משום כך, תְּחום עיון ששם לו למטרה להעמיד תבניות אוניברסליות לעולם לא יעמוד על מלוא משמעותה של הזהות.

זה היה הכתם העיוור של הנאורות. הזהות חזרה בקול רעש גדול במאה התשע־עשרה, ונסמכה על אחת משלוש רגליים: לאום או גזע או מעמד. במאה העשרים,

3. ההיסטוריון דייוויד אנדרס פרסם אך זה עתה ספר המחיל תובנה דומה על המערב בן זמננו: **שיטיון תרבותי: איך איבד המערב את ההיסטוריה שלו ומדוע הוא עלול לאבד את כל השאר.** ראו David Andress, *Cultural Dementia: How the West Has Lost its History and Risks Losing Everything Else*, London: Head of Zeus, 2018.

הלאומנות הובילה לשתי מלחמות עולם; הגזענות הובילה לשואה; ומלחמת המעמדות המרקסיסטית הובילה לסטלין, לגולאגים ולקג"ב.

מאז שנות השישים של המאה העשרים המערב נתון לניסיון נוסף לברוח מהזהות – הפעם לא אל האוניברסלי אלא אל האינדיבידואלי, מתוך אמונה שזהות היא דבר שכל אדם בוחר לעצמו. אלא שזהות אף פעם אינה נוצרת כך. זהות נוגעת תמיד לחברות בקבוצה. כמו השפה, גם הזהות היא במהותה חברתית.[4]

כפי שקרה אחרי הנאורות, גם עתה חוזרת הזהות למערב בקול רעש גדול – הפעם בדמות "פוליטיקת הזהויות" המתבססת על מגדר, אתניות או נטייה מינית. אם יניח המערב לתופעה זו לשגשג, היא עתידה להובילו אל עוד אסונות היסטוריים. פוליטיקת הזהויות מאיימת על עתיד הדמוקרטיה הליברלית.

מכאן משמעותו הכבירה של טקס מקרא הביכורים. בזכותו סיפרו יהודים באופן סדיר את סיפור ה"מי אנחנו" וה"למה" שלהם. אין עוד אומה שהאדירה כיהדות את מעשה הסיפור של סיפורה הקיבוצי, ומשום כך הזהות היהודית היא הָעֲמִידה ביותר שידע העולם, היחידה ששרדה אלפיים שנה בלי שום בסיס נורמלי של זהות: לא כוח מדיני, לא ארץ מגורים אחת ולא שפת דיבור יומיומית משותפת.

כמובן, לא כל הזהויות דומות. לַזֶהות היהודית ולזהויות נוספות השואבות השראה מהתנ"ך אופייני מה שהפסיכולוג דן מק'אדמס מכנה "העצמי הגאולי".[5] אנשים בעלי סוג זה של זהות, הוא אומר, "מעצבים את חייהם כסיפור על גיבור מוכשר הנתקל בילדותו בסבלם של אחרים, מפתח בנעוריו אמונות מוסריות חזקות, ובשנות בגרותו חותר בהתמדה קדימה ולמעלה מתוך ביטחון שחוויות שליליות סופן להיגאל". יותר מסוגים אחרים של סיפורי חיים, העצמי הגאולי "מגלם את האמונה שאפשר להתגבר על דברים רעים, ומאשר את מחויבותו של המספֵּר לבניית עולם טוב יותר".

התמקדותו של הסיפור המקראי בגאולה היא המייחדת אותו כל כך. כשאנו

4. יובל נח הררי, בספרו **21 מחשבות על המאה ה־21** (תל אביב: דביר, 2018), טוען בלהט נגד סיפורים, משמעויות וזהויות, ומציע במקומם את התודעה כבסיס לאנושיות שלנו ואת ההרהור כדרך לחיות עם היעדר המשמעות. עמדתו היא ניגודה הקוטבי של העמדה שאני מגולל פה. לאורך העת החדשה, יהודים – פילוסופים, מרקסיסטים, פוסטמודרניסטים, בודהיסטים – עמדו תכופות בראש ההתנגדות לזהות. הרב שלמה קרליבך ז"ל עמד על כך במימרתו הקולעת: "אם מישהו אומר 'אני קתולי', אני יודע שהוא קתולי. אם מישהו אומר 'אני פרוטסטנטי', אני יודע שהוא פרוטסטנטי. אם מישהו אומר 'אני רק אדם', אני יודע שהוא יהודי".

5. Dan McAdams, *The Redemptive Self: Stories Americans Live By*, Oxford: Oxford University Press, 2006.

פועלים בשותפות עם הקב״ה, אנו יכולים לשנות את העולם. סיפור זה הוא המורשת שלנו כיהודים והתרומה שלנו לאופקיה המוסריים של האנושות. מכאן הרעיון משנה־החיים: את חיינו מעצב הסיפור שאנחנו מספרים על עצמנו, ועל כן כדאי שנוודא שסיפור זה מדבר אל הנעלות בשאיפותינו – ולספר אותו מעשׂה שׁגרה.

רעיון משנה־חיים 50:

ודאו שהסיפור שאתם מספרים מדבר אל הנעלות בשאיפותיכם – וספרו אותו מעשׂה שׁגרה.

ניצבים

העולם מחכה לכם

מאורע גדול מתרחש בפרשתנו, ואנו כמעט איננו מבחינים בו. זהו מאורע ששינה את קוד הקיום היהודי, ויכול גם לשנות את חיינו. **משה חידש את הברית.** נשמע פורמלי ויבש? אולי, אבל דרמטי מאין כמוהו.

עד אותה עת, לאורך תולדות האנושות כפי שהן מסופרות בתורה, אלוהים כרת שלוש בריתות. הראשונה, בבראשית פרק ט, הייתה עם נח, ובאמצעותו עם כל האנושות. אפשר לקרוא לה ברית הסולידריות האנושית. על פי חז"ל היא כוללת שבע מצוות, הלוא הן "שבע מצוות בני נח", שהידועה בהן היא קדושת חיי האדם: "שֹׁפֵךְ דַּם הָאָדָם, בָּאָדָם דָּמוֹ יִשָּׁפֵךְ, כִּי בְּצֶלֶם אֱ־לֹהִים עָשָׂה אֶת הָאָדָם" (בראשית ט, ו).

הברית השנייה, בבראשית יז, הייתה עם אברהם ועם צאצאיו: "וַיְהִי אַבְרָם בֶּן תִּשְׁעִים שָׁנָה וְתֵשַׁע שָׁנִים, וַיֵּרָא ה' אֶל אַבְרָם וַיֹּאמֶר אֵלָיו, 'אֲנִי אֵ־ל שַׁדַּי. הִתְהַלֵּךְ לְפָנַי וֶהְיֵה תָמִים, וְאֶתְּנָה בְרִיתִי בֵּינִי וּבֵינֶךָ... וַהֲקִמֹתִי אֶת בְּרִיתִי בֵּינִי וּבֵינֶךָ וּבֵין זַרְעֲךָ אַחֲרֶיךָ לְדֹרֹתָם לִבְרִית עוֹלָם...'". ברית זו הפכה את אברהם לאביה של אמונה חדשה, שלא נועדה להיות אמונתה של כל האנושות אבל היא שואפת להיות לאנושות לברכה: "וְנִבְרְכוּ בְךָ כֹּל מִשְׁפְּחֹת הָאֲדָמָה" (בראשית יב, יג; כח, יד).

הברית השלישית היא הברית שכרת ה' עם בני ישראל בימי משה, במעמד הר סיני, כאשר העם שמע את עשרת הדיברות וקיבל על עצמו להיות "מַמְלֶכֶת כֹּהֲנִים וְגוֹי קָדוֹשׁ".

מי יזם את כל הבריתות הללו? תמיד הקב"ה. לא נח, לא אברהם, לא משה ולא בני ישראל ביקשו ברית עם ה'. ה' הוא שרצה ברית עם בני האדם. עם זאת, אפשר להבחין בתהליך של תמורה. מנֹח, אלוהים לא ביקש תגובה. נח לא התבקש לעשות שום דבר שיראה כי הוא מקבל על עצמו את תנאי הברית. נח התוודע לחוקי

ההתנהגות המוטלים מעתה עליו ועל כל הדורות, אבל אלוהים לא ביקש ממנו שום מחווה של אישור הברית. נח נותר פסיבי לאורך כל התהליך.

מאברהם, ה' כבר ביקש תגובה – תגובה מכאיבה. "זֹאת בְּרִיתִי אֲשֶׁר תִּשְׁמְרוּ בֵּינִי וּבֵינֵיכֶם וּבֵין זַרְעֲךָ אַחֲרֶיךָ: הִמּוֹל לָכֶם כָּל זָכָר. וּנְמַלְתֶּם אֵת בְּשַׂר עָרְלַתְכֶם וְהָיָה לְאוֹת בְּרִית בֵּינִי וּבֵינֵיכֶם" (בראשית יז, י–יא). עד היום אנו קוראים לטקס מילת העורלה "ברית מילה" או אפילו בקיצור "ברית". ה' מבקש מבני בריתו זו, מן הזכרים לפחות, דבר תובעני מאוד: **טקס חניכה**.

מבני ישראל, בברית סיני, ה' כבר ביקש הרבה יותר. הוא ביקש מהם, בעצם, להכיר בו כריבון וכמחוקק יחיד. ברית סיני כללה לא שבע מצוות כמו ברית נח, לא מצווה שמינית כמו הברית עם אברהם, אלא שש מאות ושלוש־עשרה מצוות. בני ישראל נדרשו מעתה לשלב את המודעות לאלוהים בכל תג ותג בחייהם.

אנו רואים אפוא כי ככל שתהליך כריתת הבריתות מתקדם, כן מתרבות בקשותיו של אלוהים משותפיו לברית. או בניסוח קצת אחר: **הוא מטיל עליהם אחריות גדלה והולכת.**

בברית סיני קרה דבר נוסף שלא קרה קודם לכן. ה' מורה למשה להודיע לעם על טיבה של הברית לפני כריתתה, **כדי לבדוק שהעם מסכים.** בני ישראל מביעים הסכמה שלוש פעמים: "וַיַּעֲנוּ כָל הָעָם יַחְדָּו וַיֹּאמְרוּ, כֹּל אֲשֶׁר דִּבֶּר ה' נַעֲשֶׂה" (שמות יט, ח); "וַיַּעַן כָּל הָעָם קוֹל אֶחָד וַיֹּאמְרוּ, כָּל הַדְּבָרִים אֲשֶׁר דִּבֶּר ה' נַעֲשֶׂה" (שם כד, ג); "וַיִּקַּח סֵפֶר הַבְּרִית וַיִּקְרָא בְּאָזְנֵי הָעָם, וַיֹּאמְרוּ, כֹּל אֲשֶׁר דִּבֶּר ה' נַעֲשֶׂה וְנִשְׁמָע" (שם, ז).

לראשונה בהיסטוריה אנו פוגשים פה בתופעה שנתקדשה בהצהרת העצמאות האמריקנית, הלוא היא "הסכמת הנשלטים". ה' השמיע את עשרת הדיברות רק לאחר שהעם נתן אות כי הוא מסכים לקבל עליו את דברו. ה' אינו כופה את שלטונו בכוח.[1] במעמד הר סיני, כריתת הברית הפכה לצעד הדדי. שני הצדדים נדרשו להסכים.

תפקידו של הצד האנושי בברית בין אלוהים לאדם גדל אפוא בכל פעם. עתה, בפרשת ניצבים, מגיע צעד נוסף, גדול, בתהליך הזה. **משה, ככל הנראה ביוזמתו שלו, מחדש את הברית:**

אַתֶּם נִצָּבִים הַיּוֹם כֻּלְּכֶם לִפְנֵי ה' אֱ־לֹהֵיכֶם: רָאשֵׁיכֶם, שִׁבְטֵיכֶם, זִקְנֵיכֶם וְשֹׁטְרֵיכֶם,

1. אומנם חז"ל דרשו כי בסיני ה' כפה את הברית על העם, ובלשונם – "כפה עליהם הר כגיגית". אך הגמרא שם (שבת פח ע"א) תמהה מייד אם אין הדבר פותח פתח לערעור על סמכות התורה, ועונה כי העם חזר וקיבל את התורה מרצונו "בימי אחשוורוש". אם כן, השאלה איננה **אם** ניתנה הסכמה חופשית אלא רק **מתי** ניתנה.

כֹּל אִישׁ יִשְׂרָאֵל, טַפְּכֶם, נְשֵׁיכֶם וְגֵרְךָ אֲשֶׁר בְּקֶרֶב מַחֲנֶיךָ, מֵחֹטֵב עֵצֶיךָ עַד שֹׁאֵב מֵימֶיךָ – לְעָבְרְךָ בִּבְרִית ה׳ אֱ־לֹהֶיךָ וּבְאָלָתוֹ אֲשֶׁר ה׳ אֱ־לֹהֶיךָ כֹּרֵת עִמְּךָ הַיּוֹם, לְמַעַן הָקִים אֹתְךָ הַיּוֹם לוֹ לְעָם וְהוּא יִהְיֶה לְּךָ לֵא־לֹהִים כַּאֲשֶׁר דִּבֶּר לָךְ וְכַאֲשֶׁר נִשְׁבַּע לַאֲבֹתֶיךָ לְאַבְרָהָם לְיִצְחָק וּלְיַעֲקֹב. (דברים כט, ט–יב)

זו הייתה הפעם הראשונה שהברית חודשה, אך לא הפעם האחרונה. היא חודשה שוב ושוב – בערוב ימיו של יהושע (יהושע כד), ואחר כך בימי יהוידע (מלכים ב׳ יא, יז), ובימי חזקיהו (דברי הימים ב׳ כט) ובימי יאשיהו (מלכים א׳ כג, א–ג; דברי הימים ב׳ לה, כט–לג). אחרי גלות בבל, עזרא ונחמיה הקהילו אספה לאומית ובה חידשו את הברית שוב (נחמיה ח). אך הפעם הראשונה הייתה בפרשתנו.

זה קרה מפני שמשה ידע שזה צריך לקרות. הוא ידע שמגמת פניה של ההיסטוריה של עם ישראל היא העברת היוזמה מידי הקב״ה לידי האדם. אל השינוי הזה הוא הכין את בני ישראל לאורך החודש האחרון בחייו. הוא כאילו אמר: עד עכשיו ה׳ הוביל אתכם – בעמוד אש ובעמוד ענן – ואתם הלכתם אחריו. עכשיו הוא מוסר בידיכם את מושכות ההיסטוריה. מעתה והלאה אתם תנהיגו. אם לבבכם יהיה עם ה׳, ה׳ יהיה עימכם. אינכם ילדים עוד; אתם בוגרים. לאדם בוגר עדיין יש הורים, כפי שיש לילד, אבל יחסיו איתם שונים. אדם בוגר נושא בנטל של אחריות. אדם בוגר אינו מחכה שמישהו אחר יעשה את הצעד הראשון.

כאן טמונה חשיבותה ההיסטורית והסיפורית של פרשת ניצבים, זו הניצבת כמעט בסוף התורה ונקראת כמעט בסוף השנה. היא עוסקת בהתכוננות לקראת התחלה חדשה; לקראת מציאות שבה אנחנו פועלים למען ה׳ במקום לחכות שיפעל למעננו.

תַּרגמו זאת למונחים אנושיים ותראו כי הדבר יכול לשנות את חייכם. לפני שנים רבות, בתחילת עבודתי כרב קהילה, נשאתי עיניי למילה של עידוד מאישיות רבנית בכירה. עבדתי קשה, ניסיתי גישות חדשניות, חיפשתי דרכים חדשות לקרב יהודים למורשת אבותיהם. רב צעיר זקוק לתמיכה בזמנים כאלה. הוא נוטל סיכונים, סופג ביקורת בלתי נמנעת, ומשאביו הרגשיים מידלדלים. חיכיתי וחיכיתי אבל העידוד לא הגיע. הדומייה הכאיבה. היא איכלה את ליבי כחומצה.

עד שעברה בי כברק התובנה: מה יהיה אם אהפוך את התרחיש על פניו? מה אם במקום לחכות שהרב פלוני יעודד אותי, אני אעודד אותו? מה אם אעשה למענו את מה שאני מייחל שהוא יעשה למעני? זה היה רגע משנה־חיים. הוא נסך בי כוחות שלא הכרתי.

התחלתי לנסח זאת ככללים לחיים. אל תחכה שישבחו אותך: שַׁבַּח אחרים. אל תחכה שיכבדו אותך: כבד אחרים. אל תעמוד ביציע ותבקר את אלה שעושים: עשה בעצמך משהו שישנה את פני הדברים לטובה. אל תחכה שהעולם ישתנה: התחל בתהליך בעצמך, וכך תגייס אליו אחרים. יש משפט המיוחס למהטמה גנדי (הוא מעולם לא אמר אותו,[2] אבל בעולם מקביל ייתכן בהחלט שאמר): "היה אתה עצמך השינוי שאתה רוצה שיקרה בעולם". קח את היוזמה.

את זאת עשה משה בחודש האחרון של חייו, בסדרת הנאומים הארוכה שאנו מכירים כספר דברים, ובייחוד בטקס הגדול של חידוש־הברית שבפרשתנו. **ספר דברים מציין את קץ ילדותו של עם ישראל.** מכאן ואילך, היהדות תהיה קריאתו של אלוהים לאחריות אנושית. אצלנו האמונה איננה המְתנה לאלוהים; אצלנו האמונה היא ההבנה שאלוהים מחכה לנו.

בכל פעם שאתם מוטרדים מכך שמישהו לא עשה בשבילכם את מה שצריך היה לדעתכם לעשות, הפכו את המחשבה הזו על פיה – ועשו אתם למען אותו אדם. אל תחכו שהעולם ישתפר. טלו את היוזמה. העולם מחכה לכם.

רעיון משנה־חיים 51:

אל תחכו שהעולם ישתפר. טלו את היוזמה. העולם מחכה לכם.

---

2. ראו Brian Morton, "Falser Words Were Never Spoken", *New York Times*, 29.8.2011. הדברים הקרובים ביותר לכך שאמר גנדי היו אלה: "אם נוכל לשנות את עצמנו, הנטיות בעולם ישתנו גם הן. כשאדם משנה את טבעו שלו, משתנה גם עמדת העולם כלפיו... אל נחכה לראות מה אחרים עושים".

וילך

ההר השני

מה עושה אדם שכבר השיג את כל שהיה לו להשיג, שכבר העפיל אל פסגת הקריירה שהגורל או ההשגחה הכינו לו? מה עושה אדם כשגילו מאריך את צילו, כששמשו רוכנת אל האופק, כשגופו אינו חסון כשהיה או מוחו כבר חד פחות?

בעיה זו נעשתה מרכזית משעלתה תוחלת החיים ברוב ארצות העולם. אין לכך תקדים היסטורי. בשנת 1900 עמדה תוחלת החיים הממוצעת בארצות הברית על 41 שנים, ובאירופה על 42 וחצי. כיום, בבריטניה למשל, תוחלת החיים לגברים היא 79 שנים ולנשים 83.[1] תוחלת החיים עולה בכשלוש שנים מדי עשור. עיקר העלייה הזו הוא תוצאת ירידה חדה מאוד בתמותת תינוקות. ובכל זאת, גם בקרב האוכלוסייה שצלחה את ינקותה בשלום, גיל הפטירה הממוצע עולה בהתמדה. מה יכול להשאיר אדם צעיר ברוחו גם כשגופו מתחיל להאט את הקצב?

מקרה המבחן שהתורה מציעה לנו הוא מקרהו של משה, שעליו מסופר כי גם סמוך למותו בן מאה ועשרים שנה "לֹא כָהֲתָה עֵינוֹ וְלֹא נָס לֵחֹה" (דברים לד, ז). בפתיחת פרשת וילך הוא אומר, "בֶּן מֵאָה וְעֶשְׂרִים שָׁנָה אָנֹכִי הַיּוֹם. לֹא אוּכַל עוֹד לָצֵאת וְלָבוֹא, וַה' אָמַר אֵלַי, 'לֹא תַעֲבֹר אֶת הַיַּרְדֵּן הַזֶּה'" (דברים לא, ב). רש"י מעיר כי "לא אוכל עוד" אין פירושו "אין לי כוח", אלא "אסור לי". הגיע זמנו של משה להעביר את השרביט ליורשו ותלמידו יהושע. אבל הוא עודו מלא עזוז, כפי שמעיד עליו להט הנאומים שנשא בחודש האחרון לחייו, נאומי ספר דברים.

שני מושגים מחקר הזקנה המודרני יעזרו לנו להבין מה מגלם משה בזקנתו. הראשון הוא **הגנרטיביות**, מתורת שלבי־ההתפתחות של אריק אריקסון. בשלב מאוחר

1. לאחרונה נרשמה ירידה קלה בתוחלת החיים בארצות הברית, בעיקר בשל עלייה חדה במקרי המוות הנובעים משימוש בסמים. ייתכן שגם מגפת השמנת־היתר תרמה לכך.

יחסית בחיים, הוא אומר, השלב השביעי מתוך שבעת השלבים שהוא מונה במסלול החיים, משתנה נקודת המבט של אנשים רבים. הם מתחילים לחשוב על המורשת שלהם, על מה שיישאר מהם לאחר מותם. מוקד המבט שלהם עובר במקרים רבים מעצמם אל האחרים. הם נוטים להקדיש זמן רב יותר למשפחה, לקהילה או לפעילות התנדבותית. יש מהם החונכים אנשים צעירים שיהיו ממשיכיהם בתחומי עבודתם. יש הנקשרים לאחרים בקשרי מחויבות. הם שואלים את עצמם, איך אני יכול לתרום לעולם? איזה חותם אותיר אצל אלה שימשיכו לחיות? מה בעולם הזה יהיה טוב יותר בזכותי?

המושג השני, הקשור לראשון, הוא "ההר השני", שטבע דייוויד בְּרוּק. הוא דיבר עם אנשים בני יותר משבעים, ומצא דפוס אופייני. בשלב מוקדם בחייהם הם זיהו את ההר שהם עתידים לטפס עליו: את משימת חייהם. היו להם שאיפות מסוימות לגבי משפחה וקריירה. היה להם חזון בדבר ה"עצמי" שהם רוצים להיות. בהיותם בני שבעים, חלקם כבר הגיעו להר שלהם והיו מאושרים. אחרים הגיעו לראש ההר אך התאכזבו במעט או ברב. ועוד אחרים לא הצליחו להעפיל.

אבל בגיל מסוים אנשים מכל הסוגים הללו גילו הר שני שהם רוצים לטפס עליו. הפעם, לא הר של הישג אלא הר של נתינה. ההר השני נוגע פחות למדדים חיצוניים (הצלחה, תהילה) ויותר למדדים פנימיים. הוא רוחני, מוסרי; עניינו התמסרות למען מטרה, או השבת טובה לקהילה שצמחנו בה. תכופות, אומר ברוק, זו כמיהה לעשיית הטוב, קול פנימי האומר "אני רוצה להשתמש בחיי למטרה טובה באמת". פסגה שנייה זו, המתגבהת בחלקם המאוחר של חיינו, עשויה בהחלט להתגלות כתורמת לתחושת הערך העצמי שלנו יותר ממה שתרם לה הטיפוס, שמניעיו אנוכיים, על ההר הראשון.

מקרהו של משה מאיר את כל זאת באור דרמטי. מה עושה אדם לאחר שהתעלה לפסגות ששום ילוד אישה לא התקרב אליהן אי פעם ולא יתקרב בעתיד? משה דיבר עם האלוהים פנים אל פנים. הוא היה עבדו הנאמן. הוא הוביל את בני עמו מעבדות לחירות, סבל את תלונותיהם, עמד במרידותיהם, התפלל שהאל יסלח להם ותפילותיו נענו. הוא היה סוכנו של ה', האדם שדרכו עשה ה' ניסים גדולים והשמיע את דברו. מה עוד אפשר לעשות אחרי חיים כאלה?

חבריו ושותפיו הקרובים, אחותו מרים ואחיו אהרן, כבר הלכו לעולמם. הוא ידע שנחתם דינו לא לעבור את הירדן ולא להיות עם העם בשלב הסיום של מסעו. הוא לא יציג את רגלו על אדמת הארץ המובטחת. שלא כאהרן, שבניו ובניהם אחריהם ירשו את כהונתו עד עולם, משה נאלץ להשלים עם העובדה שאיש מבניו גרשום ואליעזר לא יהיה ממשיכו. אלה היו בוודאי אכזבות נוראות, שעמדו לצד ההישגים הכבירים.

משה עמד אפוא לנוכח קו הקץ של חייו, ומה עוד נשאר לו לעשות? התשובה נמצאת בחומש דברים; התשובה היא חומש דברים עצמו. כמאמרו בפרק הראשון: "וַיְהִי בְּאַרְבָּעִים שָׁנָה בְּעַשְׁתֵּי עָשָׂר חֹדֶשׁ בְּאֶחָד לַחֹדֶשׁ דִּבֶּר מֹשֶׁה אֶל בְּנֵי יִשְׂרָאֵל כְּכֹל אֲשֶׁר צִוָּה ה׳ אֹתוֹ אֲלֵהֶם... בְּעֵבֶר הַיַּרְדֵּן בְּאֶרֶץ מוֹאָב **הוֹאִיל מֹשֶׁה בֵּאֵר אֶת הַתּוֹרָה** הַזֹּאת לֵאמֹר..." (דברים א, ג–ה). לא עוד משה המשחרר ועושה הניסים: משה הוא מעתה "משה רבנו", האיש שלימד לדור הבא את התורה.

האופן שהוא עושה זאת בספר דברים מדהים. שלא כקודם, הוא אינו מסתפק בפירוט החוקים. עכשיו הוא מסביר את הרעיונות האמוניים שמאחוריהם. הוא מדבר על אהבת ה׳ לעם ישראל ועל האהבה שראוי כי עם ישראל ישיב לו. הוא מדבר באותה עוצמה על העבר ועל העתיד, על קורות שנות הנדודים ועל האתגרים המחכים בארץ ישראל.

מעל לכול, כנושא מרכזי המציץ מכל החרכים ומכל הזוויות, הוא מזהיר את העם הצעיר העומד לרשת את הארץ שהאתגר הקשה ביותר יגיע אליו לא מן הכישלון אלא מן ההצלחה; לא מן העבדות אלא מתוך החירות; לא מִפַּת העוני אלא מפיתויי העושר. **זכרו**, הוא אומר להם שוב ושוב; **שמעו** בקול ה׳; **שמחו** במה שהוא נתן לכם. אלו הם פועלי המפתח בחומש הזה, והם המערכת החיסונית היעילה ביותר שפותחה עד היום מפני הניוון והשקיעה שפקדו כמעט כל ציוויליזציה משחר האנושות ואילך.

החודש האחרון בחיי משה, המגיע לחיתומו בפרשתנו כאשר משה מוסר את הלפיד ליהושע, הוא מן הדוגמאות העילאיות במקרא לגנרטיביות: לדיבור לא אל בני זמנך אלא אל אלה שיחיו אחריך. זהו ההר השני של משה.

דווקא הדברים שנראו לנו במבט ראשון כאכזבות גדולות מתגלים עתה כמי שמילאו תפקיד בעיצוב פרק אחרון זה בחיי משה. הידיעה של משה כי הוא לא ילווה את העם אל הארץ ושבניו לא ימשיכו אותו, היא שגזרה את שינוי התפקיד שלו; את הפיכתו, לחודש אחד אחרון, למורה לדור הבא. הוא הבין שעליו להנחיל לדור הזה את תובנותיו על עתידו. הוא נדרש להפוך את העם כולו לתלמידיו – ואכן, מאז ועד עתה כולנו תלמידי משה רבנו.

מכל זאת עולה מסר מאלף, אולי אף משנה־חיים, לכולנו. תהיה דמותם של חיינו עד כה אשר תהיה, עלינו לדעת כי מחכה לנו עוד פרק שטרם כתבנו. בפרק הזה נהיה ברכה לזולתנו, נחלוק את מתנות כישרונותינו עם אלה שיש להם פחות, נשיט את ערכינו שלנו במורד נהר הדורות, נשתמש בניסיון שלנו לסיוע לאחרים בתקופות קשות בחייהם, נעשה דבר־מה הנוגע פחות לשאפתנות האישית שלנו ויותר לרצוננו להשאיר אחרינו איזה חוט של חסד שייטיב את חייו של מישהו בעולם הזה.

תמיד, גם אחרי חיים של הישג, יש לנו הר שני לטפס עליו, והוא עשוי להתגלות לנו כמורשת העיקרית שלנו לעולם שיבוא אחרינו.

רעיון משנה־חיים 52:

תמיד, גם אחרי חיים של הישג, יש לנו הר שני לטפס עליו, והוא עשוי להתגלות לנו כמורשת העיקרית שלנו לעולם שיבוא אחרינו.

האזינו
משה והאינטליגנציה הרגשית

בחודש מארס 2015 קיימתי באוניברסיטת ייל שיחה פומבית עם נשיא האוניברסיטה פיטר סאלובֵיי. הנסיבות היו מרגשות למדי. השיחה נערכה לציון יובל השישים ל"מלגות מרשל" – מיזם שהפרלמנט הבריטי ייסד כהוקרה לארצות הברית על תוכנית מרשל אשר עזרה לארצות מערב אירופה לשקם את כלכלתן אחרי מלחמת העולם השנייה. המלגות ניתנות לצעירים אמריקנים מצטיינים למימון לימודים באוניברסיטה בריטית לבחירתם. עניינה של ההתכנסות הזו היה אפוא הקשר בין בריטניה לארצות הברית ומקומן של האוניברסיטאות בטיפוח אותה נדיבות רוח שהתגלמה בתוכנית מרשל, ואשר יסודה בהבנה כי עת לצאת יחד למלחמה – ועת לבנות יחד שלום.

אבל באירוע ההוא הדהד קולו של מיתר רגשי נוסף. ייל היא אחת האוניברסיטאות הגדולות בעולם. אך היו ימים, לא כל כך מזמן, משנות העשרים עד שנות השישים, שיצא לה שם של אוניברסיטה המסתייגת עד כדי עוינות מנוכחותם של יהודים בקרב תלמידיה ובסגל שלה.[1] לשמחתנו פני הדברים השתנו מאז שנות השישים, עת הוציא נשיא האוניברסיטה דאז א' וויטני גריזוולד צו שאסר להכניס את שאלת הדת לשיקולי הקבלה לייל. כיום פתוחים שערי האוניברסיטה לרווחה לסטודנטים וסטודנטיות בלי הבדלי דת ומוצא. כשהנשיא דהיום ציין זאת בדבריו, הוא הוסיף שלא רק שהאוניברסיטה מארחת היום רב יהודי, גם הוא עצמו, סאלוביי, יהודי, נצר לשושלת רבנים. סאלוביי הוא עיבוד אנגלי לשם סולובייצ'יק.

כאשר שבתי והרהרתי באירוע, תהיתי אם יש יותר מסתם קשר משפחתי בין נשיא האוניברסיטה לקרובו הרחוק הדגול, הרב יוסף דב סולובייצ'יק, האיש שדורות

1. Dan A. Oren, *Joining the Club: A History of Jews and Yale*, New Haven: Yale University Press, 1988.

תלמידיו בישיבה יוניברסיטי כינוהו פשוט "הרב". האם יש גם קשר אינטלקטואלי ורוחני בין הרב סולובייצ'יק לפרופ' סאלוביי, קשר ישיר או אפילו עקיף?

ובכן, יש קשר, והוא עתיר משמעות ופשר. תרומתו הגדולה של פיטר סאלוביי למחשבת זמננו הוא המושג שהוא פיתח עם ג'ון מאייר במאמר משנת 1989 שהיה לציון דרך,[2] הלוא הוא המושג **אינטליגנציה רגשית**, שהונחל לציבור הרחב ב־1995 ברב־המכר של דניאל גולמן שנשא כותרת זו.

לאורך עשרות שנים מושג "מנת המשכל", איי־קיו, הציב מערכת מסוימת של מבחני שכל והיגיון כמדד הראשי לאינטליגנציה, בינה. האינטליגנציה שנמדדה בהם נחשבה למנבא הטוב ביותר ליכולת לשמש, לדוגמה, קצין בצבא. את הפרדיגמה הזאת שבר פסיכולוג יהודי מבריק נוסף בן זמננו, הווארד גרדנר (מאוניברסיטת הרווארד). הוא העלה את רעיון ריבוי האינטליגנציות.[3] פתרון חידות מילוליות, לוגיות ומתמטיות, הראה, אינו הכישרון הקובע היחיד.

על כך הוסיפו סאלוביי ומאייר את שלהם. הם הראו כי היכולת שלנו להבין רגשות ולהיענות לרגשות, לא רק רגשות שלנו אלא גם של זולתנו, היא רכיב חיוני בהצלחה בתחומים רבים, ובעצם בכל מה שכרוך בהתנהלות במרחב האנושי. האנושיות שלנו מורכבת גם מאופן ההרגשה שלנו, לא רק מאופן החשיבה שלנו. וחשוב אף יותר, אם רצוננו ליצור קשר משמעותי עם הזולת, עלינו להיות מסוגלים להבין איך אנשים **אחרים** מרגישים; זהו כישרון האמפתיה. זאת כוונת התורה באומרה "וְגֵר לֹא תִלְחָץ, **וְאַתֶּם יְדַעְתֶּם אֶת נֶפֶשׁ הַגֵּר** כִּי גֵרִים הֱיִיתֶם בְּאֶרֶץ מִצְרָיִם" (שמות כג, ט).

הרגשות חשובים. הם מנחים אותנו בבחירותינו. הם מניעים אותנו לפעולה. השכל לבדו אינו יכול לעשות זאת. שָׁגו האינטלקטואלים לאורך הדורות כשחשבו שאם רק נחשוב בהיגיון כל מעשינו יהיו נכונים. אין זה כך. בלי יכולות של סימפתיה ואמפתיה אנו נעשים דומים למחשבים יותר מלבני אנוש, וזה מסוכן מאוד.

על הנקודה הזו בדיוק, הצורך בבינה רגשית, דיבר הרב סולובייצ'יק באחת המרגשות בדרשותיו, "הספד לרבנית מטאלנא".[4] טעות היא לחשוב, כותב הרב, שיש רק מסורת יהודית אחת העוברת מדור לדור. יש שתיים: זו שמנחילים האבות, וזו

2. Peter Salovey and John D. Mayer, "Emotional Intelligence", *Imagination, Cognition and Personality*, 9, 3 (1989), pp. 185-211.
3. Howard Gardner, *Frames of Mind: The Theory of Multiple Intelligences*, New York: Basic Books, 1983.
4. Joseph B. Soloveitchik, "A Tribute to the Rebbetzin of Talne", *Tradition*, 17, 2 (1978), pp. 73-83.

שמנחילות האימהות. הוא מצטט את הפתגם הידוע מספר משלי, "שְׁמַע בְּנִי מוּסַר אָבִיךָ, וְאַל תִּטֹּשׁ תּוֹרַת אִמֶּךָ" (א, ח). מוסר האב ותורת האם הם שני פתילים שונים הנשזרים יחדיו באישיות הדתית.

מהאב, ממשיך הרב סולובייצ'יק, אנו לומדים איך לקרוא בכתובים, להבין, לנתח, להמשיג, למיין, להסיק וליישם. אנו לומדים ממנו גם איך לפעול: מה לעשות ומה לא לעשות. מסורת האב היא "מסורת עיונית־מוסרית". כשהרב סולובייצ'יק עובר לדבר על "תורת האם" הוא עובר לפסים אישיים משהו, ומספר מה למד מאימו.

> למדתי ממנה שהיהדות מתבטאת לא רק בהישמעות פורמלית להלכה, אלא גם בחוויה החיה. היא לימדה אותי שיש למצוות טעם וריח וחום. למדתי ממנה את הדבר החשוב בחיים – להרגיש את נוכחות הקב"ה ואת המגע הרך של ידו הנחה על כתפיי השבריריות. אלמלא תורתה, שחלק גדול ממנה היא הנחילה לי בלי להוציא מילה מפיה, הייתי גדל ונעשה ברייה חסרת נשמה, יבשושית ונטולת רגישות.[5]

במילים אחרות, "תורת אמך" עניינה בינה רגשית. זה שנים רבות אני מרגיש כי לצד חיבורו הגדול של הרב סולובייצ'יק **איש ההלכה**, שוכן, אף כי לא נכתב בפועל, חיבורו "אשת האגדה". ההלכה היא מפעל עיוני־מוסרי. ואילו האגדה, הממד הלא הלכתי בתורה שבעל פה, פונה אל ההיבטים הרחבים יותר של היותנו יהודים. היא כתובה כסיפור, לא כחוק. היא מזמינה אותנו לבוא בשערי הלב והנפש של אבותינו ואימהותינו הרוחניים, אל החוויות שלהם ואל הדילמות שלהם, אל הצלחותיהם ואל יגונותיהם. זהו הממד הרגשי של חיי האמונה.

כשלעצמי, אינני אוהב לדבר על כך בדיכוטומיה גברית־נשית.[6] כולנו מזומנים לפתח את שתי הרגישויות. אך הן בהחלט שונות מיסודן. ההלכה היא חלק מתורת הכוהנים, הקול הכוהני ביהדות. מילות המפתח של הקול הזה בתורה הן הפעלים "להבדיל" – כלומר לפרק, להבחין, לנתח, למיין – ו"להורות" – כלומר ללמד,

5. שם, עמ' 77.
6. אף כי שורה של הוגים וחוקרים הצביעה על עליונות האינטליגנציה הרגשית הנשית. ראו סיימון בארון־כהן, **ההבדל המהותי: גברים, נשים והמוח הגברי הקיצוני**, מאנגלית: יוסי מילוא, תל אביב: עם עובד, תשס"ו; סטיבן פינקר, **הלוח החלק: על הכחשת טבעו המולד של האדם בימינו**, מאנגלית: עמנואל לוטם, תל אביב: מטר, תשס"ה. ראו גם קרול גיליגן, **בקול שונה: התיאוריה הפסיכולוגית והתפתחות האישה**, מאנגלית: נעמי בן־חיים, תל אביב: ספריית פועלים, תשנ"ו.

להנחות, לפסוק הלכה. אבל יש ביהדות גם קול נבואי. בקול הזה, מילות המפתח הן "צדק" ו"משפט", "חסד" ו"רחמים". כאן, המוקד הוא יחסי אני־אתה: בין אדם לחברו, וגם בין אדם למקום.

כלי החשיבה של הכוהן הם כללים אוניברסליים התקפים תמיד. הנביא, לעומת זאת, קשוב אל הנסיבות המיוחדות של כל מצב נתון ואל היחסים בין הגורמים המעורבים בו. **לנביא יש אינטליגנציה רגשית.** הוא (או היא, שהרי היו כמובן גם נביאות: שרה, מרים, דבורה, חנה, אביגיל, חולדה ואסתר) קורא את מצב הרוח בן הרגע ואת משמעותו הנקודתית בתוך מערכות יחסים ארוכות. הנביא שומע את צעקתו השקטה של המשועבד ואת כעסו המצטבר של הקב"ה. בלי חוקיו של הכוהן, לא היו ליהדות לא מסגרת ולא המשכיות. אבל בלי בינתו הרגשית של הנביא הייתה היהדות נעשית "חסרת נשמה, יבשושית ונטולת רגישות".

וזה מביא אותנו אל פרשת השבוע. משה עושה בה דבר בלתי צפוי אך נחוץ. **הוא מלמד את בני ישראל שירה.** הוא עובר מפרוזה לשירה, מנאום לניגון, ממשפט לספרות, מאמירה פשוטה למטפורה חיה:

הַאֲזִינוּ הַשָּׁמַיִם וַאֲדַבֵּרָה,
וְתִשְׁמַע הָאָרֶץ אִמְרֵי פִי.
יַעֲרֹף כַּמָּטָר לִקְחִי,
תִּזַּל כַּטַּל אִמְרָתִי,
כִּשְׂעִירִם עֲלֵי דֶשֶׁא
וְכִרְבִיבִים עֲלֵי עֵשֶׂב.
(דברים לב, א–ב)

למה? כי בבשורת האחרונה של אחרית ימיו, **הגדול שבנביאים פונה אל בינתו הרגשית,** ביודעו שאם לא יעשה כן כל הדברים שלימד ייכנסו אולי למוחות של שומעיו אבל לא ללבבות שלהם, ליצרים, לקוד הגנטי של הרגש. הרגשות הם המניעים אותנו לפעול, הנותנים לנו את הכוח לעורר השראה, והמזינים את יכולתנו להנחיל לדורות הבאים את המחויבות שלנו.

בלי להטם של נביאים כעמוס והושע, ישעיהו וירמיהו, בלי המוזיקה של מזמורי תהלים ושירי הלוויים במקדש, היהדות הייתה דומה לשתיל שאין לו מקור מים ואין לו שמש; היא הייתה מתייבשת וגוועת. לא על השכל לבדו תיכון התשוקה לשנות את העולם. לשם כך צריכים ליטול את המחשבה ולהפוך אותה לשיר. זוהי שירת

האזינו, המנונו הגדול של משה על אהבת ה׳ לעמו ועל הבטחתו כי, אם להיזקק למילותיו של מרטין לותר קינג, ״הקשת הארוכה של היקום המוסרי תיטה אל עבר הצדק״. איש השכל והאומץ המוסרי הופך בשירת האזינו לאיש הבינה הרגשית, ושׂם עצמו, כדימויו הענוג של רבי יהודה הלוי, להיות כינור לשירו של ה׳.

אם רצונכם לשנות את חייהם של אנשים, דברו אל רגשותיהם, לא רק אל שכלם. היכנסו אל הפחדים שלהם ופוגגו אותם. הבינו את חרדותיהם ושַׁכְּכוּן. הדליקו את תקוותיהם וכוונו אותן. הגביהו את נקודת המבט שלהם והרחיבו את הנוף שהם רואים. בני אדם הם יותר מאלגוריתמים. אנחנו בריות מונעות־רגש.

דברו מלב אל לב – ובעקבות הלבבות ילכו גם המחשבות והמעשים.

רעיון משנה־חיים 53:

אם רצונכם לשנות את חייהם של אנשים, דברו אל רגשותיהם, לא רק אל שכלם.

וזאת הברכה

סימפוניה בלתי גמורה

בכל שנה, בהתקרבֵנו אל סוף הקריאה בתורת משה ואל סוף חיי משה, אני מוצא את עצמי תוהה: האומנם כך זה מוכרח היה להיגמר – כשלמשה לא ניתנת אפילו ההזדמנות להציג את כף רגלו על אדמת הארץ שאליה הוביל את עמו במשך ארבעים שנים סוערות? האם בבית דין של מעלה לא היה מי שיתחנן לרחם על משה ולתת לו עוד כמה ימי חיים, שיזכה לעבור את הירדן ולדעת שמשימתו הושלמה? ומה היה עוונו של משה שעליו נענש? רגע אחד של כעס, כשגער בבני ישראל כאשר התלוננו על המחסור במים? האם אי אפשר לסלוח למנהיג כזה על החלקה אחת בארבעים שנה? בלשונם של חז"ל: זו תורה וזה שכרה?[7]

הסצנה שבה משה עולה להר נבו לראות מנגד את הארץ אשר אליה לא יבוא היא מהמכאיבות במקרא כולו. במדרשים רבים מעמיקים חז"ל את הדרמה שבבקשתו של משה "אֶעְבְּרָה נָּא וְאֶרְאֶה אֶת הָאָרֶץ הַטּוֹבָה אֲשֶׁר בְּעֵבֶר הַיַּרְדֵּן הָהָר הַטּוֹב הַזֶּה וְהַלְּבָנֹן" (דברים ג, כה). משה שוטח טענה אחר טענה, אך ה' עומד בסירובו: "רַב לָךְ; אַל תּוֹסֶף דַּבֵּר אֵלַי עוֹד בַּדָּבָר הַזֶּה" (שם, כו). למה?

משה הוא האיש ששמונה־עשרה פעמים מכונה במקרא "עבד ה'". מלבדו מכונה כך רק יהושע, ופעמיים בלבד. התורה מספידה אותו במילים אלה: "וְלֹא קָם נָבִיא עוֹד בְּיִשְׂרָאֵל כְּמֹשֶׁה אֲשֶׁר יְדָעוֹ ה' פָּנִים אֶל פָּנִים" (דברים לד, י). מדוע אפוא החמיר איתו כל כך ה', האל הרחום והחנון?

ניכר שהתורה מבקשת לומר לנו דבר עקרוני. אבל מהו? הסברים רבים ניתנו, אך נראה לי שהמעמיק שבהם הוא גם הפשוט שבהם – והוא מחזיר אותנו אל התחלת כל ההתחלות: "בְּרֵאשִׁית בָּרָא אֱ־לֹהִים אֵת הַשָּׁמַיִם וְאֵת הָאָרֶץ". יש שמיים ויש ארץ, והם אינם זהים.

7. ברכות סא ע"ב.

בתולדות התרבות האנושית, שאלה אחת מתבלטת כקשה מכולן. בניסוחו של מזמור תהלים ח: "מָה אֱנוֹשׁ כִּי תִזְכְּרֶנּוּ?" הרי מהו האדם? אנחנו נקודה שואפת לאפס ביקום השואף לאינסוף, ובו מאה מיליארד גלקסיות שבכל אחת מאה מיליארד כוכבים. אנחנו יודעים שכל חיינו כמוהם כמיקרו־שנייה לעומת הכמעט־נצח של היקום. אנחנו זערוריים עד להבהיל. ועם זאת, אנחנו גם עצומים עד להדהים. אנחנו שליטי כוכב הלכת שלנו. שליטתנו בטבע גוברת בהתמדה. אנחנו צורת החיים היחידה המוכרת לנו אשר מסוגלת לשאול את השאלה "למה?"

מכאן שני הפיתויים שבני האדם ניצבים בפניהם מאז ראשיתם: לראות את עצמנו כקטנים ממה שאנחנו באמת – או כגדולים ממה שאנחנו באמת. איך אפשר להבין את היחס בין הסופיות שלנו והקלות הבלתי נסבלת של כישלונותינו לבין האינסופיות, כמעט, של החלל והזמן?

התרבויות האנושיות נהגו לטשטש את הקו שבין האנושי לאלוהי. במיתולוגיה, האלים מתנהגים כמו בני אדם – רבים, נלחמים וצמאים לכוח – ואילו חלק מבני האדם, הגיבורים, נראים כאלים למחצה. המצרים האמינו שמלכיהם הפרעונים מצטרפים אחר מותם אל האלים; כמה מן הפרעונים אף נתפסו כאלים בימי חייהם. הרומאים הכריזו אחר מות יוליוס קיסר שהוא אל. דתות אחרות סברו שלאלוהים צורת אדם.

במיוחד קשה היה להימנע מסגידה למייסדיהן האנושיים של דתות. בעידן המודרני, טשטוש הגבולות נעשה דמוקרטי. ניטשה טען שכדי להצדיק את הפלת האל מכיסאו יהיה עלינו עצמנו להידמות לאלים. האנתרופולוג אדמונד ליץ' פתח את סדרת "הרצאות ריית" היוקרתיות שנשא במילים "בני האדם נעשו למעין אֵלים. האם לא הגיע הזמן שנבין את האלוהיות שלנו?" אנו היהודים מאמינים שהאלהה זו של עצמנו גבוהה מכפי ערכנו האמיתי כבני אדם.

במקביל התנהלה תנועה בכיוון ההפוך. במיתוס, ובזמננו בפי אנשי מדע, מצטייר האדם כעלוב עד כדי אפסיות. גלוסטר ב**המלך ליר** של שייקספיר אומר, "כְּמוֹ זְבוּב בִּידֵי פִּרְחָח אֲנַחְנוּ לָאֵלִים, וְהֵם הוֹרְגִים אוֹתָנוּ סְתָם כְּשַׁעֲשׁוּעַ".[8] אנחנו כלי משחק פעוטי־ערך בידי האלים, חסרי אונים לנוכח כוחות שמעבר לשליטתנו. כפי שהדגמתי בשיחתנו לפרשת תולדות, כמה מדענים בני זמננו יצרו מקבילות חילוניות לתפיסה זו. הם אומרים: אין שום הבדל איכותי בין המין האנושי לשאר בעלי החיים. אין נשמה. אין עצמי. אין רצון חופשי.

8. ויליאם שייקספיר, **המלך ליר**, מאנגלית: דורי פרנס, תל אביב: משכל, 2004, מערכה רביעית, תמונה ראשונה.

הפילוסוף וולטר תיאר את בני האדם כ"חרקים הטורפים זה את זה על גבי אטום קטן של בוץ". סטיבן הוקינג אמר כי "הגזע האנושי הוא רק זיהום כימי על כוכב לכת בינוני המקיף כוכב ממוצע מאוד באגף מרוחק של גלקסיה אחת ממיליארד". הפילוסוף ג'ון גריי כתב כי "משמעות חיי האדם אינה גדולה ממשמעות חיי החזזית". **בההיסטוריה של המחר** שיער יובל נח הררי כי "במבט לאחור יסתבר שהחוויה האנושית היא רק אדווה חולפת בזרם המידע הקוסמי".

היהדות היא מחאתה של האנושות נגד הרעיונות הללו. איננו אלים; ואיננו לכלוך כימי. מעפר אנחנו, אך אלוהים הוא שנפח בנו את נפשנו. לב העניין הוא להישמר תמיד מטשטוש הגבול בין שמיים לארץ. התורה מדברת על כך רק בעקיפין. היא מספרת לנו על דבר שאירע עוד לפני המבול: "וַיִּרְאוּ בְנֵי הָאֱלֹהִים אֶת בְּנוֹת הָאָדָם כִּי טֹבֹת הֵנָּה וַיִּקְחוּ לָהֶם נָשִׁים מִכֹּל אֲשֶׁר בָּחָרוּ" (בראשית ו, ב). עוד היא מספרת כי לאחר המבול נאספו בני האדם בבקעת שנער ואמרו "הָבָה נִבְנֶה לָּנוּ עִיר וּמִגְדָּל וְרֹאשׁוֹ בַשָּׁמַיִם וְנַעֲשֶׂה לָּנוּ שֵׁם פֶּן נָפוּץ עַל פְּנֵי כָל הָאָרֶץ" (שם יא, ד). סיפורים אלה, יהיה פשרם אשר יהיה, מדברים על טשטוש הקו שבין השמיים לארץ: "בני אלוהים" מתנהגים כבני אדם, ובני אדם מתיימרים לחיות בין האלים.

כשאלוהים הוא אלוהים, בני אדם יכולים להיות בני אדם. תחילה עלינו להבדיל – ואז אפשר לשאוף לקשר. זו דרכה של היהדות.

בעינינו, היהודים, האנושות היא אנושית גם כשהיא מגיעה לשיאיה הנעלים. אנחנו בני תמותה. אנחנו יצורים בשר ודם. אנחנו נולדים, גדלים, לומדים, מבשילים, מפלסים את דרכנו בעולם. אם התמזל מזלנו אנחנו מוצאים אהבה. אם התברכנו, יש לנו ילדים. אבל אנחנו גם מזדקנים. גופנו נשחק גם אם עודנו צעירים ברוחנו. אנחנו יודעים שמתנת החיים איננה נמשכת לנצח, כי בעולם החומרי שלנו שום דבר איננו נצחי, גם לא כוכבי הלכת ואפילו לא הכוכבים.

לכל אחד מאיתנו יש אפוא איזה ירדן שלא נעבור, ארץ מובטחת שלא נבוא בשעריה, יעד שלא נגיע אליו. גם חייו של הדגול באנשים הם סימפוניה בלתי גמורה. מותו של משה בעברו האחר של הירדן, יש בו נחמה לכולנו. איש מאיתנו אינו צריך להרגיש אשם, מתוסכל, כועס או מנוצח לנוכח דברים שהוא קיווה להשיג וכשל. כי זה פירושה של האנושיות שלנו.

חשוב גם שלא נניח לשגיאות שלנו להטיל צל־תמיד על חיינו. נראה לי שמן הטעם הזה אומרת לנו התורה שמשה חטא. האומנם מוכרחה הייתה התורה לספר לנו על אפיזודת המים, המטה, הסלע וכעסו של משה? זה קרה, אבל התורה אינה מספרת לנו על כל דבר שקרה. היא עוברת בשתיקה על שלושים ושמונה מתוך

ארבעים שנות הנדודים במדבר. היא אינה מדווחת על כל תקרית, אלא רק על אלו המלמדות לקח לדורות. אם כן, מדוע לא לעבור גם על תקלה זו בשתיקה ולשמור על שמו הטוב של משה? היש עוד דת בעולם שספרי הקודש שלה מסגירים בכנות כזאת את הכישלונות של הגדולים בגיבוריה?

אלא שכזאת היא האנושיות שלנו. אפילו הגדולים בבני האדם עשו שגיאות, נכשלו ולא רק הצליחו, ונקלעו לרגעים חשוכים של ייאוש. גדולתם הייתה לא בכך שהיו מושלמים, אלא בכך שהמשיכו הלאה. הם למדו מכל טעות, סירבו לזנוח את התקווה, ולבסוף סיגלו לעצמם את המתנה הגדולה שרק כישלון יכול לתת: את הענווה. הם הבינו כי "שבע ייפול צדיק וקם" הוא כלל גדול בחיים. הצלחנו במבחן החיים אם המשכנו לשאוף לאידיאלים שלנו גם כשנוכחנו לדעת כמה קשה לשנות את העולם. החיים הנכונים הם חייו של מי שקם מדי בוקר וצועד עוד צעד לעבר ארצו המובטחת, גם ביודעו שלעולם לא יגיע אליה בעצמו אך אחרים יגיעו בעזרתו.

הרמב"ם כתב ב**משנה תורה** כי "כל אדם ואדם ראוי [כלומר מסוגל] להיות צדיק כמשה רבנו או רשע כירבעם".[9] זהו משפט מדהים. משה רבנו היה רק אחד. התורה אומרת כך. ובכל זאת הרמב"ם אומר שאפשר להיות צדיק כמוהו. כנביא, לא קם ולא יקום עוד כמשה. אבל מבחינה מוסרית, הבחירה נתונה לנו בכל פעם שאנו מקבלים החלטה שתשפיע על חייהם של אחרים. הידיעה שמשה היה בן תמותה, שהמנהיג הגדול ביותר שחי אי פעם לא זכה לראות את גמר מימושה של שליחותו, שאפילו הוא היה מסוגל לטעות – היא המתנה העמוקה ביותר שה' נתן לנו.

מכאן שלושת הרעיונות הגדולים, משני־החיים, שהתורה חותמת בהם. אנחנו בני תמותה; על כן כל יום בחיינו חשוב. אנו מסוגלים־לכישלון; לכן מכל טעות אנחנו יכולים ללמוד איך לצמוח. לא נשלים את המסע שלנו; לכן עלינו לשמש השראה לאחרים שימשיכו את מה שהתחלנו.

9. הלכות תשובה ה, ב.

רעיונות משני־חיים 54–56:

- אנחנו בני תמותה; על כן כל יום בחיינו חשוב.
- אנו מסוגלים־לכישלון; לכן מכל טעות אנחנו יכולים ללמוד איך לצמוח.
- לא נשלים את המסע שלנו; לכן עלינו לשמש השראה לאחרים שימשיכו את מה שהתחלנו.

על אודות המחבר

הרב לורד יונתן זקס ז״ל (1948–2020) – רבה הראשי של בריטניה בשנים 1991–2013 וזוכה פרס טמפלטון לשנת 2016 – מוכר בזכות עשרות ספריו ומאמריו, אשר הקנו לו מעמד של הוגה דעות ומנהיג רוחני המשמיע את קולה של היהדות בשיח העולמי. מספריו בעברית: **לכבוד השוני: כיצד נוכל למנוע את התנגשות התרבויות?** (מגיד, תשס״ח), **לרפא עולם שבור: החיים כקריאה לאחריות** (מגיד, תש״ע), **השותפות הגדולה: הדת, המדע והחיפוש אחר משמעות** (מגיד, תשע״ג), **פסח על שום מה? הגדה של פסח** (מגיד, תשע״ה), **רדיקלית אז, רדיקלית עכשיו: מורשת הדת העתיקה בעולם** (מגיד, תשע״ו), **לא בשם האל: אל מול האלימות הדתית** (מגיד, תשע״ו), **שיג ושיח** (מגיד, תשע״ח), **מועדים לשיחה** (מגיד, תשע״ט) **ובלשון עתיד** (מגיד, תשפ״א).